英语教学与文学作品融合

毛春华　著

中国纺织出版社有限公司

内 容 提 要

本书以高校英语专业教学为研究对象，分析当今英语专业教学现状，探索在其中融合英语文学内容的必要性和可行性，这种教学实践是致用与致知的结合，并且从英语教学与文学、英语文学作品概况等方面对如何将两者有机结合进行了阐述。因此，英语教学与文学作品融合对促进高校英语专业教学的改革与发展有着重要的现实意义。

图书在版编目（CIP）数据

英语教学与文学作品融合 / 毛春华著 . -- 北京 : 中国纺织出版社有限公司 , 2020.11

ISBN 978-7-5180-8052-6

Ⅰ . ①英… Ⅱ . ①毛… Ⅲ . ①英语 - 教学研究 - 高等学校 Ⅳ . ① H319.3

中国版本图书馆 CIP 数据核字（2020）第 205355 号

策划编辑：李满意　　责任编辑：张　强
责任校对：寇晨晨　　责任印制：王艳丽

中国纺织出版社有限公司出版发行
地址：北京市朝阳区百子湾东里 A407 号楼　邮政编码：100124
销售电话：010—67004422　传真：010—87155801
http：//www.c-textilep.com
中国纺织出版社天猫旗舰店
官方微博 http：//weibo.com/2119887771
天津千鹤文化传播有限公司印刷　各地新华书店经销
2020 年 11 月第 1 版第 1 次印刷
开本：710 × 1000　1/16　印张：17
字数：278 千字　定价：68.00 元

前言

高校英语专业教学的目标一方面是帮助学生真正掌握英语这项技能，使其更好地将英语应用于学习交流中，另一方面是为了提升学生的语言应用能力与综合文化素养，使其成长为新一代的有为青年。然而，现阶段，大部分高校学生文学素养缺失比较严重，令人担忧。伴随着现代科技的日新月异，社会对学生的英语语言应用能力、阅读及写作科技文献能力的要求也在逐渐提高，并且英语教学实用性及应用性培养模式成为主流，但是相关文学教育却鲜少有人提及。在教学实践中，高校英语教学和语言技能训练没有太多差别，更多是注重语言知识的传授及技能的培养，并且由于教学任务重、课时有限，加之学生英语学习的功利性动机过于明显，所以很容易导致教师忽视文学教育在英语教学实践中的作用。最终的教学效果往往是尽管学生语法功底扎实、语言技能娴熟，但不能从根本上真正理解英语，即使口头语言交流顺畅，在写作时却没有任何复杂的文体意识，更不要提文学美感了。很多学生尽管通过了一系列的英语考试，却仍然缺少基本的文学素养，在进行跨文化交际的时候不具备灵活运用英语的能力。最终，由于缺乏作为沟通基础的文化素养，学生不能实现有效交流，更加无法深入地与对方交换观点。

就英语文学来说，其发展历史相对较久，至今仍有较多人们口口相传的文学作品受到读者们追捧，其中蕴含着很多耐人寻味的深刻道理，对丰富学生的文化底蕴，提高学生的英语学习能力，使学生懂得生活道理等方面都具有一定的积极意义。一个好的英语教师，有责任也有必要促进学生在学习英语课程的过程中，引导学生学习优秀的英语文学作品，并使其将其中的文化精髓进行吸收，进一步了解西方文化，促进学生英语应用能力和事物感知能力的增强和提高。就文学欣赏来说，它主要作用是促进学生将自身的思维方式进行应用，促进学生对文学作品的深入解读，在进行欣赏的过程中，形成解析思维。文学欣赏，也可以说是读者在进行阅读的过程中，形成的一种自发的思维活动或精神活动过程，从而促进学生对作品所具有的艺术价值进行深入了解，对培养学生综合能力具有积极意义。

本书从高校英语教学出发，通过分析研究当今英语专业教学现状，探索在其中融合英语文学内容的必要性和可行性，这种教学实践是致用与致知的结合，并且从英语教学与文学、英语文学作品概况等方面对如何将二者有机结合进行了阐述，希望有助于高校英语专业教学的改革与发展。

作 者

2020 年 10 月

目录
Contents

第一章　英语教学概述

目前，随着我国社会经济的快速发展，人们越来越热衷于学习英语。作为世界通用的重要语言种类，英语在一国与其他国家的交往过程中发挥着越来越重要的作用。英语教学法研究的是英语的教与学，即语言的教与学。英语教学是我国教育活动的重要组成部分，旨在培养学生综合运用英语的能力、跨文化交际能力、自主学习能力，以适应国家发展对人才的迫切需求。为此，本章对语言与语言学习环境、英语教学的理论基础等内容进行了分析，对语言本质的认识会直接影响我们对英语教学原则的制定、教材内容的选择和教学方法的设计。

第一节　语言与语言学习环境

一、语言综述

（一）语言的概念

为了弄清楚语言的概念，了解什么是语言，语言学家、哲学家和心理学家做了大量的研究工作，他们从不同的角度对语言的本质和特点进行了描述。概括起来，语言有如下特征。

（1）语言是一个系统，并且是一个生成系统，它有着自身的结构。这种结构是多层面的，第一个层面是音位（phoneme），第二个层面是音节

（syllable），第三个层面是语素（morpheme），第四个层面是词（word），第五个层面是句子（sentences）。语言这个系统存储在人们的大脑中，并为规则所支配（rmle-verned）。这些规则既是复杂的，又是抽象的。人们可以凭借对语言规则的掌握形成无限的句子，并可以凭借这些规则判断某些句子是否正确。

（2）语言是一套具有任意性（arbitrariness）的符号。这些符号可能是声音符号，也可能是视觉符号。语言符号所表示的意义是约定俗成的，语言符号和它们所指的事物没有必然的内在联系，这叫作语言的任意性。例如，某种有四条腿、食肉的哺乳动物在汉语中叫作狗，在英语中叫作 dog，在法语中叫作 chien，在德语中叫作 hund，这就是其任意性的表现，因为我们无从解释为什么要这样叫。但用什么语言符号去表示意义是一种社会规约，意义的规约性往往会受到社会和文化的不同的影响，因而其总是具有人文性这一特点。

（3）语言是一种交际工具。作为交际工具的语言是在社会交际需要中产生，并在使用中得到发展的，人们通过语言的运用来掌握语言，在交际中学会使用语言。

（4）语言在语言社团或语言文化中发挥作用。语言和文化有着极为密切的关系，语言是文化产生与发展的基础，而文化的发展也促使语言变得更加丰富和精细。从某种意义上来讲，语言可以被看成是文化的一部分。

（5）语言为人类所独有。科学家对动物交际的研究表明，虽然一些动物可以以某种方式或通过一定的手段把有关的信息传给它们的同伴，例如，蜜蜂可以通过舞蹈来传达有关蜜源的信息；海豚可以针对不同的灯光信号发出不同的信号；猿猴也能运用某些语言符号，但是它们并没有和人类相似的交际系统，它们之间的“交际”不是人类那样的语言“交际”。语言是人类独有的，人类语言有它的神经生理基础、社会基础以及用于抽象思维的特点和用于传递指称对象特殊信息的特点。从这些方面来看，人类语言与动物“语言”是不同的。

（6）所有人都以大致相同的方式习得语言。语言和语言学具有普遍性特征。如果我们可以把人们描述为聪明、较聪明、不那么聪明等各种类型的话，除了一些有生理或心理障碍的人，所有人在儿童阶段都能以大致相同的方式习得语言。儿童具备学会任何一种语言的能力，只要他们能够接触到周围讲某种语言的人，或与某种语言环境保持接触，他们到一定的时候——五六岁时，都能使用某一语言进行交际。认识语言的本质和特征，有利于我们探讨英语教学中存在的问题。对语言不同的看法会使我们在英语教学研究中采取不同的态度和方法。如果我们把语言看成一种任意符号，而这种符号首先是有声的，那么我们在英语教学中就会强调口语教学，加强听、说方面的训练，我们会“听说领先”；如果我们把语言看作交际工具，我们会以能成功地进行交际作为语言学习成功的标志，也会在教学中让学生参加各种语言交际活动，使学生在语言交际中学习语言；如果我们相信语言和语言学习具有共同的特征，我们也会去寻找学习者学习语言的共同方法、共同策略，看哪一种方法、哪一种策略更有利于语言学习。我们会更清楚地看到不同的语言观对语言教学的影响，不同的语言观会直接影响到某种具体方法和教学技能的运用，不同的教学方法都是以不同的语言观和语言学习观为基础的。

（二）教与学的关系

英语教学法研究英语的教与学，弄清学习的特征，弄清什么是教，对研究英语的教与学是必要的。明确了教授与学习的特征，我们在研究英语教学法时，才会有明确的出发点和前进方向，这样我们才可以取得较好的效果。

按照布朗的提法，学习有如下特征。

第一，学习是习得（acquisition）或获得。

第二，学习是信息或技能的保持。

第三，对信息或技能的保持包含记忆、储存和认识结构的作用。

第四，学习涉及对有机体内部或外部事件积极、有意识的注意和对这些事件施加的作用。

第五，学习是相对持久的，但也会遗忘。

第六，学习涉及某种形式的训练，或许是强化训练。

第七，学习是行为的变化。

这些特征有些说明了学习的过程，有些说明了学习的结果。在学习过程中，我们会对某些事物特别注意，尽量去了解，并做出反应和行动；我们会把有关的信息想方设法记忆下来，并储存在大脑中。这样一来，我们的认知结构也会随之发生变化，我们为了保持有关的知识和信息，还会进行不同形式的操练。作为学习的结果，行为的变化和知识、技能的获得都表现得很具体。我们不能离开学习去讨论教授。可以说，教授的目的是指导和促进学习，使学习变得容易些，为学习的顺利进行创造有利的条件和提供各种帮助，最后达到促使学习者学习到有关知识和技能的目的。因此，教无时无刻不与学连在一起，语言学习的理论直接影响着语言教学理论的建立，也影响着教学方法的采用。从这个意义上来说，语言学习理论和语言理论一样都对教学方法产生直接影响。

二、母语、第二语言和英语的学习环境

英语在不同的国家起着不同的作用。在一些国家，英语是母语或第一语言。有 10 个国家把英语作为母语，它们是英国、爱尔兰、澳大利亚、新西兰、巴巴多斯、牙买加、特立尼达、美国、加拿大和圭亚那。英语在这些国家的地位就像汉语在中国的地位一样。应该指出，虽然英语在讲英语的国家中作为母语，但是在不同的地区或国家，英语的发音是不尽相同的。除此之外，还有词汇和语法上的区别。如果把这些有地理特点的英语称为英语的方言，英语方言之间的差别就没有汉语方言之间的差别那么大（特别是口语）。英语在一些国家或地区虽不是母语，却发挥着官方语言的功能，它是政府部门、学校、法律界、商界和大众媒介（电台、电视台和报纸）应用的主要语言。在这些国家和地区，英语起着第二语言的作用。在南非、印度、新加坡、尼日利亚等国家，英语就是第二语言。对于那些到英国、美国等讲英语的国家定居的移民来说，英语也是他们的第二语言。

在很多国家，英语既不是母语也不是第二语言，但英语也有它的用处——作为课程存在。在这些国家里，英语是学校课程的一部分，是高一级学校入学考试中的一个科目。在我国，英语是一门教育课程。英语虽然在很多国家中只以语言课程的地位存在，但国际上不少会议是以英语为主要语言来进行的，世界上不少书籍、杂志是以英语为主要文字出版的。目前，在这些国家里有不少人在努力地学习英语。学好、掌握英语有利于他们与外界进行沟通，从外部世界获取各方面的信息。明确英语的地位对于英语教学来说是重要的。在我们的英语教学中，最好先教授某一种英语的发音，并以此为基础对其他方言的发音进行描述。这样能使学习者更好地掌握英语的发音，懂得英语发音的特点，在与英、美、澳等国人士接触时能明白对方的语言，进而成功地进行交际。再者，我们也应懂得，英语在我国是语言课程，教授英语的环境与教授母语的环境有很大的差别。英语学习者除了在课堂里接触英语外，在其他场合接触英语的机会不多。从学习母语的经验中我们也知道语言环境对语言学习是很重要的，那么我们应如何为英语教学创造更好的环境，向英语学习者提供更多的语言输入，以

使他们能更好、更快地掌握英语？这是我们在研究英语教学法时要深入探讨的问题。我们不能离开学习去讨论教授。可以说，教授的目的是要指导和促进学习，使学习变得容易些，为学习的顺利创造有利的条件和提供各种帮助，最后达到促使学习者学习到有关知识和技能的目的。因此，教无时无刻不与学连在一起，语言学习的理论直接影响着语言教学理论的形成，也影响着教学方法的采用。从这个意义上来说，语言学习理论和语言理论一样都对教学方法产生直接的影响。

三、现代语言学流派对英语教学的启示

（一）传统语法与英语教学

语言学作为系统性研究语言产生及发展历程的学科，具有极其强大的生命力和指导性。英语教学作为语言学在具体社会实践活动中的表现形式，与语言学有着十分密切的关联。语言学为英语教学提供了一套系统性、科学性、指导性的教学理念、方法及手段，是英语教学中不可或缺的理论支撑。21 世纪，众多现代语言学流派迅速发展和繁荣。现代语言学流派虽然因为自身理念及研究角度不同在英语教学方面存在差异，但都是从语言和语言学习的深刻内涵出发来研究教学问题的，从而为英语教学提供有益借鉴和指导，为英语教学及世界范围英语的发展提供强大推动力。

传统语法产生于以早期的拉丁语法或希腊语法为源头，在 19 世纪中期之前对语言进行系统描述和具体分析的现代语言学流派。传统语法诞生于前语言学时期，而并非理论意义上的语言学产生时期。传统语法追求语言描述及表达上的准确无误，十分讲究利用文学手法进行语言雕琢和完善，赋予语言以特殊的文学意义。此外，传统语言多使用拉丁模式，在进行语言表达和书写时，强调使用书面语言进行表达和论述，注重语言的规范性。在英语教学活动开展过程中，编写英语教材及安排语法知识常常以传统语法作为理论根基，将早期一些具有语言权威性的学术作品作为教学资源使用并将其视为教学典范。随着语言形式的不断退化，英语教学不断将书写能力作为教学重点加以强化，而并不十分关注学生口语能力的培养和锻炼。在实际教学活动中，教师注重从细节出发，研究语言某一层面的用法和结构，而并不重视对语言整体的探究。因此，英语教学中，学生经常被要求注意摒弃一些禁止使用的语法和禁止出现的语言错误。英语课堂教学中，翻译和语法探讨是整个

英语教学的重点。教师作为教学过程的指导者和监督者，常常教授语言的定义、用法及使用规则。此教学方法注重语言使用的规范性，将语言学习过程看作知识的传递和认知过程，并将语言学习模式固化，即采用教师授课、学生接受的形式进行教学。传统语法模式使学生能够系统而全面地掌握语言语法结构及语法规则，对语言使用方法有明确认识。在19世纪到20世纪的一段较长时期内，学生能够利用传统语法带来的益处进行诗歌及散文创作。在欧洲美学盛行的社会背景下，当地学生大量创作文学价值及艺术价值较高的文学作品，大大促进了欧洲文化的繁荣和发展。在如今的英语教学中语法翻译教学法仍旧发挥着积极作用。

（二）结构主义语言学与英语教学

20世纪中期，语言学发展逐渐从传统语法学中脱离，成为一门具有自身独立性和教学思维的学科，即结构主义语言学，也被称为现代语法学。结构主义语言学以语言符号的构思和表达为核心，认为语言作为人类社会交往和联系最为重要的形式，应具备符号功能和内涵，并能够通过有关手段和方法抽象为系列符号，以此使学习者获得更加深刻的理解。因此，结构主义语言学十分注重口语能力的培养和锻炼，但对书面用语的关注度不高。他们认为，语言最终的目的在于完整而生动地描述事物的本质，而非对事物的面貌和特征进行人为的死板的束缚和规定，即语言是平等的，无好坏之分。基于结构主义语言学编写的英语教材利用科学的教学思路和教学方法，将语法架构和语法模式进行融合，以语法结构为教学重点，注重对学生语法能力和语言结构的训练。与传统语法相比，结构主义语言学较为重视实践的作用，重视读写在英语教学中的地位，这完全符合语言学习规律，也适应英语教学发展。在实际英语教学中，使用结构语言学进行教学可以在短期内提高学习者的英语能力和水平，突破其固有的语言障碍，为英语人才的培养和输送作出贡献。但结构主义语言学也存在众多缺陷，如忽视英语教学的内容，机械要求学生掌握大量句型和语法，而学生对所学内容并无清楚的认知，从而使学生实际语言运用能力低下。因此，英语教学要将这一方面作为警戒线，切勿陷入该种教学境况。

（三）转换生成语言学与英语教学

转换生成语言学是指以本民族语言为基础，通过学习和掌握本民族语言，了解其语言规则及语言本质，继而接触其他语言并进行学习的一门学科。[1]转换生成语言学派的学者认为，语言种类繁多，而众多的语言种类构成一个整体，整体中每个个体之间存在异同点。语言学习并不是一个习惯性作用的过程，而是一个探索和对比的过程。将本民的族语言系统与其他民族的语言系统进行系统性整合和处理，从而形成符合自身认知习惯和认知水平的语法套路。

转换生成语言学对语言进行转换活动主要从深层结构、表层结构、转换规则等方面出发，利用一系列规则对语言进行处理。[2]转换生成语言学为英语教学提供了一些有益的借鉴和指导。首先，在英语教材编写过程中深层结构相同或相似的句型可以结合起来，以此深刻理解并掌握句子中的语法现象、语法残缺、语义分析等。其次，运用转换规则可以使复杂的语法结构变得简单易懂。教师利用转换规则对句子进行分析和讲解，有助于学生理解语法规则、熟悉语法结构的构成，从而对语言有更加清晰的认识。转换生成语言学的盛行促进了认知教学法的产生。认知教学法改变了以教师为教学中心的传统局面，强调发挥学生自主学习的精神和积极性，增强学生学习的主动性，改善了英语教学效果，提升了英语教学效率。此外，英语教学在借鉴转换生成语言学的基础上，应注重对学生听、说、读、写能力的综合训练和提高，避免其英语学习出现畸形。

（四）交际能力理论与英语教学

传统观点认为，语言能力仅仅与语法结构的理解和使用有关，而与实际情景中语言的运用无关。该观点弱化了语言的本质和内涵，大大扭曲了语言学习的效用和目的。[3]语言学习应将实际运用作为最终目的，这是交际能力理论推崇的观点，也是语言学习所追求的效果和境界。交际能力主要包括四个方面：第一，可能性，即掌握理解基本语法和句型的能力，符合语言的基本规则和要求；第二，可行性，即语法或句型能够在具体语言环境中得到使用，并不出现语法错误，能够为使用者或学习者所理解；第三，得体性，即恰当运用语言进行沟通交流的能力，要求在熟练掌握语法结构和使用规则的基础上，增加语言使用的技巧性；第四，执行性，即能够自如地使用语言进

❶ 姜风华．现代语言学流派对外语教学的启示[J]．黑龙江科技信息，2010,(22):162-163.

❷ 汪火焰．基于跨文化交际的大学英语教学模式研究[D]．武汉：华中科技大学，2012.

❸ 刘桂影．我国中学英语教学范式发展与变革研究[D]．重庆：西南大学，2013.

行一系列社会交往和社会活动，强调具体情境下的语言使用能力。交际能力理论学派的学者认为，语言学习要在掌握基本语法知识和语法结构及词汇的基础上，对语言使用技巧和能力进行训练并加以掌握，以便进行语言交流和沟通，参与相关语言实践活动。语言能力的衡量标准具有多样化特征，不仅要求使用者说出的句子符合基本的语法规则和结构，还要符合当时的语言氛围和环境。要求学习者的语言能力完全符合语言的社会性特征，即语言的产生和发展要与社会环境的变革相联系，也要与社会发展同步。[1]因此，英语教师在英语教学实践中，要注重培养学生的口语能力和交际能力，使英语学习能够为学生的实践服务，从而促进社会发展和进步。此外，可使用情境教学法训练学生的交际能力，激发学生学习英语的兴趣和积极性，将英语学习融入具体的社会实践和社会交往中，培养交际性英语人才。

第二节　英语教学的理论基础

一、英语教学概述

（一）英语教学的含义

外语教学是语言教学的重要组成部分，是在“教学原则指导下解决问题的职业活动”。[2]它的“成功在于理论的正确指导，教师采用适当的教学手段”。[3]外语教学包含两个方面——教学活动和方法探索，落脚点是“改善教学效果，探索教学方法”，是为了“提高教学质量”。然而事实上，这两个方面并不是外语教学活动的全部内容。外语教学活动的整个过程是一个教育过程，涉及教学质量和方法之外的很多因素，如外语与母语，外语与社会文化、历史传统、民族认同乃至国家利益之间的关系等。[4]同时，外语教学

---

[1] 邹心胜．大学外语教育的理论与实践探索 [D]. 武汉：华中师范大学，2013.

[2] 田贵森．导读：外语学习与教学导论（An introduction to Foreign language learning and teaching)[M]. 北京：外语教学与研究出版社，2002.

[3] 何广铿，黄冰，勒妍．英语教学研究方法 [M]. 广州：广东高等教育出版社，2009.

[4] 蔡永良．从外语教学走向外语教育一新形势下我国外语教育转轨的思考 [J]. 外语教学，2013（1），65-68.

是一项系统工程，具有自身的系统性。它既受语言教学和语言习得规律的支配，又受外语教学和外语学习规律的影响；既受教师和学生本身主观条件的制约，又受众多客观条件的局限。它不仅是对语言理论和学习理论的理解和应用，还是对心理学、教育学、跨文化交际学等理论的理解和应用。这些不仅是外语教育政策制定者必须关注的重要问题，也是外语学者专家必须深入研究的课题，更是外语教师必须注意的实际问题。

（二）英语教学的特点

1. 一个发展中的学科

作为高师和师专学科建设及教学对象的英语教学，是一个正在发展中的学科。作为教育科学研究项目的教学，也是这样。首先，英语教学体系还不够完善，国内外各种普通教学书和外语教学书在结构上和内容上都有较大差别，目前尚未形成一个相对统一的框架和相对固定的基本内容。其次，名词术语还有待统一。例如，在学科范围内，口语和口头、技能和能力、练习和实践等重要名词术语的使用，常常代表相同概念而不加以区分。另外，在内容安排上，种属概念不分，不同层次的问题被放在一起，把适用于各科教学的教学原则（如以学生为主体，或以学生为中心的原则），同只适用于英语教学的教学原则（如交际性原则）放在同一层次上论述。值得注意的是，本学科在理论上尚未形成严格的演绎系统，在教学的研究法上，演绎法就显得过于薄弱。因此，在国内出版的外语教学书中，外语教学主要流（学）派，有时排在前面，有时排在后面。英语教学是发展中的学科，这既是其弱点，也是其长处。既然是发展中的学科，在学科建设上的保守性自然就少，在本学科内实现百家争鸣、百花齐放就更容易，也便于广泛吸收其他学科的研究成果。同时，也有利于青年人在本学科内较快地崭露头角。每一位英语教师都不应放过在英语教学学科建设中大显身手的机会。

2. 一个多边缘的学科

正在发展中的外语教学是一个相当典型的多边缘学科，与哲学、教育学、心理学、语言学、社会学、人类学等有密切联系。

第一，哲学，特别是辩证唯物主义认识论和方法论，是我国外语教学指导思想的理论基础，是认识外语教学中各种矛盾的本质和正确地予以处理的根本武器。[1]英语教学研究英语的教与学，在研究过程中，我们会碰到各种

[1] 林立，王之江．人本主义活动在英语教学中的应用[M]. 北京：首都师范大学出版社，2005.

各样的现象和问题。根据当时、当地的实际情况对这些现象和问题进行分析和探讨，需要掌握认识和分析问题的方法。从这个意义上来说，学好马克思主义的哲学体系，以它的世界观和方法论来武装自己，也是进行研究所需要的，因为这种世界观和方法论是“最完整深刻而无片面性弊病的关于发展的学说”。掌握好马克思主义的世界观和方法论，有助于我们客观、准确、全面、辩证地研究教与学的现象和问题，探讨教与学之间的关系，摸索教与学的规律。这样，我们才能按照不同年龄学生的不同的心理特点、语言背景、个性，在不同的教学阶段、按照不同的教学目标来制定和选择不同的具体要求和教学方法，我们才能从实际出发，辩证地看待各个教学流派，认识它们的长处，同时也理解它们的不足，并能按照教学实际灵活地运用各种教学方法，才能对国外学者的研究成果作实事求是的分析，并能按照自己的实际情况，运用他们的研究成果来按照中国学生的实际情况来设计实验。

一些哲学家对语言的研究促成了哲学中的一个分支——语言哲学（philosophy of language）的产生。哲学家对语言的研究成果也能作用于英语教学。例如，哲学家格赖斯提出了会话含意理论。在会话含意理论中，格赖斯提出了他的“合作原则”，并说明了组成此“合作原则”的四个准则，即质的准则、量的准则、相关的准则和方式的准则。格赖斯会话含意理论为我们在正确理解会话意义方面提出了原则性的意见。[1]在英语教学中，如何使用这些原则和准则，以达到更好地理解语言的目的，也是英语教学要研究和探讨的问题。从这个意义上来说，哲学不但为英语教学提供了研究的方法，还提供了对教学有启发作用的理论。

第二，教育学要求把外语教学作为整个教育活动的一个组成部分，在学生全面发展的过程中进行外语教学，把外语教学作为教育的目的之一，也作为教育的手段。教育学阐述教育知识，研究教育现象，探论教育问题并揭示教育规律。英语教学属于教育范畴，教育学的原则、原理和方法对英语教学有指导性作用并能在英语教学中应用。在研究英语教学时，我们会应用教育学的理论去处理教学中出现的问题。教育目的、教育方针和培养目标从大的方面影响着英语教学，英语课的开设、开设的时数、开设的目的和要求无不受制于它们。在教育学中，教育要适应社会发展和学生发展，这能帮助我们更好地理解历史上的各种教学方法是怎样因社会需要而发展起来的，同时它们也可以帮助我们根据学生的年龄、心理和生理发展特点选用适合的教学内

[1] Grice, P. H. The philosophy of language [M]. Oxford：Oxford University Press,1975.

容和教学方法。教育学中所论述的教学原则也能用来设计课堂活动，这些原则包括：科学性和思想性统一的原则、理论联系实际的原则、直观性原则、启发性原则、循序渐进原则、巩固性原则、因材施教原则等。英语教学与其他学科一样都应处理好教师和学生之间也就是教与学之间的关系。在教育过程中，教育学提出“教师主导，学生主体”[1]的思想，它为我们正确处理教师与学生之间的关系，摆正教师和学生在英语教学中的地位提出了原则和依据。我们可以把这些原则应用于在英语教学中建立尊师爱生、民主平等的良好的师生关系上，积极创造一个良好的语言环境，调动学生的学习积极性，激发他们的学习兴趣，把英语教学搞好。《现代教育学》对课外教育活动的论述也给了关于英语教学有益的启示。在英语教学中，我们也应结合语言学习的特点，设计英语的课外活动以促进其英语学习。[2]

除了应用教育学的原理、原则之外，我们还可以应用教育测量的理论和方法去进行测试命题和测试结果的研究、英语教学实验的设计、数据的处理等，并对英语教学工作进行评估。可以说，在英语教学实践中，我们都在应用有关教育学的原理、原则和方法。

第三，心理学要求在外语教学中注意智力因素、非智力因素和个性因素的相互作用和发展，同时把行为主义心理学和认知心理学的基本规律联合起来作为指导外语技能训练和学习能力培养的重要依据。心理学是研究心理现象的科学，它不但对构成认识过程的感觉、知觉、记忆、思维、想象进行研究，而且还对构成个性心理的因素，如需要、动机、兴趣、能力、性格等进行探讨。英语教学是教师和学生之间的教学活动，对认识过程中心理现象的理解及对学生个性心理的掌握，能帮助教师认识学生学习过程的特点，能使教师遵照学习英语的规律，结合学生的个性特征，寻找出加快英语学习、帮助不同学生学习好英语的教学路子。学习是心理学（特别是教育心理学）研究得较多的一个问题。不同的学者从不同的角度对学习进行了不同的研究并提出了不同的学习理论。而英语学习是人们进行学习的一种活动，它同样受学习理论的影响。事实上，不同的学习理论，如斯金纳的操作条件反射论、布鲁纳的认知发现学说等，都在不同的英语教学过程中与不同的语言理论相结合构成了不同的英语教学的理论依据。

心理语言学主要研究语言的学习和使用，即个体怎样理解、生成和获得语言。心理语言学关于儿童习得语言的特点的论述，如“儿童置身于语言环

[1] 华南师大教育系教育学教研室．现代教育学[M]．广州：广东高等教育出版社，1997.

[2] 同上。

境是儿童习得语言的必要条件”“语言的理解先于语言的生成”[1]，为英语教学中教学原则的制定、教学方法的设计及第二课堂（课外活动）的开展提供了理论根据。在心理语言学中，语言知觉的认知模式和阅读过程模式的研究为英语聆听理解和阅读理解课堂教学应采用什么样的教法提出了理论依据。英语阅读的相互作用模式就是根据“图式理论”设计的英语阅读路子，而“图式理论”又来源于德国的格式塔心理学派，格式塔心理学派是很有影响的学派，这个例子也说明了英语教学与心理学及其分支学科之间联系的紧密。

第四，语言学要求把所教的外语看作一个复杂的体系，将语法、结构情景、功能和意念诸方面统一起来进行教学，既进行刺激反应训练，又培养生成能力和交际能力，使学生在使用所学外语时表现出熟练性和灵活性。语言学是研究语言系统的科学，英语教学是研究英语语言的教学学科，两者的研究都涉及语言，因此它们之间的密切关系是不言而喻的。

在语言研究的领域里，理论语言学或普通语言学研究语言的一般原则和人类语言的特点。这些原则和特点反映了人们对语言的看法，可称为语言观。人们从各个不同角度对语言的探讨加深了人们对语言特点的认识。人们对语言不同的观点、不同的认识致使人们在不同的时期按照不同的社会需要创设不同的英语教学。例如，听说法、情景法是以结构主义语言理论为基础设计的教学方法；认知法可以说是受乔姆斯基转换生成语言理论的影响而创立的教学方法。[2]当然，不同英语教学方法的创设除了根据不同的语言理论外，还得依赖语言学习理论。

除了普通语言学，语言学的其他分支对英语教学也有影响。描述语言学集中研究某一语言的系统、结构，它向我们提供有关英语结构和规则的描述；英语语音学描述英语语音的特点、语音现象和语音规律；英语语法学阐述英语语法规则和英语的结构；英语词汇学对英语的词汇特点作详细的描述。这些语言学的分支能为英语教学研究提供丰富的材料，在选取英语教学内容方面，我们也可以从这些学科里得到启示。

第五，社会学要求教学集体多方面和谐。师生和谐其要求，学生之间和谐，教师与学生家长和谐，学生与家长和谐，外语教师与其他课教师和谐，各方面在心理上、认识上、情感上、行动上和谐一致。学生只有在外语学习中表现出强烈的自尊和自信，在学习和使用外语时有高度的自觉性和自主感，学习效率才会大大提高。

---

[1] 彭聃龄，语言心理学 [M]. 北京：北京师范大学出版社，1991:1.

[2] Stern, H. H. Fundamental concepts of language teaching [M]. Oxford：OUP,1999.1.

作为语言学的一个新的分支，社会语言学将语言作为一种社会现象进行研究，研究语言运用中不同的功能变体（functional variant）、不同的文体（style）、不同的语域（register）、不同的话语范围（domain）和不同的语码使用（code）。社会语言学唤起人们对语言得体性的注意，这一点对英语教学也是有启示作用的，英语教学应注意培养学生得体使用语言的能力。

第六，人类学要求英语教学注意文化交叉问题，在语言中教文化，在文化中学语言，二者相互促进。文化既是英语学习的目的，又是英语学习的手段。教师对英语的讲解和学生对英语的理解，一旦提升到文化的高度，就会富有情趣。从宏观上悟透语言的本质。例如，从思维严谨的高度来学习英语的时态，就不只是语言学习，而且是思维方法学习。对于英语定语从句、名词 +of+ 名词结构、倒装句结构等的学习，也同样如此。学英语深入到文化，就自然会用英语想，同时在学习中开动大脑进行思考。世界人类各个民族在文化上的差异是历史、地理、经济、政治、生活方式等差异的反映。英国人和中国人对“西风”和“东风”的感觉相反因，而在生活和文学作品中用这两个词所表达的意思就有明显的地理文化差异。各民族的文化不只有差异，也有相同之处。英语学习从另外一个角度来说，就是要取得文化上的认同，消除对英语格格不入的情绪。从文化的高度把握英语，情景和功能问题会迎刃而解，交际目的也易于实现。

3. 实践性很强的理论学科

英语教学实践性很强。这门学科必须对英语教学的实践有指导作用，并使学习和研究该学科的人受到实践训练，系统地学到进行英语教学工作的技能。然而英语教学学科却绝非只是应用技术之学，它对实践的指导，首先是战略上的、决策性的和方向性的。它着眼于教师的认知水平、理论水平、整体修养和素质的提高，使教师把英语教学作为科研对象，作为事业的追求目标。它所倡导的教学方法是从人出发，而不是从物出发。教师乐教带动学生乐学，化教的活动为学的活动，在教人之中教外语。英语教学学科是关于学习方法的学问，更是关于做人的学问，其核心是人生观问题、宇宙观问题、哲学问题。所以说，这是一门理论学科。当前，英语教学学科的实际理论水平与应有的理论水平差距极大，这是此门学科建设的最大问题。英语教学学科要面向实际，解决实际问题。而现实是五光十色的，问题是错综复杂的。作为科学形态的教学不是头痛医头、脚痛医脚的处方汇集，不是丸、散、膏、丹的用法说明。它所关注的首先是外语教学中实际存在的本质问题。例如，教师本人对教师工作性质认识肤浅的问题，教师教而不学和学而不用的问题，只教语言知识、不教学习方法的问题，轻视理论研究和学习的问题，等等。就以常见的英语课堂纪律来说，这实际上是一个人际关系问题。英语教师不懂学生的心理，不理解学生，不尊重学生，而又期望课堂教学秩序良好，岂非缘木求鱼之想？一个指责学生笨的教师，自己才是一个笨人。教师要成为一名合格的教师，这是每位英语教师，尤其是青年教师必须达到的目标。这是一个身体力行的实践问题，又是一个认识不断深化的理论修养问题。

完善的教学学科应把实践中各种问题置于理论层面上进行研究，总体解决。理论使问题简化、方法简化，易于解决，所以理论是有实践意义的。承认英语教学学科的理论性，本学科才更有学习、研究和发展的价值。

4. 似易而实难的学科

由于英语教学是发展中的、多边缘的、实践性很强的理论学科，同事，它也是一个似易而实难的学科。这门学科的教学、研究、学习和著述，都有相当大的难度。难在何处？一是涉及面广，哲学、教育学、心理学、语言学、社会学等无所不包。二是时限长，教学修养难以一蹴而就。要获取全面的理论知识，积累一定的实践经验，并融会为自已的观点和方法体系，需要相当长时间的刻意修炼。三是独立性弱，英语教学学科易受语言学、心理学等相邻学科的影响，时常遭受冲击，干扰了本学科的独立发展。种种难处都要求我们在英语教学学科的研究和学习中突出教学的学科建设方法。

（三）英语教学的目的

1. 教师的教学目的

教师的教学方法不仅受教师对语言和语言学习的看法的影响，而且还受制于其教学目的。如果教师将语言看成是一门知识，他的教学目的是通过外语教学对学生在智力方面进行磨炼，使学生能阅读外语的文学作品，他便会使用语法—翻译法进行教学；但如果教师将语言看作一种技能、一种习惯，想通过大量机械的模仿练习让学生掌握语言，他就会采用听说法、口语法或情景法去教授外语。教师的教学目的是各种各样的，它可以是培养学生的交际能力，训练学生懂得对不同的人、在不同的场合和时间说不同的话；也可以通过教学，帮助学生弄懂有关某一门外语的知识，还可以培养学生的听说能力或阅读能力。当然，教师所采用的教学方法也从一个侧面反映了教师的教学目的。

2. 建立具有中国特色的英语教学体系

中国是一个人口大国，具有缤纷灿烂的民族色彩和地方色彩；中国又是一个具有五千年文明历史的大国，具有独特的文化传统和教育传统；中国还是一个社会主义大国，中国的英语教育与其他国家相比，在体制上、目的上都有自身的特色。凡此种种，都要求我们建立具有中国特色的英语教学体系。这种教学体系要注重人的全面发展并要考虑我国各地区和各民族的差异，如语言和方言的差异、教学条件和环境的差异等，力求教学方法与教学目的一致，理论与实际结合。

中国英语教学体系的建立，一方面要靠全面总结我国英语教学研究的历史经验和现实经验，另一方面则需将已有的英语教学论著进行分析研究，包括中国的和外国的论著，采精华，酿佳蜜。群策群力，从理论联系实际的角度对具有学科性质的英语教学著作进行研究和学习，必定会大大加快具有中国特色的英语教学体系的建立和完善。

我国有几千万学生在学习英语，规模之大，数量之多，居世界第一。中国成体系的英语教学理论应该走在世界这一学术领域的前列。未来，我们不单要引进外国的英语教学法，还要“出口”中国的英语教学法。为了达到这一水准，我们的英语教学法科研队伍必须不断壮大。让一切有志于祖国文化建设的外语教师，特别是在职的和未来的青年教师，都可以在这里大有作为，大有建树，体现自己的价值。

3. 提高英语教师的英语水平

英语教学法所概括的教学规律都是以学生的有效学习为依据的，也是以现代语言学对语言本质的多方面的研究成果为基础的。因此，这些规律既适用于教，也适用于学；既适用于学生的学习，也适用于教师的学习。例如，教学法强调把语言作为交际工具来教、学、用，强调培养学生用英语想（think in English）的能力和习惯，这对于英语教师的业务进修也有重要的现实意义。在这种思想的指导下，英语教师的英语进修就要由侧重语法分析和词汇辨异，转为侧重听、说、读、写。这样，进修的方向正确，就可能事半功倍，英语水平就会不断提高。英语教师在往往是学什么就教什么，怎么学就怎么教。当一位教师以现代教学法理论为指导，认真进行教英语和学英语的实践时，他（她）就会在教和学上获得双丰收，使自己教英语的水平、学英语的水平、用英语的水平和教学法理论水平同步提高。在这里套用一句哲学界的说法，他（她）就由自在（himself/ herself）状态上升到自为（for himself/ herself）状态，真正成了教学的主人。英语教师若要在英语学科上有所造诣，英语教学法也许会成为一个好的向导。

（四）英语教学目的的实现

英语教学是学生在教师的指导下掌握英语知识的认识活动，它的目标不仅是让学生获得英语语音、语法、词汇等知识，而且要让学生掌握听、说、读、写、译等技能，提高学生的文化素养，继而培养学生的综合语言能力及以此为基础的口语、书面语和交际能力。教学目标是教学活动的出发点和最终归宿。因此，教学目标的明确是教学活动的首要环节。在英语教学实践中明确教学目标是不可或缺的环节，通过目标的呈现，灵活地运用认知心理过程的相关理论，可以帮助学生预先激活已有的相关经验和知识信息，促进其构建新的知识，激发其学习的欲望与动力。为了更好地实现大纲要求的教学目标，教师在开展教学活动时，应以心理学为主要依据，将语言知识和文化知识放在同等位置上，以培养学生跨文化交际能力，最终实现英语教学目标。

1. 将英语教学置于一定的语言环境中进行

教师通过创设情境、提问、对话、讨论等形式使学生进行反复操练，帮助学生形成成熟的语言技能，如在课堂上多进行口头操练，并且对学生的学习成果及时进行积极性的反馈评价，调动学生的学习积极性和学习兴趣，在教师与学生之间建立良好合作关系，组织课堂教学等，都需要以心理学为依据。此外，母语与目的语国家的文化差异所引起的英语学习者的心理差异在教学中常常被忽视。从社会心理学的角度分析，英语教学过程还会牵涉社会因素和个人的感情因素。社会因素的牵扯指的是社会群体对待各种语言的态度及各个民族的文化和生活方式的差异对英语教学的影响；个人的感情因素的牵扯指的是个人对所学语言的态度和学习的动力，对目的语民族的文化和生活方式的接受程度。例如，中国学生所具有的中国文化背景与英语学习中所蕴含的英美文化背景发生碰撞时，学生所产生的相应的心理反应也会影响英语教学效果。因此，在教学过程中，把握学生心理对于更好地实现教学目标有着重要的意义。❶

2. 要将语言知识和文化知识放在同等重要的位置上

语言是文化的一种表现形式，越深刻、细致地了解所学语言国家所在的历史、文化、传统、风俗习惯和生活方式就越能正确理解和准确地使用这种

❶ 刘绯绯．关于外语教学目标的思考[J]．北京大学学报（外国语言文学专刊），1999.

语言，但是语言和文化都是通过后天学习而获得的。因此，教师在平时的教学中不仅要传授英语语言知识，还应引导学生有意识地学习英美国家的历史文化等背景知识，增强学生对文化差异的敏感度，并使两者相互渗透、相互补充，只有这样才能真正做到全面提高学生的英语能力，培养满足社会需要的高素质英语人才。在英语教学中，学生是语言知识和文化知识习得的主体，作为教学主导的教师应有意识地把文化信息的渗透与语言技能的教学紧密自然地结合在一起。在帮助学生学习和掌握英语语言的同时，教师应积极引导学生自觉了解和适应英语所承载的文化，培养学生对英语文化的敏感度和洞察力。

（1）讲解法。教师根据教学内容的需要对英美文化进行讲解、阐释，使学生习得语言文化。例如，英语词汇与汉语词汇相对比存在这样几种情况：其一,一种语言里的一些词在另一种语言里没有对应词；其二，在两种语言里，某些词表面上似乎指同一事物或概念，其实是两回事；其三，某些事物或概念在一种语言里只有一两种表达方式，而在另一语言里则有多种表达方式；其四，某些词的基本意义大致相同，但派生意义的区别可能很大。而造成种种差异的根本原因就在于文化的不同。因此，教师在讲授词汇时，要挖掘词汇内部的文化因素，进行有目的的讲解，这样才有助于学生更加准确地理解、使用词汇，并从中习得文化。

（2）情境渗透。按照英美文化规约进行语言实际交流，特别是让学生和以英语为母语的人士交流，这种方法就是让学生置身于一定的语言运用情境中，从而使其习得文化。然而，对于学生而言，在现实生活中，真正的目的语环境很少。不过，教师要积极创造条件，为学生创设虚拟的、人为的目的语环境，让学生亲身体验目的语文化还是切实可行的。具体来说，在教学中，教师不仅要让学生懂得语言形式的正确与否，还要要求学生根据具体情境选择和运用语言。

（3）阅读分析法。借助英美文学作品、期刊、杂志、英文报纸习得英美文化。教师通过引导学生阅读文学作品及报纸杂志，再加以分析指导，帮助学生积累文化背景、社会习俗、社会关系等方面的材料。阅读时，学生会不由自主地进入另一种文化的氛围，产生移情的心理体验，能设身处地地从他人的角度出发，从而更真切而深入地理解另一个民族的价值观念及信仰。[1]

[1] 陈俊森，樊崴崴 . 跨文化交际与外语教育 [M]. 武汉：华中科技大学出社 ,2006:238.

3. 要培养以“跨文化交际能力”为最终指向的分层能力

在英语教学实践中，以培养跨文化交际能力为最终指向是对教学目标中诸要素的兼收并蓄，是语言教学的重要目标。而对于跨文化交际能力的实现，需要确定学生在某一阶段应达到的英语整体水平，按照学生掌握英语言语技能的三种不同层次来进行，这三种层次分别为领会式掌握层次、复用式掌握层次和活用式掌握层次。

（1）领会式掌握，表现为对语言言语的感知和理解。当人们听懂（听觉领会）或读懂（视觉领会）言语时，表明他已经达到领会式掌握言语技能的程度。达到这一层次的学生应已具有一定的阅读能力，掌握了一些基本的阅读理解技能和基本的听的能力，包括辨别单词中音素和辨别语流中的音素等能力，绝大多数学生通过第一学年的学习都应达到这一层次。

（2）复用式掌握言语技能就是再现过去感知并掌握过的某些语言材料。至少在形式上已经掌握说和写等技能，包括发音、书写等技能和有关的语言知识。达到这一层次的学生应具备较强的阅读能力和一定的听的能力。除此之外，还应具备初步的写和说的能力。

（3）活用式掌握层次，是英语学习的最高层次，它以创造再现所学材料为标志。活用式掌握外语所需具备的写和说的能力，已不再是简单的背书，而是实际运用英语进行交际的能力，即跨文化交际能力。❶

4. 培养学生的跨文化交际意识应成为英语教学目的中不可缺少的组成要素

随着我国改革开放的进一步扩大、经济全球化的大趋势、国际合作的日益紧密，对于高素质并具备跨文化交际人才的需求持续增长，跨文化交际能力是在特定的言语环境中，按照每一特定的交际目的学习英语，使学生最终掌握运用英语与不同文化背景的人们进行交际的能力。学习语言的首要目的就是使用该语言与讲该语言的人进行各种形式的跨文化交际。但英语教学的跨文化性决定了这一交际能力应有更广泛的内涵，各民族人民在使用自己的语言表达思想、传递信息的过程中，也把本民族的文化传统、思维方式注入语言表达中。因此，它还是文化的储存库。语言学习应使英语学习者在语言能力上从文化知识这一具体层面上升到文化理解、文化洞察与分析这一更抽象、更理性的层面。英语教学不应把培养具有跨文化交际能力的英语人才的教学目标仅仅定位于培养交际工具个体，还应使英语人才成为跨文化交际的使者，具有对不同文化的敏锐洞察力和分析比较能力等。同时，根据时代的

❶ 范淑莹．外语教学目标的整体层次和个性层次[J]. 广东工业大学学报，1997（3）:7882.

发展来培养高规格人才，必须不断研究专业英语人才所应具备的知识结构，进一步调整和确立好学生必修和选修的课程 ，为更好地实现教学目标打下良好基础。

二、英语语言教学的理论基础

霍金斯（1981）提出较为正规的语言教学的时间大概于19世纪初，而它的发展与语言学研究的演变密切相关。不同的语言学理论如传统语法、历史语言学、结构主义语言学、转换生成语言学、功能语言学、交际能力理论等对于外语教学都有一定影响，其中传统语法、结构主义、功能主义、交际理论等观点都对现代语言教学直接或间接地产生很大影响。

（一）传统语法——语法翻译法

传统语法以希腊和罗马语法为基础，是20世纪现代语言学发端以前对语言的描述。它注重语言的正确性、规约性和优雅性等。1880年以前，古典语言（古希腊语和拉丁语）教学在欧洲一直占主导地位，其教学主要目的在于阅读古典文献，因为人们已经不再使用这种语言进行交际了。语言教学以语法为主，以教师为中心，语言学习主要通过大量翻译练习进行语法规则记忆，要求学生掌握语法和大量单词，但并不注重其发音，这就是语法翻译法。到了20世纪中期，语法翻译法逐步发展成译读法，该方法适当注重发音的教授和练习，强调阅读能力的培养，但语法教学作为阅读和翻译的前提，仍然占据重要地位。

在语法翻译法中，学习外语最主要的任务是语法学习，语言知识以语法点和例证的形式呈现，教师以教材为蓝本，解释其中的语法点和术语，学生熟记具体规则和例子，借助双语词典翻译词、短语、句子等。一般说来，课堂讲授经历两个阶段：讲授词法、句法；采用演绎法讲授语法规则（如先讲一下语法规则的构成和用法，再举几个例子说明，并把例句译成母语；进行语法练习等）。可见，语法讲解、记忆及目标语与母语之间的对译成为当时最主要的教学活动。因此，各种语法概念如主语、谓语、宾语、格、体等对于师生来说耳熟能详。这种方法的优势在于充分发挥了母语和翻译在教学中的作用，易于操作；同时课堂以教师为中心，比较容易操控课堂。但其局限性也是显而易见的。主要包括以下几个方面：过分重视语言知识的传授，忽视了语言技能（如听说能力）的培养；夸大了语法和母语在外语教学中的作用，教学过分依赖母语；教学过程比较枯燥，所举例句脱离语言实际，容易引起学生厌倦；过于重视阅读和写作，并且布置的记忆任务繁重等。后来随着语言学研究的发展，该方法受到其他教学流派的批驳。❶

（二）结构主义语言观

结构主义是共时语言学的一个分支，独立地诞生于20世纪初的美国。传统语法在欧洲一直占据统治地位，而在美国，其影响却微乎其微。此外，在美国最早对语言学感兴趣的学者是人类学家，他们发现印第安人的土著语言没有任何文字记载，当一种土著语言的最后一个使用者死去时，这种语言也会很快随之消亡。这让他们感觉到在消亡之前将这些语言记录下来的迫切性。从19世纪末到20世纪中期，不论是在自然科学领域还是在人文科学领域都开展着一场结构主义革命。不少学者如帕西、斯威特、布龙菲尔德等都对语言的结构进行了分析和研究，并提出了自己的观点和理论。结构主义语言学主张把语言当作一个系统来研究，注重语音、单词、句子等语言单位在这个系统中的地位，强调语言学习的目的在于掌握这些成分。

1. 索绪尔与结构主义语言学

瑞士语言学家索绪尔，是现代语言学的奠基人。尽管索绪尔在历史比较语言学，特别是在印欧比较语言学中作出了重大贡献而使他在语言学界崭露头角，但真正使他荣获“现代语言学之父”这一美称的却是他在1906年至1913年间为日内瓦大学的学生开设的“普通语言学”课程。1913年他去世之后，他的两位同事根据学生所做的笔记和他所留下来的讲稿整理出了《普通语言学教程》。

索绪尔的理论是从三个方面发展起来的：语言学、社会学及心理学。在语言学方面，他受到美国语言学家W.D.惠特尼巨大的影响。惠特尼通过坚持“符号的任意性”这一概念来强调语言是一种系统，从而把语言学引入正确的轨道；索绪尔还追随法国社会学家E.迪尔克姆，坚持认为语言是一种“社会行为”，并将之与个人心理行为严格区分开来；在心理学方面，索绪尔受到奥地利心理学家弗洛伊德的深刻影响，认为“下意识”是具有连续性的。索绪尔第一个注意到语言的复杂性，他把人类语言看作是一种非常复杂且异质的现象。即使是一个简单的言语活动，也包含着要素独特的分布，并且可以从许多不同的甚至是互相冲突的角度去考虑。人们可以关注导致一个

❶ 何广铿，黄冰，勒妍，英语教学研究方法[M]，广州：广东高等教育出版社，2009.

人在交谈过程中发出一系列声音的知觉环境。人们可以去分析是什么使说话者和听话者能够相互理解，找出他们赖以交流并且早已熟悉的语法和语义规则。或者，人们可以追溯语言的历史，看看这些特定的形式早在什么时候就得以通用。

索绪尔主张把语言和言语这两个不同的概念区分开来。他认为语言是抽象的语法规则系统和词汇系统，它是社会产物，不从属于某一个人的言语，是说出来的话或写出来的文章，是由个人通过运用语法规则将语言单位组织起来的结果，因此言语是语言的具体体现，而语言则是对言语的抽象。虽然言语是可以直接接触到的素材，但语言学的研究对象却应是语言。索绪尔主张将内部语言学和外部语言学区别开来。他认为社会与历史等因素不会触动语言的内部系统。在他看来，语言学就是一门研究语言内部系统的科学。他主张将共时性的研究同历时性的研究区分开来。在他之前，人们研究语言往往是纵向地追溯语言的历史，从历史的角度来解释语言现象，甚至有人认为唯有历时性的研究才是科学的。索绪尔认为对语言进行共时性的研究，即对语言做静态描写也是一门科学，而且还优于历时性的研究，因为对说话的大众来说，历史变化是很少在考虑之列的。索绪尔认为语言符号在构成关系系统时存在于两种关系之中，即组合关系和聚合关系之中。组合关系与语言成分的线性排列次序是一致的，而聚合关系则是以语言项目中一定成分的选择为条件的。索绪尔认为语言是一套规则体系，而不是具体的材料。规则体系是相对固定的。约定俗成的，是语言学的研究对象。

索绪尔对现代语言学的贡献还在于他确定了语言学作为一门独立的学科所必需的特点。他在《普通语言学教程》的结尾处指出："语言学唯一的真正的对象就是语言和为语言而研究的语言。"虽然这段话的后半部分尚有争议，但它确定了语言学研究的对象和相应的研究方法，明确了语言学成为一门学科必需的特点，后来涌现出的各种学说和流派都直接或间接地受到这些观点的影响。

2. 布龙菲尔德的理论

布龙菲尔德是美国描写语言学的首要代表。他是美国语言学研究历史上的一位标志性人物，以至于1933—1950年这段时期被众人称作"布龙菲尔德时代"。也正是在这个时期，美国描写语言学开始正式形成并迎来了它的最初发展阶段。布龙菲尔德的《语言论》一度被大西洋两岸同时奉为科学方法论之典范及语言学方面最伟大的著作。在布龙菲尔德看来，语言学是心理学的分支，并且特别指出是心理学中带有实证论特征的行为主义的分支。行为主义是一种科学研究方法，其理论基础是认为人类无法认识他们从未经历之事。从行为主义的语言观出发，儿童对语言的学习是通过一连串的“刺激—反应—强化”来达到的，而成年人对语言的使用也是一个“刺激—反应”的过程，当行为主义者的方法论通过布龙菲尔德的著作进入语言学研究以后，在语言学研究中普遍的做法就是去接受、理解一个本族语使用者用他的语言说出的语言事实本身，而丢弃他对其语言所作的评论。这是因为只有观察了没有准备的、由说话人自然陈述的话语而作出的语言描写才是可靠的；相反，如果一个分析者通过询问说话者诸如“你能否用你的语言说”之类的问题而得到的语言描写则是不可靠的。

布龙菲尔德还谈到语言学对语言教学的应用，并对传统语法提出批评。他指出，18 ~ 19 世纪的语法学家大多在为英语制定“英语应该如何”的规则。其实，所有的变体都是真正的英语。他还认定，那些传统的语法学家大多是规定性的，企图用哲学概念规定语言范畴，因此是教条主义。这样，在语言教学中，首先应该教发音，而不是过多地去注意文字形式。关于美国外语教学中流行的实践法，他认为学习一门语言需要不间断地在真实情境中实践与反复，而不是去教授学习者学习语法理论。那些传统的方法不仅给学生带来疑惑，而且不符合经济原则，不会给学习者带去很大的帮助。

3. 乔姆斯基的转换生成语法

20 世纪 50 年代，以乔姆斯基为代表的语言学家在美国掀起了一场语言学革命。这场革命对语言学界影响之深、波及面之广都是前所未有的。有一位语言学家这样写道：他的理论可能为人们所接受或拒绝，但不能为人们所忽视。乔姆斯基的理论不但影响语言学界，而且对认知心理学、计算机科学、二语习得理论都有重要影响。乔姆斯基的理论被称为转换生成语法。如果我们把乔姆斯基 1957 年出版的《句法结构》作为他的理论诞生的标志，那么，在差不多半个世纪里，他的理论经历了五个发展阶段，乔姆斯基不断修改自己的理论，使之更具解释性和符合经济原则。乔姆斯基认为，语言是一种行为，它像人类的其他行为一样，受规则的支配。人们利用语言规则，可以用有限的基本语言单位去构造无限数量的、复杂的语言句子。人们学习语言并不是学会某个特定的句子，而是运用规则去创造和理解新的句子，这些句子可以是我们以前没有说过或看过的。规则性和创造性是语言的两个重要特征。

乔姆斯基在 TG 理论中提出了句子的双重结构理论。他把句子结构分为表层结构和深层结构。表层结构是指句子的形式，深层结构是指句子陈述的意义。在TG理论中，句法规则占据核心地位，包括短语结构规则（重写规则）、转换规则（包括移位、删略、添加）等。在乔姆斯基看来，语言生成的过程就是从深层结构到表层结构的转换过程，转换是按照转换规则来完成的。乔姆斯基在研究语言中发现儿童学习母语有其独特的地方。虽然儿童接触到的语言结构较为简单，而且他们的生活条件有差异，智力上也存在差别，但一般到了五六岁时他们都能掌握母语。根据这些发现，乔姆斯基提出了语言习得理论。按乔姆斯基的理论，语言具有天赋基础。儿童能够习得语言，而动物不能学会人类的语言，是因为儿童具有与生俱来的语言习得机制。[1]乔姆斯基称这种人类机体的天生属性为“普遍语法”。这种普遍语法是由乔姆斯基称之为原则和参数的抽象系统组成的，普遍语法原则体现了语言的一致性，而普遍语法参数的赋值则决定了语言结构的差异性。因此，各种语言之间的差别在一定程度上可以归结为参数的不同设置。儿童说英语还是汉语，取决于他所处的语言环境和接收到的语言输入，因为某一特定语言的输入能使习得者设置使用某一语言的参数。[2]

（三）功能派的语言观

使语言学在英国成为一门公认的科学的是约翰·鲁伯特·弗斯。1944年，他成为英国第一位语言学教授。伦敦的大多数大学的语言学教师都是弗斯的学生，他们的作品都反映了弗斯的观点。弗斯主要受到人类学家马林诺夫斯基的影响。继而，他又影响了他的学生——著名的语言学家韩礼德。他们三人都强调“情景语境”和“语言系统”的重要性，因此被称为系统语言学派或功能语言学派。

1.马林诺夫斯基的理论

马林诺夫斯基自1927年开始一直在伦敦经济研究学院任人类学教授。他所创立的理论中，最重要的方面就是有关语言的功能的理论，这与他纯粹的人类学研究有着明显的区别。在马林诺夫斯基看来，那种把语言视为“将思想从说话人的大脑传递给听话人的大脑的手段”是一种引人误入歧途的说法。他说，语言“应该被看作是一种行为模式，而不是与思维相对应的东

[1] 龚少瑜，陈永培．关于小孩学话理论的再思考[C]．见：黄国文，张文浩，语文研究群言集[M]．广州：中山大学出版社，1997.

[2] 郭杰克，普遍语法与语言习得[J]．见：黄国文，张文浩．语文研究群言集[M]．广州：中山大学出版社，1997.

西”。按照马林诺夫斯基的观点，话语的意义并不来自于构成话语的词的意义，而是来自于话语所产生的上下文之间的关系。马林诺夫斯基的主张主要基于两种观察：第一，因为在原始社团中没有文字语言，所以语言只有一种用途。第二，一切社会中儿童都是以这种方式学会语言的。马林诺夫斯基巧妙地比喻道，在儿童看来一个名称对它所代表的人或物具有某种魔力。儿童凭借声音而行动，周围的人对他的声音作出反应，所以这些声音的意义就等于外界的反应，即人的活动。马林诺夫斯基认为，话语常常与周围的环境紧密联系在一起，并且情景语境对于理解话语来说是必不可少的；人们无法仅仅依靠语言的内部因素来分辨话语的意义；口头话语的意义总是被情景语境决定着的。马林诺夫斯基还区分了三种情景语境：

①言语与当时的身体活动有直接关系的环境；

②叙述环境；

③言语仅被用来填补语言空白的环境——寒暄交谈。

就第一种语言环境来说，马林诺夫斯基指出一个词的意义并不是由其所指的自然属性所给予的，而是通过其功能获得的，初学者学习一个词的意义的过程不是去解释这个词，而是学会使用这个词，同样，表示行为的动词，通过积极参与这个行为而获得意义。对于第二种语言环境，马林诺夫斯基进一步区分了“叙述本身所处的当时当地的环境”和“叙述涉及或所指向的环境”。第一种情况“由当时在场者各自的社会态度智力水平和感情变化组成”，第二种情况则通过语言所指来获得意义（例如神话故事中的情境）。马林诺夫斯基坚持认为，尽管叙述的意义与语言环境没有什么关系，但却可以改变听话人的社会态度和思想感情。第三种语言环境是指一种“自由的、无目的的社会交谈”的情况。语言的这种用法并不是说与人类活动最无关，其意义不太可能来自使用语言的环境，而只可能来自“社会交往的气氛……谈话者之间的私人交流”。例如，一句客气话，它的功能与词汇的意义几乎毫不相干，马林诺夫斯基把这种话语称为“寒暄交谈”。

马林诺夫斯基在他 1935 年发表的《珊瑚园及其魅力》一书中进一步发展了他的语义学理论，并且提出两个新的观点。第一，他规定了语言学的研究素材，认为孤立的词不过是臆造的语言事实，不过是高级语言分析的产物。在他看来，真正的语言事实是在实际语言环境中使用的完整话语。第二，如果一个语音用于两种不同的语言环境，则不能称之为一个词，应该认为是两个词使用了同样的声音或是同音词。他说要想规定一个声音的意义，就必须仔细研究它被使用时的环境。

2. 弗斯的典型情景语境

弗斯的研究则像马林诺夫斯基一样把情景语作为研究的重点。他对情景语境的定义包括整个言语的文化背景和个人的历史，而不仅仅是语言所处的语境中人们所从事的活动。弗斯发现，句子是变化无穷的，于是他提出了“典型情景语境”这一概念。这样，很多判断就可以用它来解释。对于典型情景语境，弗斯解释道，社会环境决定了人们必须扮演的社会角色，因此典型情景语境也是有限的。基于这个原因，弗斯说：“与大多数人所想象的不同，谈话更像一种大体上规定好的仪式，一旦有人向你说话，你则基本上处于一种规定好了的语境，你再也不能想说什么就说什么。”

于是，弗斯还进行了更为具体和详细的语境分析。他提出在分析典型情景语境时，应同时考虑到篇章的情景、语境和语言语境篇章本身的内部关系；结构的成分间的组合关系；系统中的单位聚合关系；情景语境的内部关系；篇章与非语言成分之间的关系，以及它们总的效果；篇章中的“小片段”和“大片段”[如词、词的部分、短语与环境的特殊组成成分（如项目、物体、人物、性格、事件）]之间的分析性关系。弗斯对语言学的第二个重大贡献就是他的韵律分析法（prosody analysis），也称韵律音系学（prosodic phonology），这是他于1948年在伦敦语言学会上提出的。prosody这个英文词在这里有着特殊的意义。人的话语是一个连续的语流，至少由一个音节组成，不能被切分为若干独立的单位。在这个语流中，要想分析各个层次上的功能，仅靠语音描写或音位描写是远远不够的。这是因为音位描写实际上只探讨了聚合关系，没有考虑组合关系。弗斯指出，在实际话语中构成聚合关系的并不是音位，而是音声单位。音声单位比音位的特征要少一些，因为有些特征是一个音节或短语（甚至句子）中的音位所共有的。这种共有特征归到组合关系中去，统称为韵律成分。

弗斯没有给韵律成分下定义，但是他在论证中描绘了韵律成分的组成，包括重读、音长、鼻化、硬腭化和送气等特征。总之，这些特征不单独存在于一个音声单位中，强调“多系统”的分析并不意味着忽视结构的分析。事实上，弗斯非常重视组合关系。他认为，分析话语的基本单位不是词，而是语篇，是在特定环境下的语篇。把语篇拆成各种层次是为了便于研究。各个层次是从语篇中抽象出来的，因此先从哪个层次下手都无关紧要。但是，不论先研究哪个层次，都必须分析语篇的韵律成分。韵律分析和音声分析都考虑到基本相同的语音事实。但是，在材料归类和揭示材料的相互关系上，韵律分析就显得优越得多。韵律分析能够在各个层次上发现更多的单位，并且力图说明这些不同层次上的单位是相互关联的。

3. 韩礼德的系统功能语法

韩礼德在伦敦学派中继承和发展了弗斯的理论。他的系统功能语法是一种具有社会学倾向的功能语言学处理方法，是20世纪最有影响力的语言学理论之一，同时也影响到和语言相关的不同领域，如语言教学、社会语言学、话语分析、文体学和机器翻译等。系统功能语法有两个组成部分：系统语法和功能语法。它们是语言学理论整体框架中紧密相连、不可分割的两个部分。系统语法的目标是要说明语言作为系统内部底层的关系，它是边与意义相关联的可供人们不断选择的若干子系统组成的系统网络，又称“意义潜势”。功能语法的目标是要说明语言是社会交往的手段，其基础是语言系统及其组成成分，又不可避免地为它们所提供的作用和功能所决定。

在韩礼德的早期著作中，他通过观察儿童语言发展提出语言有七种功能：工具功能、控制功能、启发功能、互动功能、个人功能、信息功能及想象功能。随着儿童的语言逐渐向成人语言靠拢，这些微观功能就让位于宏观功能了。宏观功能包括三大类，即概念功能（ideational function）、交际功能（interpersonal function）和语篇功能（textual function）。概念功能描写句子的语义内容；交际功能描写说话者是怎样通过相互作用来影响对方从而达到交际效果的；语篇功能描写信息结构。概念功能主要由经验和逻辑两个系统构成。经验系统要解决意义的选择问题。这主要是由及物性系统来完成的。及物性表示动词的“过程”和所涉及的人或物之间的关系。逻辑系统处理并列、从属和同位结构中结构成分之间所具有的不同逻辑关系。交际功能由交互作用和人物两个系统构成。交互作用系统主要描写说话者是如何在交际中相互沟通的，并且是怎样通过某种约定俗成的方式来影响对方的行为，以达到一定的交际效果的。交互作用是由语气系统（通过不同的语调来表达不同的语用和言外之意）来实现的。人物系统描写说话者的情态意义，即说话者对命题的看法和评价，如可能、大概、一定等语篇功能主要解决主位构造、句子命题的信息结构及句子内部或句子之间的衔接问题。系统语法把句子的主位结构分为两个部分：主位和述位。主位位于句子之首，述位随后，这是一种常见的句序，因而被称为无标记形式。相反，述位在前、主位在后的句序称为有标记形式。系统语法认为主位不但可以由主语来体现，还可以由谓语、补语、助动词等来体现。信息结构指篇章中已知信息和未知信息的排列问题。所谓已知信息是指说话者认为听话者可以从前面的内容中推断出来的信息，而未知信息是说话者认为听话者不能从前面的内容中推断出来的信息。一句话中未知信息是必不可少的，而已知信息则可有可无。信息的不同组合方式构成了句子的不同信息结构。衔接指语篇中结构成分之间的连接关系。衔接通过语法手段、词汇手段和其他手段来实现。语法手段有“指代”“省略”“连接”等；词汇手段有词汇链条、同义词、反义词、上下义词等。具体地讲，“连接”又可分为四种逻辑关系：添加、转折、因果和时间。❶

语言使用者一旦在概念、交际和语篇三大功能系统中选择了适当的项目，就要在词汇语法部分选择相应的词语并把这些词语排成一定的序列。这样，说话者的意义就通过语义和词汇语法两个层次最后进入到音系层次。音系层次用适当的语调、重音等来体现语言使用者的意向选择。所以，系统功能语法把语言分成五个层次：语境、意义、遣词、音的结构和语音。意义是中心层次，也是一个系统，说话者只能在意义系统中选择恰当的意义。这个意义是受语境调节的。调节后的意义由词汇来体现，词汇受语法系统的控制，所以词汇要按照语法要求排成一定的序列；然后进入音的结构系统，该系统决定语调、重音及发音等。系统功能法就是这样一种对语言系统进行描写的语法。韩礼德对语言功能的论述从另一个角度去看待语言本质，加深了语言学界对语言的理解，也为人们此后建立功能—意念教学流派（或称交际法）提供了理论依据。一些学者从语言的社会交际功能出发，探讨语言使用者和语言使用的理论。海姆斯是此方面的代表人物，他针对乔姆斯基的两个概念“语言能力”和“语言运用”提出了他自己的“交际能力”的概念。

三、英语教学法的理论基础

外语教学法是外语教学中的一个重要成分，是为完成教学任务、实现教师怎样教、学生怎样学及师生相互作用所采用的方式、手段和途径，各类教学理论在见解方面相互借鉴，理论内容互相融合。语言教学史上曾先后出现过许多英语教学法理论，如今我国仍在使用的有语法翻译法、情境法、认知法、交际法等。除此之外，还有我国学者自创的一些英语教学法。

（一）语法翻译法（Grammar Translation Method）

1. 产生背景

语法翻译法起始于 18 世纪末的欧洲，它是随着现代语言作为外语进入

❶ 何自然．语用学概论 [M]．长沙：湖南教育出版社，1988.

学校课程而形成的第一个有影响的外语教学方法体系。从16世纪到18世纪，拉丁语是欧洲学校中的一门重要课程。其时，拉丁语已不再用于日常口头交际，它之所以受到普遍重视，原因有二：首先，在文艺复兴时期崇尚古典文化、艺术的背景下，学习拉丁语是阅读拉丁语文献、继承文化遗产的重要途径。其次，18世纪在德国形成的官能心理学认为，心灵具有不同的官能（即能力），它们是心理活动的心灵力量。它认为官能可以相互分离，孤立地加以训练。受官能心理学的影响，西方教育学中出现了所谓“形式训练说”。它认为某些学科具有训练一种或几种官能的特殊价值。拉丁语被认为最严密、最有逻辑性的语法体系。因此，学习拉丁语被认为是训练推理能力及观察、比较和综合能力的良好方式。这样的教学目的决定了拉丁语教学法的两个重要特点，即重视阅读能力的培养和重视语法的教学。18世纪现代语言作为外语进入学校课程后，其教材编写和教学方法都大体继承了拉丁语教学法的特点。到18世纪末和19世纪中期，这种以拉丁语教学法为基础的现代语言教学法——语法翻译法便基本形成，并在相当长的时期内成为欧洲外语教学的主要方法。

2. 主要特点

19世纪的语法翻译法在教材编写和教法方面有以下几个特点。

（1）重视书面语，轻视口语。语法翻译法把口语和书面语分离开来，把阅读能力的培养当作首要的或唯一的目标。口语教学局限于使学生掌握单词的发音。用本族语组织教学、以笔头形式举例和练习，这些做法使口语、书面语的分离不致给教学过程带来很大障碍，使学生有可能在不具备起码的听说能力的条件下独立地发展阅读和翻译能力。

（2）重视语法教学。语法被认为是语言的核心，是外语学习的主要内容。语法教学又被当作是智力训练的重要手段，因此，语法翻译法把语法教学当作中心任务。它的教材对语法有详细、系统的描写，并且按照语法体系的内在结构循序渐进地编排，每一课教一个或两个语法项目。不论是分析、讲解、举例，还是翻译，甚至阅读，各种教学活动均以掌握当堂的语法项目为直接目标，教学效果的评价也以掌握语法的程度为准绳。语法教学采取演绎法，先讲解语法规则，然后在练习中运用、巩固。

（3）充分利用母语，以翻译为主要学习活动形式。教师用母语组织教学，进行讲解。学生的学习活动除了背记、阅读外，主要是通过母语和外语之间的互译来试用、巩固所学的规则和词汇。教材中每个语法项目都配有相关的翻译练习。

（4）句子是教学和练习的基本单位。19 世纪语法翻译法的倡导者为了使外语学习易于进行，用句子取代了拉丁语教学法中艰深的语段材料。随着外语教学新思潮、新流派的出现，实践中的语法翻译法也在逐渐改进。例如，从早期的完全不进行口语训练向兼顾听说训练发展，从完全利用母语组织教学向适当使用外语授课转化等。但是，这些改进并没有改变它的上述特色。

（二）情境法（Situational Language Teaching Approach）

情境教学法也叫视听法，主要针对听说法脱离语境、孤立地练习句型、影响学生有效使用语言能力培养的问题。[1]20 世纪 50 年代在法国产生了情境法。情景教学法是教师根据课文所描绘的情景，创设出形象鲜明的投影图画片，辅之生动的文学语言，并借助音乐的艺术感染力，再现课文所描绘的情景表象，师生就在此情此景之中进行着的一种情景交融的教学活动。[2]在情境教学法中，语言被看作是与现实世界的目标和情景有关的有目的的活动。[3]这种教学法对视觉辅助物的依赖性很强，教师利用多媒体创造情景，新的语言点通过情景进行教学和操练，这样的教学法往往会让学生产生一种身临其境的感觉，同时还会激发学生学习英语的积极性和热情，帮助学生更为准确和牢固地完成对于英语知识点的记忆。

通过展现有价值的感性材料，可以实现英语教学理论与实践的有机结合，为英语的语言知识学习提供良好的条件。在外语教学中，良好的语言环境往往对于英语的感知起到很大的促进作用。[4]情境的创设能够加速外语与事物的联系的构建，有助于理解所学语言；重视整体结构的对话教学，使课堂变得生动活泼，学生学得自然，表达准确。但是情境法的不足之处是在运用过程中，过分强调通过情景操练句型，在教学中只允许使用目的语而完全排除母语，这不利于学生对语言材料的彻底理解；教师若过分强调整体结构感知就无法保证学生能对语言项目有清楚认识。

---

❶ 杨兆维，大学英语教学法的流派及特点 [J]. 吉林工程技术师范学院学报，2010(5):69-70.

❷ 田慧芳，如何运用英语教学法在大学英语课堂上实施有效教学 [J]. 黑龙江科技信息，2011（7）:177.

❸ 束定芳，庄智象．现代外语教学——理论、实践与方法 [M]. 上海：上海外语教育出版社，2004:196.1.

❹ 李薇．浅析大学英语教学方法改革及创新 [J]. 海外英语，2011（2）:77-78.

情境教学法是教师根据课程内容，利用实物、图片、电教设备、动作表演及学生的真实心理，要求学生根据实际情景进行交际学习，面对复杂多变的因素作出独立的判断和灵活的应对。它的核心在于激发学生的情感，方法是在教学过程中，教师有目的地引入或创设以形象为主体的并具有一定情绪色彩的生动、具体的场景，从而引起学生的内心体验，进而帮助学生理解教材，使学生的心理机能得到发展的教学方法。它的基本步骤是：提出情境，学习语言；听说领先，反复操练；书面练习，巩固结构。在整个教学过程中，教师不但是语言楷模，还是教学活动的设计者和指挥官。作为语言楷模，教师要以正确、地道的英语设计学习情境，教师的语言是学生模仿的标准。作为课堂活动的设计者和指挥官，教师要组织和掌控所有的课堂活动，同时要在教学中观察学生的错误，然后考虑下一课应如何设计教学以帮助学生改正错误。

在情境法的课堂上，英语是教学语言，教师应用英语组织教学、解释语言项目和布置课下作业。但在解释语言词汇或结构时，如碰到一些学生难以明白的项目，教师也可以使用母语讲解，但不鼓励学生使用母语。

（三）认知法（Cognitive Approach）

认知法是外语教学的一种方法，它所依据的观点是，语言学习是主动的心理活动而不单是形成习惯的过程。它强调学习者在运用和学习语言特别是学习语法过程中的积极作用。[1]

1.乔姆斯基重句法、轻语义

乔姆斯基对语义在语言研究中的位置这个问题的看法前后是不一致的。他最初是把注意力集中在句法上，将语义排除在他的语言体系之外。乔姆斯基在《句法结构》中明确指出："语法是独立发挥作用，不依靠意义的。"这种"语法独立论"实质上把语法视为纯形式的东西，他把意义比作头发的颜色，认为研究语法不需要研究意义就像研究语法不需要了解说话人头发的颜色一样。他的这种观点遭到很多学者的反对，反对者认为，语义必须包括在语言学之中，研究语言不考虑语义就如同研究牛奶不考虑奶牛一样站不住脚。

乔姆斯基本人也发现他建立的语法规则并不能解释所有的句子结构，从而认识到以前的观点过于绝对，应该进行修正。乔姆斯基接受了反对者的建

[1] Richards, J.C.The Language Teaching Matrix [M].Cambridge:CUP,1990.1.

议，在其《句法理论面面观》一书中考虑了语义因素，他说："事实上，我们没有必要作出句法考虑和意义考虑可以截然分开的假设。"乔姆斯基不再坚持语法独立的观点，不再认为先由句法生成深层结构，然后由深层结构进入意义，而是认为语法和意义共同发挥作用。他提出了一套解决语义问题的理论，即标准理论。标准理论分为语法、语音、语义三个部分。尽管乔姆斯基对其以前过于绝对的观点进行了修正，但他却没有赋予语法、语音、语义这三者以同等的地位，在句法和语义的关系上，乔姆斯基主张句法自主，认为句法研究可以不必依赖语义概念而独立进行。他认为："句子的意义是建筑在其基本成分的意义及它们的结合方式的基础上的，表面（直接构成成分）结构提供的结合方式一般跟语义解释几乎全然无关，然而在抽象的深层结构上表达的语法关系在许多情况下却决定句子的意义"。❶

乔姆斯基认为，语法的基础部分生成句法表达式，然后在语法的语义部分中通过一定的语义规则对句子的深层结构作出解释。语法系统中只有句法部分才具有创造性、生成性，语义部分只有解释性，没有生成性。尽管乔姆斯基后来对自己的理论又做了几次较大的修改，但是他对于语法和语义的基本关系的观点并未变动，他始终把语法看作是语言的基础，仍然遵守句法是独立于语义的，句法研究不应以语义为基础，形式必须独立于意义之外进行描述。

2. 乔姆斯基语义内在论

自20世纪60年代开始，生成语言学理论成为西方语言学界最有影响的语言学说。建立在理性主义哲学基础上的生成语言学采取了与以往的语言学研究截然不同的理论和方法。它感兴趣的不再是实际存在中的外表化的语言，而是人类"内在"的语言能力。因此，生成语言学理论已经不是狭义的语法研究，而成为认知科学的一部分。但从语言学角度看，生成语言学实质上是广义的句法理论，旨在研究人类特有的生成无限句子的能力，其中也包括人类能够理解各种句子意义的内在能力。因此，句子语义研究就成了生成语言学理论体系中一个十分重要的组成部分。

乔姆斯基认为语言能力是存在于大脑中的一个先天机制，语言具有自治性、生成性，强调心智上的内指性，他提出了语义内指论的观点。意义内在论的理论要点可以概括如下：人类有创造和使用语言的能力；意义独立于外界的感知刺激，意义先于词语，即在没有词语形式表达之前就已经存在于人

❶ 诺姆·乔姆斯基．句法理论的若干问题［M］．林书武，译．北京：北京出版社，1980.

脑之中；意义无法从别人身上用归纳、类推或演绎的方式学得；意义是一种个体的心理/认知事件，具有人类种属属性；个体之间关于意义的心理感受大体相同又相通。

3. 主要教学活动和特点

认知法把外语教学过程分为三个阶段，即语言理解、语言能力和语言运用。在语言理解阶段，学生要理解教师讲授或提供的外语材料，明白语言规则并懂得它们的内容和用法。按照认知法的理论，语言规则的讲授可采用发现法（Discovery Learning）。教师可提供易于学生发现规则的语言材料，从已知到未知，引导学生发现和总结出语法规则。第二阶段的教学主要是语言能力的培养。语言能力必须在理解语法规则的基础上，通过有意识、有组织、有意义的操练来获得。操练形式是多种多样的，其中有些形式会与听说法的练习形式相同。但是认知法主张的是做表达思想感情的有意义的练习，而反对那种只重形式的机械性练习。练习的形式可以是看图说话、描绘情景、转述课文、造句和翻译等。如果第二阶段的练习紧扣课文、围绕课文的语言点进行且控制性较大的话，第三阶段的教学活动应该是控制性较小的、使学生享有更大自主权的交际性练习。通过多样化的交际性练习培养学生运用语言材料进行听、说、读、写的能力，特别注意培养学生真实的交际能力。认知法的教材按有利于培养学生发现和理解语言规则的原则来设计。教材中包括在不同情景中反映外语使用的电影、录像和录音等材料，以便让教师在教学时能对不同的语言结构进行不同形式的操练并创造外语环境让学生进行交际操练。认知法认为，在外语学习中，教学活动应以学生为中心，只有激发了学生对外语的兴趣，激起他们学习上的动力，教会他们正确的学习方法，他们才能积极、主动和有创造性地学习外语。因此，在外语教学中，教师是导师，引导学生解决学习上的问题，引导学生发现语言规则，创造情景让学生操练语言规则。学生是外语的积极使用者，他们在教师的指导下，发现语言规则、理解语言规则并在大量的交际活动中创造性地运用这些规则。

（四）交际法（Communicative Approach）

交际法又称功能法或功能—意念法，产生于20世纪70年代初期西欧的共同体国家。交际法是人们深入研究语言功能的结果，标志着在外语教学中人们开始从只注意语言形式和结构的教学转向注意语言功能的教学。

1. 交际法简介

交际教学法是由威尔金斯提出的，其历史可以追溯到20世纪60年代。威尔金斯指出交际能力不仅应包含语言知识，还应包括语言运用的能力，尤其应该注意语言运用的得体性，它包括对交际时间、交际场合、交际话题、交际方式等诸多因素的灵活把握和运用。交际教学法使语言教学观发生了革命性的变化，在外语教学中发挥了巨大的作用。它提倡以语言功能项目为纲，强调在语言运用中学习语言，从而实现培养交际能力的教学目的。传统的英语教学以教师为中心，采取“满堂灌”形式，忽略学生语言技能的培养，这种教学越来越多地表现出与实际要求脱离的状况。

交际教学法在师生共建的课堂互动模式中给学生提供更多运用语言的机会，在继承传统教学法合理成分的基础上，将学生能够运用英语语言能力作为学习目的。它强调交际的过程，认为有没有一个具体的目标和明确的结果并不重要。交际教学法认为语言是实现交际目的的手段，但是仅仅具有听、说、读、写能力并不一定能准确表达意念和理解思想，因为语言的交际功能受制于语言活动的社会因素，教学过程就必须交际化。这就意味着要尽可能避免机械操练，而应该让学生到真实的或接近真实的交际场合进行练习，感受情景、意念、态度、情感和文化修养等要素，如影响语言形式的选择和语言功能的发挥。因此，教师应该借助课堂或者多媒体教学多为学生创造、提供交际情景和场合。在真正意义上实现“用语言去学”和“学会用语言”，而不是单纯的“学语言”，更不是“学习关于语言的知识”。[1]

2. 交际教学法的特点

交际途径有两个基本观点。第一，外语学习者都有他特定的对外语的需要；第二，语言是表情达意的体系，而不仅仅是生成句子的体系，社会交际功能是语言的主要功能。因此，交际途径的教学目标在于培养学生在特定的社会环境中使用外语进行交际的能力。为了实现这个目标，交际途径在设计大纲和选择教学活动方面采取了以下措施。

（1）分析学生对外语的需要。在制定教学大纲时，首先分析学生对外语的需要，弄清楚这个学生为什么来学外语。他将来要在什么样的情景中使用外语。他将来用外语来进行什么样的活动。通过对学生需要的分析，就能知道这个学生需要掌握什么样的语言功能、什么样的文体和什么样的语言形式，并以此为依据制定出相应的教学大纲。这样的大纲能使学习者掌握他需

[1] 丁文凤. 浅谈交际教学法在大学英语口语教学中的运用[J]. 科教文汇,2012(7):130-130.

要的所有语言功能和形式，同时又避免学习他所不需要的内容。由于交际途径对学生需要的重视，“需要分析”已成为一个独立的研究课题，并在学生的需要分类、确定需要方法等方面做了许多工作。

（2）以意念 / 功能为纲。交际途径认为，以语法或情景为线索组织教学内容忽视了学生的特殊需要，难以培养学生的交际能力，且有许多副作用。交际途径在其形成之初主张以学习者所要表达的内容，即意念为线索，认为这样的意念大纲更能适应学生的具体需要，更有利于培养其使用语言的能力。意念大纲的一种形式是以语言使用者通过使用语言来实现的交际功能为线索，即功能大纲交际途径的第一份具体的教学大纲《入门阶段》正是以语言的交际功能（包括“传递和获取事实信息”“表达或了解理智性态度”“表达或了解情感性态度”“表达和了解道德态度”“使人做事”“社交”等部分）为线索组织教学内容的大纲。以意念 / 功能为纲的思想是交际途径的核心，因此，交际途径也被称为“意念 / 功能途径”或“功能途径”。

（3）教学过程交际化。大纲的制定、教材的编写不是一个完整教学体系的全部内容，交际能力的培养最后还必须在课堂教学中实现，教学过程的交际化也是交际途径的一个重要组成部分。它主要体现在以下几个方面。

以语段为教学的基本单位。语言材料的选择力求真实、自然；以学生为中心，教师的重要作用是提供、组织各种活动，让学生在各种活动中学习外语；教学活动以内容为中心，大量使用信息转换、模拟情景、角色扮演、游戏等活动形式；对学生的语言错误采取谅解的态度，不以频繁的纠错打断学生连续的语言表达活动。

（五）任务型教学法（Task- based Approach）

1. 任务型教学法简介

任务型教学（Task Based Language Teaching，简称 TBLT）是 20 世纪 80 年代外语研究和实践提出的一个具有重要影响的语言教学模式。该教学就是以具体真实的任务为学习动力或动机，以完成任务的过程为学习过程，以展示任务成果的方式来体现教学成就，从而培养学生运用英语的能力。威利斯在他的 A Framework for Task-Based Learning 中阐述了任务的定义。他认为，任务就是学习者运用目标进行交际的一种活动，最终达到习得语言的目的。而语言学家 Numan 把任务的定义概括为：交际任务是指学生在学习目的语言的过程中领悟、使用、输出语言和互动的课堂交际活动。其实，对于任务型教学法中任务的定义，不同的学者从不同的角度进行了不同的诠释，但有一点是一致的：任务都涉及语言的实际运用，在完成任务的过程中，人的注意力主要集中在语言的意义而不是语言形式。然而，在此，笔者想将外语课堂上任务这一概念看成学习者用目的语所进行的促进语言学习的，涉及信息理解、加工，或解决问题、决策问题的一组相互关联的，具有目标指向的课堂交际或互动活动。

2. 任务型教学法的特点

（1）互动交际性。在自然的任务活动中，运用语言，体现语言的文化特征和差异，最终完成任务。这一特征非常符合孩子好动的天性，活动任务促使孩子们的身体与大脑活动起来，文化内容也在交际活动中活跃起来。

（2）活动真实性。真实的活动是最能激发小学生学习兴趣的学习模式，真实的活动一定含有丰富的文化内容，是实现小学生习得与学得的最佳途径。

（3）关注学习过程。语言是任务活动过程的工具，文化内涵包含在语言使用当中，正确地运用语言恰当展示文化决定着任务活动完成的效果。

（4）活动任务与个人经历紧密相连。活动任务总和学生的生活经验紧密相连，这样能够引起学生参与的兴趣并引发他们的思维运转和想象，一方面使得活动任务更添趣味，引发学生去探寻，另一方面也降低了活动的难度，容易让学生获得成就感，保持其参与活动的乐趣，进一步提高了学生对语言使用的兴趣，通过对从前经历和目的语文化的对比，加深了其对两种语言的理解，培养学生对母语文化的感情和对他族文化的更深刻的领悟，避免盲目崇拜。

四、国内现代英语教学法

20 世纪 90 年代以来，受国外有关理论的影响，我国外语教学呈现以研究教学主体为重点的新趋势，教学活动组织也越来越强调“以学生为中心”的原则。国内英语教学界涌现出一些经验型教学操作模式。

（一）张正东的外语“立体化”教学法

张正东以立足中国国情研究外语教学见长，提出了诸多务实的外语教育思想。张正东的外语立体化教学理论总原则可以概括为 24 个字：自学为主，听读先行，精泛倒置，知集技循，整体多变，用中渐准。

（1）自学为主。首先培养学生自学的能力和愿学的动机；前者主要为拼读能力和语法知识，后者依靠教育作用和师生易位方法。

（2）听读先行。先听后读，在听读的基础上写说或说写；读包含朗读、默读及理解式学习。

（3）精泛倒置。精读材料少而熟，有若酵母；粗读较多，起巩固作用；泛读多多益善；熟读极少课文，为集中讲授知识准备例子。

（4）知集技循。语言知识集中教授，力求化繁为简；言语技能螺旋循环，在新语境中熟练加深。

（5）整体多变。教学都着眼于整体的语言材料，用整体系统法处理；材料多作变化，保持一定的新鲜信息。

（6）用中渐准。不是一次学完教材的全部内容，而是先学概要，渐次充实；也不要求学多少会多少，而是由粗到细，在使用中逐渐精细、全面。

张正东24字外语立体化教学理论属于一级教学理论（教学思想）。在此总原则下，教师可以根据教学环境、教学主体、教学客体的具体特点，选用作为二级教学理论的方法（methods）、流派、教学模式，以及作为三级教学理论的教学技巧（techniques，具体方法）；力求扬长避短，取得优化的实效。

（二）王才仁的“双重活动”教学理论

1. 双重活动教学理论的主张

双重活动教学理论是王才仁所倡导的一种新型教学模式。王才仁主张教师和学生都是主体，即二主体。教师是教学过程中的引导者和助学者。通过开展师生之间的多向交际和进行大量的输入和输出帮助学生自主学习。营造良好的学习氛围，更好地发挥学生的主体作用，增强学生的主体意识以达到培养学生语言交际能力的目的。

（1）课堂教学内容与教学方法。

为了保证学生语言信息输入量的充足，教师应常结合教材内容，适当增加一些背景知识和阅读任务；为了促进学生言语能力的发展，还应有计划地教给学生一些常用生活用语。在教学实践中，始终遵循“英语双重活动教学”理念和原则，灵活运用“双重活动教学”倡导的“五步”教学模式，合理兼收并蓄“任务型”教学和传统教学中的优势成分并在教学中做到以下几个方面。

第一，教学中坚持全面训练学生的听、说、读、写四项基本技能，做到听、说、读、写活动，使练习形式和手段多样化、练习内容综合化和多样化，最终使学生听、说、读、写四种技能互相促进、协调发展。语言教师的第一任务就是要将教材活化成语言交际的原形，既要处理教材承载着的英语自身的信息，又要发掘其中的教学思想信息，将教材中的英文文字激活为有声有情、有景有意的交际事实，引导学生说真话、做实事，进行真实思想的表达。教师在活化过程中，还要注意提高文化层次，使学生全面地、真实地认知英语语言及言语特点，充分体现课堂教学新颖性。

第二，"英语双重活动教学理论"认为活动是转变教学方式的关键。学生听说读写的技能必须通过有效的活动来培养。因此，教师要精心设计和组织活动，要结合实际和各阶段的要求，把教学师生"双主体"、教学内容和教学环境等有机联系起来进行周密的思考，找出最佳结合点，设计出符合学生和教学实际，切实有效、情景交融的活动吸引学生参与其中，保证活动贯穿教学过程，平均每节课有不少于50%的时间由学生自主活动。对学生活动的要求也随着他们认知结构和言语能力的增加而提高，以保证学生的活动次数和活动质量逐渐上升。

第三，情景是进行言语交际活动的必要因素。在英语课堂教学中，教师创设一定的言语情景和氛围，使学生在特定的语言环境中去听、去说、去表演，使课堂教学形象化、趣味化、交际化，从而能激发每个学生的学习兴趣，调动学生参与课堂教学活动的积极性。激发学生学习兴趣的方法有多种，例如，正确运用挂图、模型、幻灯、投影、录音机、录像、多媒体等手段，为学生创设交际情景，引起学生无意的注意，诱导学生愉快地参与视、听、说、写、思等感观活动，最后唤起学生的有意注意，使学生能在自然情景或模拟场景中运用生动活泼的语言进行真实感情的表达和交流。

第四，宽松、愉悦的课堂气氛与语言环境可以减少学生紧张和焦虑的程度，使学生轻松、愉快参与课堂活动，充分发挥学生的积极潜能。例如，课前播放英语歌曲或英语短诗，课前五分钟让学生用英语做值日生报告、讲有趣的英语故事、猜谜语，或谈谈自己的经历、家庭、朋友、所见所闻等，这样，有助于提高学生的口语表达能力，并对其表现给予鼓励和表扬，学生就会对自己更有信心，更积极地参与课堂活动。尊重学生的主体地位是"英语双重活动教学"的精髓之一。在英语素质教育教学过程中，教师要以高尚的人格和渊博的学识去感染学生，要以民主、文明的风范去影响学生，用和蔼可亲的态度去鼓励学生克服困难，使学生在愉快的英语学习过程中学会做人、学会交往、学会学习并形成乐观、积极向上的健康人格和人生态度。

第五，外语是一门实践性很强的课程，既需技巧，更需多练。教师要尽可能地为学生创设良好的英语语言环境，提供更多的练习平台。课后要结合实际组织各种活动，为学生提供展示才能的机会，成立活动小组，开展口语练习活动，排演英语小品，举行“英语角”交流活动，达到提高学生语言运用能力的目的。

第六，在英语教育教学过程中引进了科学的评价机制，遵循公正、全面、鼓励、发展的形成性评价（formative evaluation）和终结性评价（summative evaluation）相结合等原则；坚持评价结果的全面性，既要反映学生现状又要反映学生发展潜能，如采用教师对学生进行评价、学生相互评价、学生自我评价相结合的合作评价方式，切实形成以形成性评价为主、能激励学生学习兴趣、帮助学生培养自信心和自主发展的评价机制，促进学生综合运用语言能力的发展及健康人格的建立，以保证英语素质教育的全面实施。

（2）课堂教学模式与步骤。

“英语双重活动教学理论”是一个师生共为主体，以“活动”为灵魂，以培养学生英语素质，最终培养出学生综合运用英语语言的能力以实现学生能进行初步交际的教学模式。灵活运用“英语双重活动教学”提倡的“五个步骤”是开创英语素质教育课堂的一把金钥匙。实践证明，教师运用这些步骤，学生清楚这些步骤的意图，教师教得轻松，绝大部分学生也学得愉快，教学效果良好。根据教学内容和实际需要，在处理完一个单元的某些环节之后或处理当中，适当设置一些学生感兴趣的“驱动型任务”，让学生先进行准备然后进行表演或展出活动，更能促使学生主动积极地运用英语语言做事，从提高英语教学质量。

2. 双重活动教学理论的影响

双重法是具有中国特色的外语教学理论，它既吸收了国外教学理论的优点，又体现了我国的外语教学特点。双重法除了有较完备的理论阐述外，还具有操作性强的特点，只要认真学习就能领会其要旨并能根据实际加以运用。

第三节　英语教学内容

一、语言知识教学

（一）语音教学

《大学英语课程要求》对非英语专业学生在语音方面达到的目标并未作出很细致的规定，只是在口语表达能力中笼统地提到要“语音、语调基本正确”。实际上，在《全日制义务教育普通高级中学英语课程标准》（“新课标”）中，二级的标准是“语音清楚，语调自然”，五级的标准是“了解英语语音包括发音、重音、连读、语调、节奏等内容；在日常生活会话中做到语音、语调基本正确、自然、流畅；根据重音和语调的变化理解和表达不同的意图和态度”，八级的标准是“在实际交际中逐步做到语音、语调自然、得体、流畅；根据语音、语调了解和表达隐含的意图和态度；了解诗歌中的节奏和韵律”。按照这个要求，对于语音、语调的训练应该在中学阶段完成，在大学阶段不必再重复这方面的训练。而在实际中，绝大多数学校的新生达不到这个要求，需要花一定时间进行基本发音和语调训练。

英语语音教学一般包括整个英语语音系统，可以分为发音知识、单音、字母、音标、语流、语调等几个方面。

发音知识主要是指有关发音与发音器官间的关系的知识，如口形、唇形、舌位、唇和舌的运动轨迹，肌肉的紧张或松弛状态，气流的通道口腔、腭、声带的震动，声音的长度，等等。适度地教授学生英语发音知识，有助于帮助学生建立起对英语语音系统的管理性认识，为之后的学习打下基础。

2. 单音教学

单音教学主要是指元音和辅音的教学。元音教学要区分前元音与后元音、单元音与双元音、短元音与长元音等；辅音又包括清辅音、浊辅音、鼻辅音、摩擦音、爆破音等。字母教学通常与音标教学相结合，然而英语字母与音标容易混淆。因此，它们之间的区分和比较尤显重要。特别要注意区分英语字母表、字母的名称、字母的读音、元音字母表、辅音字母表、字母拼读。音标包括元音分类表、辅音分类表、重音、次重音等。音标是记录音素的书面符号，看到音标就可以联想起某个相应的音。它的作用相当于对声音的提示。为方便英语发音教学，现在我国的英语课本和英汉词典多采用国际音标，用48个音标表示英语的48个音素，一个音素用一个音标表示，这样，语音教学就方便多了。英语中很多单词的拼读不规则，学生在遇到新单词时，可以在字典上查到音标，然后读出该词正确的音。当听到一个生单词时，可以用音标迅速记下它的发音，以便之后进行查询。音标还可以用来教授语音的其他技巧，如连读、失爆、弱读等，通过视觉和听觉两个渠道的沟通加深学生对语音的把握。对于基本缺少语言环境的英语教学来说，音标教学应该得到应有的重视。

（三）语流教学

语流教学包括重音教学、节奏教学和语调教学等。重音中的单词重音和句子重音两者都很重要。重音教学的受重视程度远不如音素教学很多教师认为重音上出现的问题不会对教学有太大的影响。可是，很多学生在读单词时常常出现音对而重音位置不对的现象。其实重音和音素样，也影响着语义。因此，在教单词时一定要强调重音，把这一属性作为单词的一部分。

1. 句子的重音教学

用英语交流时，教师要注意句子中哪些词要重读，哪些词不重读。重读的词用以给听者传达信息，不重读的词把这些信息连在一起。如果你在用英语交流时每个单词都重读会使听者听不懂你的意思，因为你想传达的信息太多了（他们习惯了听重读的部分）。除此之外，这样的表达会让对方觉得你可能生气了，或不太耐烦，或不友好（把英语作为母语的人在生气、不耐烦的时候才会把每个词都重读）。

2. 句子的节奏教学

节奏教学首先要与重音和停顿联系起来。康纳这样说："掌握英语的节奏，也就是掌握英语的音节所具有的不同长度，懂得英语的音节为什么有长度差别[1]"。我们要知道，在汉语里一句话字数多，用的时间就长，而英语中一句话所用的时间是由重音的数目决定的。两个重音之间叫重音间距，这之间不管多少词，所用的时间大致都是一样的。在节奏教学时，教师可以通过打拍子进行练习，像唱歌一样，一拍里不管有多少个字，都要在拍的时间里

[1] 何广铿，黄冰，勒妍．英语教学研究方法 [M]. 广州：广东高等教育出版社 ,2009.

唱完。例如：

English is interesting.

The English book is interesting.

The English book is very interesting.

3. 句子的语调教学

语调是说话音调的上升或下降，即声音的抑扬顿挫或高低起伏。语调不同的话语有不同的含义，所以说话时采用不同的语调就会产生不同的效果。升调一般表示不肯定的语气和不完整的意思。降调一般表示肯定的语气和完整的意思。英语句子一般有升调和降调两种基本语调。音也有四种高低不同的程度：特强音、强音、中音和弱音。升和降一般用箭头表示。升调多用于一般疑问句，降调用于陈述句、特殊疑问句和感叹句。由于汉语的调落在每个单字上，所以对句子的调的要求并不严格。一般来讲，汉语不管什么句式，降调使用得比较多，这导致学生在学习英语时习惯于降调，因而语流会显得平淡、呆板和无味。针对这种情况，我们应把它作为重点项目进行训练。掌握好语调应用技巧，一方面可以使说话人的发音更优美，另一方面也有助于说话人更有效地表达情感、态度和目的。英语语音教学的内容不同于英语语法和词汇教学，它有着“显而易见”的特点。由于语音这“显而易见”的特点，学生的语音学得如何，只有通过聆听学生用英语说话才能进行判断，这就为语音教学的评估带来了很大的困难。中国的学生英语发音普遍生硬难听、缺乏美感，这一点与中国英语教学评估体系中缺少语音评估有着直接的关系，尤其是在全国高考体系中并没有英语语音的评估，这对中国的英语语音教学特别不利。要推动中国英语语音教学的发展，首先要对语音评估系统进行彻底改革。另外，由于语音“显而易见”的特点，教师的语音教学效果如何，学生一开口说话就知道了，语音教学中存在的问题就全部暴露出来了。

（四）语音教学的方法

大学英语授课方式多是以大班教学为主，这就对教师的教学手段提出了挑战。大学英语教学可以从以下方面着手进行改善。

（1）将语音语调培养融入大学英语教学的全过程。在学生刚入大学的第一学期，就对学生的语音语调知识进行系统的介绍和教授。由于大学英语的周课时往往为四课时，课时量太少，因此教师通过课堂课外的模式将语音语调知识分割为若干部分，分次分批地教授学生，是语音语调教学成为大学英语课堂的一部分。教师在课堂上利用较少的时间对学生进行指导并安排巩固任务，使学生系统地掌握并现固语音语调的相关知识，并随时将语音训练融入课堂教学中。

（2）灵活运用多媒体教学。结合当前对学生听说能力的要求，尽可能多地让学生接触真实自然的语言材料来令其习惯英语的语音语调。可以运用多媒体教学手段，增加有趣的电影对白、绕口令、英文歌曲等，使学生在教师的指导下进行课堂或课后的模仿，由教师进行检查。同时，可以辅以英汉语音比较教学，使学生通中母语知识更好地掌握英语语音。

（3）开设英语语音选修课。为了解决学生水平参差不齐的问题，学校可以开设不同等级的语音选修课。本课程是在学生已有的英语知识和能力及学生已有的英语口语能力基础上开设的，课程的主要内容通常是基于发音基本方法和规则的讲解，以及大量的模仿和练习。因此，它是一种补偿性的课程，在有限的教学时间中，不可能也没有必要做到面面俱到，要针对学生英语语音方面的弱点来组织教学。

（4）努力培养学生的自主学习能力。因为教师在有限的课堂时间内给予的相关指导不能替代学生的实际操作和训练，因此必须培养学生的自主学习能力，使其有效利用已有的网络自主学习平台，建立合作学习机制，能在课后配合听说训练，有意识地、主动地开展语音语调训练。

（5）教师应当努力提高自身的语音语调水平，提倡终身学习，不断充实自己，提高判断能力，这样才能保证取得良好的教学效果，才能很好地带领学生取得进步。

二、词汇教学

《大学英语课程教学要求》对词汇量的要求：英语能力推荐词汇量应达到 4795 个单词和 700 个词组（包括中学应掌握的词汇）。其中 2000 个单词为积极词汇，即要求学生能够在认知的基础上，在口头和书面表达两个方面熟练运用的词汇；较高英语能力词汇量应达到 6395 个单词和 1200 个词组（包括中学、一般要求应掌握的词汇），其中 2200 个单词（包括一般要求应该掌握的积极词汇）为积极词汇；更高要求的英语能力词汇量应达到 7675 个单词和 1870 个词组（包括中学、一般要求和较高应该掌握的词汇，但不包括专业词汇），其中 2360 个单词为积极词汇（包括一般要求和较高要求应该掌握的积极词汇）。

（一）词汇教学所出现的问题

我国传统英语教学把语言教学分为语法教学和词汇教学。课上教师花费了大量的时间讲解词汇；课下，学生把大部分时间用在背单词上。虽然这种方法不被当今教学法认同，但大多数学生还是延续了“学英语就是背单词”的习惯。可是为什么多数语言研究者还是说学生的词汇量不够呢？问题主要体现以下两个方面。

1. 教师方面

首先，教师在词汇教学中存在错误的观念和做法，认为学习和记忆词汇是学生自己的事，在讲解课文时，多重视句子和篇章的讲解，即便是拿出课堂时间讲授单词，也只是停留在单词读音、基本用法等表层，缺乏对词源系统的介绍，也没有比较其文化内涵同母语的区别。教师也没有帮助学生逐渐形成适合自己的行之有效的记忆单词的方法。教学实践证明，教师要在语境中教学，这样才不会使学生觉得单词只是一连串毫无联系的符号，不会使学生学起来太枯燥无味又很难记住．也不会使学生产生厌学情绪。其次，教师在讲解词汇的同时要重视文化教学。因为文化辨析是词汇教学的一个重要组成部分。英汉两种语言反映着两种不同文化的内涵，有同又有异。因此，缺乏文化对比则会直接影响语言的习得，甚至会造成理解上的误导。

2. 学生方面

当代大学生都认识到了词汇学习的重要性，也很重视词汇的学习，于是就花大量时间去背词汇。然而，由于方法不当，学习效果却不尽如人意。笔者经常遇到一些学生抱怨词汇学习往往事倍功半，花了很多的时间精力，有的甚至在英语词汇记忆所花的时间比学习自己的专业所花的时间还多，每天死记硬背所学的词汇，如果记忆失败就通通归咎于自己的记忆力差或自己努力不够。再者，学生在记忆单词时往往只单纯地背诵词汇表，不留意单词出现的上下文。他们只记住单词的一个或两个中文意思，不知道其固定搭配、习语和常用表达，结果导致其只能读懂文章，而在写作或口语中不知用哪个词更准确、更地道。要知道，词汇表或者词典上对单词、短语的解释是死的，语言的运用却是活的，机械记忆会造成很大的误解。词义不是最重要的，关键在于语境。可以说，单词本身没有多少实际意义，机械记忆的单词量再大，也不会真正提高外语水平，所以学生要掌握行之有效的词汇习得策略。例如，不要只停留在对词汇读音、拼写的掌握和基本意义的理解上，要能够准确地把握语境，深入地体会和理解词的关联意义，即内涵意义、文体意义、情感意义和搭配意义。也不要死记硬背词汇表，从而彻底解决“背—忘—背—忘”的问题，保持学习热情。

（二）词汇教学的方法

根据词汇习得和词汇教学研究的成果，结合二语习得的理论，笔者提出下面一些词汇教学可操作性的策略供准教师和教师们参考。当然，教学一线的教师还可以根据相关的理论与自己的教学实际和经验提出更符合实际词汇教学的策略。

1.使用直接法和间接法学习词汇

在英语词汇学习中，良好的学习策略有助于学生形成积极的学习态度，也能把学生的积极性转化为独立获取更多词汇的能力。在二语词汇习得领域，研究者把词汇学习方式分为直接学习和间接学习，或称作有意识学习和伴随学习。

直接学习是学习者做一些能将其注意力集中在词汇上的活动和练习，根据不同的任务完成相应的词汇练习。词汇直接学习要求学生不仅掌握这些词的意思，还要掌握这些词的更深层次的知识，如单词的意义、词法、句法及搭配知识，通过练习，学习者的词汇习得经历了从认知到运用的缓慢发展过程，不仅认识了这个单词，还能准确灵活地使用间接的词汇教学将通过阅读、听、说等其他教学活动，间接地扩大学习者的词汇量。要使学习者获得准确理解和使用词汇的能力，教师要教会学生在交际过程中学习词汇，即通过间接方法学习词汇。特别是随着学生英语水平的提高，其对词汇的猜测能力及间接学习英语词汇的能力也在不断提高，如通过阅读、看电影等方法都能间接习得词汇。但这种学习方式只适合高频词汇的习得。不过对于词汇的习得而言，这两种方式应是互相结合在一起的，学习者应该注重和强化词汇信息的输入。当今的语言输入途径较以前多了许多，除了书本以外，还有电影、电视、电脑、网络等媒体。这些现代技术手段增强了学习者学习的主动性并有效地增强了教学内容的针对性，极大地改进了教学方式、教学手段和教学方法，对词汇学习产生了积极的影响。但笔者认为，不论用哪种学习方式习得词汇，都应从以下几个方面来实现。

2.利用语言输出活动学习词汇

在说和写的活动中，特别是在聚焦意义语言输出的交际活动中巩固所学的词汇。说和写都是语言输出活动。根据斯温纳的语言输出假设语言产生

（语言输出或称说和写）在某种情况下构成二语（外语）学习的过程，有促进二语（外语）习得的作用。[1]通过说和写，学习者不但能练习词汇的发音、拼写及使用时要注意的规则，同时也会注意到他们是否能正确使用词汇，使用时会出现哪些问题，词汇的哪一部分问题他们还未能掌握（语言输出的两个功能，即练习功能和对语言形式注意的功能）。清楚聚焦意义的说和写活动对词汇习得的作用，教师应在课堂教学或课外练习中多让学生练习说和写。说和写的活动形式已在相关章节中有具体的论述，这里不再重复。笔者想要强调的是，可在说和写的任务中要求学生使用某些词汇、短语、固定搭配和一定的句式，以使他们更注意词汇的形式、意义和用法。

3. 培养学生词汇学习的策略

在语言学习的过程中，培养学生学习词汇的策略。不管学生是使用间接的方法还是直接的方法学习词汇，即附带学习或有意学习词汇，学生都要使用一定的学习策略，从这个意义上来说，词汇学习策略的培养直接影响到词汇学习的效果。在培养学生的词汇学习策略时，要懂得策略本身并无好和不好之分；只要在一定的情景下使用恰当，能有效果都可算为好的策略。[2]

4. 使用词块法学习词汇

利用合成词、派生词等总结和记忆单词。能根据所学的词汇构成方法和特点来猜测、判断和记忆单词，这样可以使得单词的记忆更加轻松一些。因此，在词汇教学中，教师应该注意这一点，帮助学生提高自我探究、自我发现、自我总结的能力，训练学生的单词记忆能力。例如，sad（adj）—sadness（n），让多数学生都能参与其中，举出更多诸如 ill—illness，sick—sickness，dark—darkness 等的例子，让学生自主的归纳 adj+ness=n。再如，动词加 er 后缀构成名词，sing—singer；work—worker 这样的教学设计，可以培养学生独立思考的好习惯，也为其以后的学习打下良好的基础。

（三）语法教学

语法是语言的框架，赋予语言以结构形式，是对语言存在的规律性和不规律性的概括描述，是词形变化规则和用词造句规则的总和。语法教学会高

---

[1] Swain,M.Output Hypothesis：Its History and Its Future [J].Foreign Language Teaching and Research，2008（1）.

[2] Schmitt，N.An Introduction to Applied Linguistic[M].北京：世界图书出版公司北京公司，2008.

效率地帮助语言学习者清楚地了解目标语言的语法规则和句子结构、规范语言的实际运用，并使之富有逻辑性。人们学习语言时，无时不受语法规则的支配。因此，具备扎实的语法知识，可以更快更准地进行各项语言实践活动。在大学语法教授中，因为很多语法知识是学生们在中学阶段就已经掌握的，所以一再地重述是毫无意义的，学生必然出现被动、消极的态度。这就要求教师在教学中应当根据学生的具体情况采用灵活多样的教学方法，激发他们学习的积极主动性，使他们对英语语法形成全面、系统的认识，并能对语法现象作出正确、合理的分析，最终提高他们的英语学习水平和实际运用能力。

1.语法教学的原则

语法教学应该在一定的原则指导下。以学生为中心，采取灵活多样的教学方法，精讲多练，使学生不但能够在具体使用语言的过程中全面系统地掌握语法知识，而且能够提高其语言的综合运用能力，同时又培养了学生交际能力。那么，英语语法教学究竟应该遵循什么教学原则呢？

（1）英汉对比原则。我国学生学习英语语法必然要受到汉语语法的影响，而英语语法和汉语语法有着很大的区别，概括地说，英语多长句，汉语多短句；英语重结构，汉语重语义。所以英语语法教学必须注意这一事实，运用对比的方法，使学生对汉语和英语之间的差异产生敏感性，以加强汉语对英语学习的正迁移作用，减少其负迁移作用，从而加速学生英语学习的进程，提高其英语学习效率。

（2）循序渐进原则。无论何种教学的开展，教师都要遵循这一原则，因为它符合人们认识事物和接受事物的规律。所以，在英语语法教学中，教师也应充分了解和掌握中学语法，在进行语法教学设计时，要根据不同水平的学生的不同教学要求，确定不同的教学内容，采取不同的教学措施。

（3）交际性原则。语言是为交际服务的，真正的语言能力是在交际活动中培养出来的，因此在语法教学中应体现出交际的部分。所以语法教学不应该在孤立的句子中进行，而是要在真实的交际活动中再现。教师在教学过程中，应以教学内容为中心，模拟真实情境，让学生在贴近生活实践的语言材料中感知、理解和学习语言，在语言交际实践中，熟悉语言结构，发展言语技能，培养交际能力。

（4）实用性原则。实用性原则是指语法教学应以服务于实际应用为出发点，不求面面俱到，但应重点突出。这就要求教师在语法教学过程中对内容的选择详略得当，有主有次，对于如定语从句、语态、虚拟语气等常用语法应结合课文和练习进行系统讲解和反复操练。

（5）多样性原则。语法教学要改变其在学生心目中的形象，方法之一就要注意变化性。变化性包括活动的变化性、话题的变化性、课堂组织的变化性、评价的变化性、教师指令的变化性。这样可以激发学生的学习兴趣，使原本枯燥的语法课变得生动有趣。

2. 把语法知识贯穿在教学活动中

语法教学是非常有必要的，但并不是说一定要专门地给学生开设语法课程，而是把语法教学融入整个英语教学之中。所以，语法作为英语的一部分，可以与学生听、说、读、写、译能力的培养相结合，教师可以根据英语各方面技能训练的方式来强化学生英语语法的学习。现代语法教学不是强调反复的机械操练，而是强调引导学生对某一类语法结构进行理解和运用，因此利用已有的教学资源，将语法教学与读、写和听、说教学结合起来是完全可行的。但在设计教学活动时，教师要清楚学生在中学学过哪些语法内容，学习的深度和难度如何，哪些内容需要深化，哪些需要补充。例如，对于虚拟语气的使用，学生在中学时已经有所接触，也比较熟悉虚拟语气中动词的变化规则，那么在大学语法教学中教授虚拟语气，就不能只是停留在形式层面，而是要上升到语用层面：使用虚拟语气向别人提出建议时要使语气委婉，比使用祈使语气的效果要好。比如“If I were you, I would go at once”比起“go at once”要容易让人接受。拒绝别人时使用虚拟语气可以更多地保留对方的面子，如“If 1 had any money with me, I could lend you some. But I don' t have any money and l can't lend you some.”拒绝得更有技巧。使用虚拟语气也可以使表述显得生动有趣，Nobody could save her even though HuaTuo should come here.(即使华佗再世也无法救她。）既指明了不可能存在的条件，也指出了不可能出现的结果。

教师也可以围绕某些语法形式，设计一些口语活动，进行一些联系社会现实的交际活动，从而培养学生在真实的语言环境中运用语言的综合能力。活动方式有很多，诸如角色表演、辩论、演讲、自由讨论等，让语法知识转化成灵活的口语形式。教师也可以给出一个特定的情景和相关表达，让学生编出故事。运用所学的语法规则进行自由表达，这种教学方法不仅可以活跃课堂学习气氛，调动学生学习的积极性，而且有助于提高教师的教学质量和学生的学习效率。

第四节 英语教学的价值

英语教学的价值主要体现在英语课程的价值方面，英语课程，是学生通过英语学习和实践活动，逐步掌握英语知识和技能，提高语言实际运用能力的过程。通过表述明确了英语教育语言交际功能意义的实现是通过知识的传授和技能的训练达成的，而知识的传授和技能的训练则依赖于有步骤的英语学习和英语实践活动。语言既是文化的一部分，又是文化的载体。英语语言呈现了英语文化特有的思维方式、价值观念和生活方式等文化特性，同时这些特性又制约着语言修辞策略的选择和语言意义的生成。在英语教育过程中，虽然教学内容是与语言相关的知识内容，但是，语言的文化性意味着学习者对英语的学习实际上也是对英语文化的学习，语言学习的过程也是对英语文化理解的过程。因此，英语教育实际上是一种文化教育，引导学生通过语言学习来了解文化是英语教育的重要任务。

一、英语和英语教育的作用和地位

世界上不同的语言有不同的作用和地位。语言的作用和地位受多种因素的影响。有的语言只在某一国家或地区作为母语被使用，但是有的语言如英语，不但在本族语国家被当作母语使用，也被其他许多国家当作第二语言或外语使用。

目前，英语是世界上使用最广泛的一门语言。另外，把英语当作第二语言（简称“二语”）或外语使用的人数甚至超过了以英语为本族语的人。在中国，英语被视为外语。但是严格地说，如果外语是外国语的简称，今天的英语并不是外语，因为它并不是某一个或几个外国特有的语言。英语有许多种类，包括英国英语、美国英语、加拿大英语、澳大利亚英语、新西兰英语、印度英语、新加坡英语、马来西亚英语、南非英语等，这些带国名的英语都可以说是外国语。但是当我们不管地域区别，单说“英语”时，这种英语不属于任何国家，它是一个含有多个变体的语言集合体。由于当今世界许多地方都有相当多的人使用这一语言集合体的某种变体，因此英语现在实际上是一种国际通用语（lingua franca 或 language of wider communication）。[1]

[1] 陈国华．重新认识英语和英语教育的地位[J]．外语教学与研究，2010（4）：291-293.

霍瓦特认为，英语的地位已经发生了急剧的变化，英语在全球化过程中既是原因又是结果。❶

把英语看作是一种外语，就如同几个世纪前说拉丁文是一种外文。今天，英语已经通过各种渠道进入中国，成为每个中国人每天都不得不面对的事实，成为他语言生活的重要内容。对于近二十年几乎所有受过高等教育的人来说，英语是他们可以在不同程度上使用的第二语言，对于每个人来说，英语是他们每天可以接触到的第二语言。CD、DV、DVD、DNA、CDP、PK，这些英语词汇每天不知听到或看到多少次；bye-bye、cool、OK、sorry、thank you、wow、yeah，这些英语词语已经融入无数人的日常用语中；从北京、上海、广州等大城市和旅游城市的双语路牌，到旅游景点和涉外宾馆的英文介绍和服务；从无数产品包装上的英文译文，到不少学术刊物所发文章附带的英文题目和摘要；从各种英文书籍和报刊到英语广播和电视频道；从地铁里到飞机上，英语的身影和声音在我国大江南北随处可见。与英语作为官方或第二语言的国家或地区相比，中国主要有两点不同之处：第一，官方文件或出版物不必使用英语；第二，使用英语进行日常交流的人口还不多，目前主要限于少数双语或外语学校的师生、一般学校英语课程的师生和各行各业的涉外人员。中央政府部门和许多发达省市政府部门的新闻发布会都使用汉英两种语言，而且重要的政府文件和法律事实都有英文版；同时，使用英语进行日常交流的人也日益增多。❷

二、英语在国民义务教育中的地位

在过去的三十多年中，英语在中国提高到了前所未有的重要地位。随着中国在经济、政治、文化、教育、军事、外交等国际事务中扮演着越来越重要的角色，越来越多的中国人投身到国际事务当中，他们对英语作为国际通用语的价值的认识：不论是从个人还是从国家的角度来说，英语是通向未来的桥梁；❸英语是国际化的原因和结果；等等。因此，英语教育也受到了空前的重视。

---

❶ Howatt, A P R.A History of English Language Teaching [M].Oxford: Oxford University Press, 2004:362.

❷ 陈国华．重新认识英语和英语教育的地位[J]. 外语教学与研究,2010（4）:291-293.

❸ Zan C., Christhme G..Teaching Oral English in Higher Education:challenges to EFL Teachers[J].Teaching in Higher Education,2011,（16）:333-345.

教育部2001年秋季颁布的义务教育阶段英语课程标准（实验稿）确立了英语课程在我国国民义务教育中的地位——英语是一门国家课程。全国各地从小学一年级或三年级开始开设小学英语课程，英语正式成为国民义务教育阶段的一门法定课程。为什么把英语定为国民义务教育的一门课程呢？国民义务教育的一个重要原则是教育内容应当对每个人都有用。如果英语仅是一种外国语，就像德语、罗马尼亚语、日语、朝鲜语/韩语一样，那么它就不是对每个人都有用，只要外国语学校或高校的外语学院或外语系开设就行了。国家没有必要像现在这样，把英语教育作为国民义务教育的个组成部分，要求每一个受教育的人都必须学习英语。现在的问题是，英语是否对每个受教育的中国人都有用？国民义务教育内容的“有用”，并不一定有实际用处。例如，音乐就没有什么实际用处，但是音乐是人类精神生活的一个重要方面，它有抒情的功能，抒情也是一种“有用”。英语成为我国国民义务教育的组成部分，其假设前提就是它对每个人都有用。英语目前是国人与外国人交流的主要工具，以广州进出口商品交易会（简称“广交会”）为例，在广交会上，人们用英语跟英、美客商交流，碰到法国、日本客商而不会讲法语、日语时也可以用英语来交流。因此，与外国人进行某种直接交流的人，都应该掌握一定程度的英语。这种直接交流既可以是人与人之间的交流，也可以是阅读外国文学作品原著时读者跟作品和作者的交流。目前，并不是每个人都需要与外国人进行某种直接交流的，但全球化和现代化是一个持续不断的发展进程，大多数人最终都有可能直接与外国人进行某种交流，国家教育政策的制定者把英语作为国民教育的一项基本内容及把英语能力作为学生的一种基本素质来培养是有一定依据的。

高等教育的各学科都要与国际学术接轨，只要接受高等教育，就有必要学习英语。至于完成学业步入社会之后做什么工作，这些工作实际是否需要英语，那是另外一个问题。一个人的职业选择受到许多因素的制约，这些因素多与学校教育和学术无关。既然高等教育现在要求人人学英语，为高等教育输送人才的基础教育也就必须开设英语课程。没有人会否认，一个人学习语言（包括外语）的最佳时机不是上大学时的青年时期，而是在青春期之前和青春期，即小学和初中阶段。[1]

[1] 陈国华．重新认识英语和英语教育的地位[J]. 外语教学与研究,2010（4）291-293.

第二章　英语教学方法探索

为了实现我国21世纪人才培养的宏大愿景，必须重视教学工作，把教学改革摆到事关教育改革成败的核心位置。在深入推进我国教学模式改革、切实提升学习者学习成效的进程中，如何构建科学、有效的新型教学模式一直是亟待解决的重要问题，因为教学模式是在一定教学思想或教学理论指导下建立起来的较为稳定的教学活动结构框架和活动程序，不仅反映课程设计者与实施者对待“学”与“教”的态度，还直接影响学习者的学习成效。[1]近年来，国内大学英语教学改革不断推进，优化教学过程。改革和完善新型教学模式，培养非英语专业学生的自主学习能力，成为大学英语教学研究的重要课题。

第一节　合作教学法

一、合作学习的含义

（一）合作学习的理念

20世纪70年代初，美国的戴维·约翰逊和罗杰·约翰逊兄弟在研究小学教育及学生学习方式的实践中，提出了合作学习（cooperative learning）

[1] 王文静．中国教学模式改革的实践探索——“学为导向”综合型课堂教学模式[J].北京师范大学学报（社会科学版）.2012(1):18-24.

的理念。他们认为，合作学习是一种要求积极的互依（一种沉浮与共的意识）、个体的尽责（每个人对学习作出贡献）、人际技能（沟通、信任和解决冲突）、面对面的互动促进及过程分析（反思小组功能发挥情况及如何发挥得更好）的团队学习关系。它的基本思想是平等、合作与发展，核心原则是“积极的互依和个人尽责的统一”。合作学习是指在教师的参与与指导下，学生在小组或团队中为完成共同的任务，有明确的责任分工的互助性学习，即在合作中学会学习，在学习中学会合作。合作学习着眼于提高全体学生的学业成绩，使他们善待同学，爱护班级，学会自尊自爱，善于设身处地地为他人着想，尊重不同的价值观念，能从不同的角度解决问题。“不求人人成功，但求人人进步”是合作学习所追求的一种境界，同时也是教学评价的最终目标和尺度。由于合作学习在改善课堂心理气氛，大面积提高学生的学业成绩，促进学生良好的非智力品质的发展等方面实效显著，他们的研究成果获得了教育界前所未有的重视，很快就受到了世界各国的普遍关注，并在全世界迅速传播开来。合作学习的研究，不仅仅是推广和应用一种教学研究的手段和方法，而且可以培养学生的合作精神、合作能力，这正是学生需要培养的社会能力的一个重要方面。

（二）合作学习的理论基础

合作学习的思想精髓和底蕴核心，是以人为本的教育思想。心理学家舒兹认为，每个人都具有人际交往的心理需求，包括包容需求、控制需求与情感的需求。美国心理学家马斯洛的需要层次理论认为，当生理需要、安全需要得到满足后，人们渴望得到归属与爱。儿童渴望与小伙伴建立友谊，希望受到教师与父母的喜爱。当前三种需要基本得到满足后，就会产生尊重需要和自我实现的需要。在合作学习过程中，不同的个性心理（诸如能力、气质、性格、需要、动机信念等）随着学习过程中的认识过程、情感过程、意志过程的展开，不断发生碰撞与相融合。学生在与他人的合作与交往中，学会树立信心，学会尊重他人，学会完成任务，取得成就，最大限度地发挥潜能，实现自我。同时也渴望获得别人的承认，引起别人的注意和欣赏。合作学习关系的建立，为学生创造了与他人交往合作的机会，顺应了学生的心理需求。

苏霍姆林斯基说：“人的内心深处有一种根深蒂固的需求总感到自己是一个发现者、研究者、探索者。在儿童精神世界里，这种需求特别强烈。”授课伊始，先由学生个体独立探索，让学生自己去发现问题、研究问题，培养学生探究问题的意识，从而使其养成独立探索求知的良好习惯。[1]美国管理学家大卫·麦克莱兰提出了后天需要理论。他认为，在人的一生中，有些需要是后天获得的，是能够通过生活经验学习的。早期的生活阅历决定着人们是否获得这些需要。如果让他们加强形成温暖的人际关系，他们就会发展出某种依附的需要，他们就会喜欢合作而不是竞争的环境，渴望彼此间的沟通和理解。所以学生在学习阶段有意识地培养这种合作学习，有利于他们在今后的人生道路上更好地发展自己。接触理论的代表人物阿尔波特认为，人际间的合作能为小组提供向心力及友谊。他还强调，单纯机械的接触，尚不能形成促进性学习，不能增进学习效果，只有发展成为合作性的关系，才能形成有效的学习。

二、合作式教学法的实际应用

（一）合作学习实践中不可忽视的问题

1.创造良好的合作学习气氛

在合作学习过程中，教师要创造良好的合作学习气氛，用各种适当的方式给学生以心理上的安全感或精神上的鼓舞。首先，在最初分组时，既要考虑到学生的知识基础、学习能力、性格特点等方面的差异，又要尊重学生本人的意见。教师不能强行为学生分组。当学生的意见得不到尊重时，他们不会全身心地投入到小组活动中来。其次，教师在日常教学中要把学生当作朋友和知己，多一些理解、鼓励和宽容，这样学生的思维才会更加活跃，探索热情才会更高涨，合作的欲望也就会更强，课堂就会更加生气勃勃。

2.给予学生自我反思的机会

当学生在课堂活动或发言中出现诸如发音或语法等语言问题时，教师既要为学生提供必要的启发式帮助，又要给学生充足、宽裕的补充、更正的时间和空间。为了避免打断学生，教师可以选择在学生完成任务之后，以提问或讨论的方式，让学生对自己刚才的失误有所察觉，给他们自我反思或彼此纠正的机会。

3.发挥不同层次学生的智慧

对个别因实力偏差等原因无法顺利开展合作，或在课堂活动中出现磕磕

---

[1] 张建军.合作原则的违反与会话含义的产生[J].长春教育学院学报,2008(8)45-48.

绊绊的学生，教师可以以一个普通合作者的身份，自然地参与到有困难的小组中去，让学生觉察不出因本组水平低而受到教师的帮助。另外，教师要有意识地给他们多创造一些表现的机会，以激发他们奋发向上的热情，为学生的成功学习创造条件，让各个不同层次学生的智慧得到尽情发挥。

4.明确合理的评价尺度

在学生的合作学习过程中，教师应把握好评价的尺度。传统的个人之间的竞争变为了小组之间的竞争，以个人记分的形式改为了小组记分的形式。小组总体成绩成了决定奖励或认可度的依据，形成了“组内成员合作，组间成员竞争”，整个评价的重心由鼓励个人竞争达标转向了大家合作达标。在这种新格局之下，教师要对每个小组成员的责任分工心里有数。对于一些合作不主动、参与积极性不高的学生，教师要努力营造一种可以充分发挥学生个性、各抒己见、相互交流的合作学习氛围。一句真诚的表扬、一个赞许的目光……都能使每个学生真切地体验到合作学习的成功与快乐，从而产生进一步合作的欲望。同时，教师也应注意个别学生的等投机取巧行为，要做到奖惩有别。

5.培养健康人格的发展

在小组合作中，有些学习上有困难的学生，由于基础薄弱，想参与活动又力不从心；而有能力的学生始终占据主动，个别学习基础好的学生会嘲笑并排斥学习困难的学生。学优生与学困生之间的矛盾，影响了学生间的关系，影响了正常的人际沟通，不利于学生健康人格的发展，教师在指导小组合作学习的过程中，应及时对这种现象予以纠正。教师要培养学生学会彼此尊重、学会包容他人、学会优势互补、学会倾听等，要让学生意识到个人目标与小组目标之间是相互依赖的关系，只有在小组其他成员都成功的前提下，自己才能获得成功。

（二）合作学习理念在实际教学中的应用

1.采用多种形式的合作学习

合作学习的形式多种多样，有同桌合作学习、四人小组合作学习、找好朋友合作学习等多种形式。在课堂教学中，如果经常采用一种合作学习方法，学生当然就会感到厌烦，合作学习的积极性也不会高涨，讨论的效果也不会尽如人意，合作学习也就无法达到预期的效果。所以教师在课堂教学过程中，应运用不同的合作学习形式，这次以四人小组形成讨论，下次可以找好朋友商量，这样一来，学生学习时的积极性被充分调动起来，讨论时热情高涨，讨论得出的结果当然也会不错，合作学习的目的就能顺利达到。

2.采取“发言人”轮流担任的制度

既然讨论了，当然就有结果要和全班同学进行交流，通过几年的教学实践，发现凡是交流汇报讨论结果的学生，一定是小组成员中成绩最优秀的那名学生，而小组中的其他成员只是在一旁看着他说，甚至有的人连讨论也不参加，只是听那些成绩优秀的学生侃侃而谈，连嘴也不张开。这样一来，参与讨论的只有那些优秀生。之所以这样，是因为学生们认为站起来交流的只可能是那些“好学生”，怎么也轮不到他们，于是他们就不参与讨论了。

要改变这种情况，可以让“发言人”轮流担任，不要固定为某一人，这样，无论是谁，都有机会向全班同学交流汇报本小组的讨论结果。经过实验，在小组合作学习时，不管是谁，都全身心地投入到讨论中，因为他们每个人都有可能代表全组组员进行全班交流，如果不认真讨论就无法将组员的看法了解清楚。这样一来，无论成绩优秀的学生还是成绩不太理想的学生，都能在合作学习中热烈讨论。久而久之，所有的学生都能完全投入到合作学习之中，真正成为学习的主人，让合作学习落到实处。

3.教师也参与到合作学习中来

学习并不是学生自己的事，教师也应和学生们一块参与到学习中去，和学生们一起学习。在合作学习中，如果只让学生自己讨论，教师只是站在讲台上看着他们，连学生说些什么都不知道，就不能指导他们讨论问题，而且会让学生认为老师是高不可攀的，不会把老师当成自己的朋友，教师和学生之间的距离就会拉开，交流也会很少。如果在学生进行讨论时教师积极地参与到热烈的讨论中去，适当地引导学生思考、讨论，更让学生感到老师是那么和蔼可亲，是大家学习上的好朋友，这样不仅可以使合作学习的效果更好，还可以让师生之间的感情更加融洽。

4.重视合作学习前的自主学习

在过去的教学实践中，笔者经常用合作学习这一形式，发现当教师布置完讨论任务时，有的学生不知道教师布置的任务是什么，在那里东张西望，有的小组干脆说起了闲话，等到交流时就哑口无言。之所以会造成这种局面，是因为教师忽视了合作学习前的自主学习。没有自己先开动脑筋思考问题，理解意思，怎么能进行合作学习呢？不注意其他人在讨论时说些什么，学习又怎么会有效果呢？这都说明没有自主学习，就不可能进行好合作学习。我们积极倡导自主、合作、探究的学习方式，发展学生的合作精神，这就要求我们在课堂教学的过程中合理地运用合作学习这一形式让学生得到全面发展。

（三）合作学习理念在教学中的实际操作

1. 如果学生水平不一

有些教师采用同学互助的策略，就是好学生帮助落后的学生。他们可以结成对子或分成小组，在口语和写作活动中解释事情或提供好的语言示范。因此，在教师分组时，要确保把能力强和能力弱的学生分在一起。但是这样做要特别小心，不要让落后的学生因为好学生过于优秀而有距离感，或是由于他们必要的教学角色而感到压抑。许多教师在面对不同水平的学生时都会综合运用以上办法教学。但更重要的是，要以支持和不偏不倚的方式来使用这些办法，不应该让学生有低人一等的感觉，而是应该向他们解释不同对待的好处，如果他们不希望被区别对待的话，也要尊重他们的想法。

2. 如果班级太大

要有效组织学生分组活动，学生积极参与课堂活动可以培养他们分析、解决问题的能力，并使学生有自主感、成就感、归属感和好奇心。所以即便是大班授课，也要重视课堂讨论，采用集体问答，二人组或四人组等的形式加强学生课堂上的参与和讨论。

3. 如果学生不愿意参加课堂活动

有的学生不愿意参加课堂活动，尤其是口语活动。有时与学生的性格有关，但有时也与他们的英语水平有关，他们害怕犯错，害怕在同学面前丢人。无论出于什么原因，逼着学生说话是没道理的，这会让学生更不愿意说话。所以教师可以让他们做结对活动，让他们每个人与一两个同学在一起时，压力就不会像在全班面前说话时那么大。此外，教师还可以把其作为考核学习成绩的一个依据，来鼓励学生积极参与课堂活动。但这个成绩最好是以发言次数为主，不重视内容和水平，从而调动学生的积极性。

（四）合作式教学法的操作要点

1. 师生合作

在实际教学活动中，大多数教师往往以知识的传播者、学生的师长自居，在思想深处没有把学生放在主体地位。要想切实做到以学生为中心，把学生当作合作伙伴来看待，就要开展教学双边活动。这种师生之间的合作关系在思想上确立以后，教师在备课过程中不但要考虑如何讲好，而且还要研究学生怎样才能学好。例如，在讲解单词时，教师不但要把词的意义、用法讲明白，而且还要考虑用什么方法讲会有利于学生记忆和运用；安排复习的时间和次数应先密后疏，尽可能减少学生对知识的遗忘。师生合作主要体现在课堂上。

以讲解一篇课文为例，第一步，课前五分钟英语讲演：让学生带着十个有关课文的阅读理解练习题读课文，然后回答问题；放课文录音；精讲课文（自由对话）；信息反馈与自学指导。在时间分配上，学生活动应约占总授课时间的一半。第二步，训练的是读的能力。第三步，训练的是听的能力。第四步，是教师明确重点难点，找准语言点，把重点词汇、语法项目等讲解清楚的环节。第五步，训练学生的口语，帮助检查学生对课文的理解程度。在最后一步中，教师要告诉学生本次课的知识重点、分配课下自学的内容、指导自学的方法和途径。这几个步骤当然不是一成不变的，要根据不同的教学内容进行变动。

2. 生生合作

大学英语教学大纲要求：培养学生具有较强的阅读能力，一定的听和译的能力，初步的写和说的能力。由此可见，英语教学任务都是相当重的，而课堂教学时数是有限的，仅靠课堂教学实在难以达到大纲要求，所以教师还要引导、组织学生多在课下开展合作活动。课上充分发挥师生合作的潜能，课下充分发挥第二课堂形式多样、传递信息快、实践性强的优势，弥补第一课堂的不足。实践证明学生之间课下合作活动的开展，是课堂教学的有益补充，是避免两极分化、大面积提高教学质量的好方法。

3. 师师合作

仅仅强调课上师生合作、课下生生合作是不够的，教师之间也要加强合作。正如苏联著名的教育实践活动家和富于创新精神的教育理论家马卡连柯所说的那样：如果有五个能力较弱的教师团结在一个集体里，受着一种思想、一种原则、一种作风的鼓舞，能齐心一致地工作的话，那就要比十个各随己愿地单独行动的优良教师要好得多。目前，学生心理日趋复杂化、个性日趋多样化，学生、家长对教师的期望越来越高，仅凭个人的力量是难以适应时代的要求的，教师之间的合作具有更重要的现实意义。在大多数学校，每周均有一定的教研活动时间，但流于形式、自行其是的现象比较严重。由于一个人的能力、知识、精力是有限的，年轻教师需要教学经验，老教师需要更新知识。所以开展好教研活动，加强教师之间的合作，对提高教师自身素质，全面提高教学质量是大有裨益的。

第二节 互动教学法

随着入学人数的不断增加，大学生入学水平和知识结构发生了变化，原有的教学指导思想和课堂操作模式越来越不适应学生的实际要求。近年的教育体制改革越发吸引众人的眼球，传统教学模式遭到建构主义理论支持者的质疑和批判，他们认为传统的“授人以鱼”的教学模式是大学生英语能力不能提高的重要原因。现代教学模式正经历着由单一到多样、由单维构建到整体构建、由被动性到主体性、由使用传统手段到运用网络高科技等方式的多维发展。建构主义理论对外语教学的积极指导作用已成为外语界的共识，其最大贡献就在于它强调学习者对知识的主动探索、主动发现和对所学知识意义的主动构建。互动教学（Interactive Teaching）则是建立在建构主义理论之上的新模式，是一种最能贴近学生实际的、与时俱进的教学模式。

一、互动式教学模式概述

（一）互动式教学法的基本内涵及优点

互动式教学模式遵循建构主义学习理论的原则，强调学习主体的主动性与能动性，重视师生之间、学生之间的协作。这种协作可以表现为多个方面，如在时间上的协作、空间上的协作，甚至教学途径上的协作等。互动式教学，是一种强调在教学中教与学双方交流、沟通、协商、探讨，在彼此平等、彼此倾听、彼此接纳、彼此坦诚的基础上，通过理性说服甚至辩论，达到不同观点的碰撞交融，激发教学双方的主动性，拓展双方创造性思维，以达到提高教学效果的教学方式。互动式教学与传统教学相比，最大差异在一个字“动”。传统教学，是教师主动——脑动、嘴动、手动，结果学生神静、嘴静、行静，从而演化为灌输式、一言堂，“我打你通，不通也通”。而互动式教学，从根本上改变了这种状况，真正做到“互动”“教师主动”和“学生主动”，彼此交替，双向输入，变为群言堂，“我打你通，你打我通”，奏出和谐乐章。从教育学、心理学角度看，互动式教学有以下四大优点。

1. 发挥双主动作用

过去，教师在台上滔滔然，学生在台下昏昏然，教师仅满足于学生不要讲话，遵守课堂秩序。现在，教师和学生双向交流，或解疑释惑，或明辨是非，学生挑战教师，教师激活学生。

2. 体现双主导效应

传统教学是以教师为主导、以学生为接受主体的教育过程。互动式教学能充分调动学员的积极性、主动性、创造性，教师的权威性、思维方式、联系实际解决问题的能力及教学的深度、广度、高度——受到挑战，教师的因势利导、传道授业、谋篇布局等“先导”往往会被学生的“超前认知”打破，主导地位在课堂中不时切换。学生的主导问题可能成为课堂教学的主基调。

3. 提高双创新能力

传统的教学，仅对书本上的理论知识进行“分组编码”。这虽是教师的一种创造性行动，但其教学效果存在局限性。大学的英语学习者，独立思考能力强，掌握的知识和信息在某些方面与教师同步甚至超过教师。提升所教内容的深度、广度及解决问题的能力，发挥学生高于教师的创新水平，弥补书本知识不足，这是大有可为的。学生思考问题、解决问题的创造性，可促使教师在课堂教学中不断改进，不断创新。

4. 促进双影响水平

传统教学，只讲教师影响学生，而忽视了学生的作用。互动式教学，要求教学双方进行民主、平等的探讨，教师眼中有学生，在与学生的交流中形成心灵的撞击与融合，达成观念的趋同。教师要尊重学生的心理需要，倾听学生对问题的想法，发现其闪光点，共同参与，共同思考，共同协作，共同解决问题，真正实现心理共鸣、观点共振、思维共享、影响共有。

（二）互动式教学法的类型及机制

互动式教学，作为一种崭新的适应学生心理特点、符合时代潮流的方法，其基本类型在实践中不断发展。严格地说，“教学有法，却无定法”在大学英语教学中可广泛采用。就目前而言，有五种较成功的方式可供借鉴。

1. 主题探讨法

任何课堂教学都有主题。主题是互动教学的“导火线”，围绕主题做文章就不会跑题、跑调，类似于基础教育的“主题班会”。其策略一般为：抛出主题—提出主题中的问题—思考讨论问题—寻找答案—归纳总结。教师在前两个环节是主导，学员在中间两个环节为主导，最后教师做主题发言，也可以请学生代表作主题发言。这种方法主题明确、条理清楚、探讨深入，能够充分调动学生的积极性、创造性；缺点是组织力度大，学生所提问题的深度和广度具有不可控制性，往往会影响教学进程。

2. 问题归纳法

先请学生将教学内容在实际生活中的表现及存存在的问题提出来，然后教师运用书本知识来解决上述问题，最后归纳总结所学基本原理及知识。其策略的一般程序为：提出问题—掌握知识—解决问题。在解决问题中学习新知识，在学习新知识中解决问题。这种方法目的性强，理论联系实际好，提高解决问题的能力快；缺点是问题较单一，知识面较窄，解决问题时容易形成思维定式。

3. 典型案例法

运用多媒体等手法将精选个案呈现在学生面前，让学生利用已有知识尝试提出解决方案，肯定正误方案，设置悬念，然后抓住重点、热点做深入分析，最后上升为理论知识。其策略程序一般为：案例解说尝试解决—设置悬念—理论学习—剖析方案。这种方法直观具体、生动形象、环环入扣、对错分明、印象深刻、气氛活跃；缺点是理论性学习不系统、不深刻，典型个案选择难度较大，课堂知识容量较小。

4. 情景创设法

依靠教师在课堂教学中设置启发性问题，提高学生思维活跃度并使学生创设创造性解决问题的场景。其策略程序为：设置问题—创设愿景搭建平台—激活学生。这种方法课堂知识容量大，共同参与性高，系统性较强，学生思维活跃，趣味性浓；缺点是对教师的教学艺术水平和调控能力要求高，对学生配合程度要求高。

5. 多维思辨法

把现有定论、解决问题的经验方法提供给学生，让学生挑刺，提出优劣并加以完善，还可以有意设置正反两方，掀起激情风暴，在争论中明辨是非，在明辨中寻找最优答案。其策略程序为：解说原理—分析优劣—发展理论。这种方法下的课堂气氛热烈，分析问题深刻，自由度较大，答案往往没有定论；缺点是要求学生充分掌握基础知识，具有一定的理论水平，教师收放要把握得当，要具有对新情况、新问题、新思路极高的分析探索能力。互动式教学法，是一种民主、自由、平等、开放式教学。耗散结构理论认为，任何一个事物只有不断从外界获得能量方能激活机体。“双向互动”，关键要有教师和学生的能动机制、学生的求知内在机制和师生的搭配机制。这些机制从根本上取决于教师、学生的主动性、积极性、创造性及教师教学观念的转变。互动式教学，既不是课堂简单设问、提问、答辩，更不是课堂教学之余留下十分钟等待学生提问题，教师释疑解难，而是从根本上确立改革开放、教学相长、激活思路、讲究艺术、提高效果的教学新观念，对当前高校英语教师的教育观念、教学水平、教师素质提出了更高的要求。为此，大学英语教师要适应信息化、知识化时代的需求，不断学习，不断探索。

（三）互动式教学模式对英语教学实践的启示

1.采用讨论式教学法进行教学

讨论式教学法是交谈（conversation）、讨论（discussion）及对话（dialogue）合为一体的交互式教学法。交谈的目的是力图保持一种均等，即交谈的双方轮流进行讲和听，但所谈的事情并不会因采用了这种方法而取得多少进展。在对话过程中，参与者为了快速解决他们共同面临的问题，往往将彼此视为合作者来共同研究、探讨问题，一种观点常常会引发相反的观点，而后一种观点可能会推翻前一种观点，也可能被前一种观点推翻。由于讨论会对参与者扩展知识面、增强理解力和判断力方面产生作用，因而讨论不同于交谈或其他小组的谈话形式。讨论是由两个或两个以上的成员组成小组，分享、批判各自的想法，在此过程中保持适度的严肃与活跃的交谈方式。讨论是实现人们互帮互助以及培养人们情感、发展人们技能的重要途径，而且也只有满足了这几方面民主参与才能成为可能。在课堂上进行的讨论，教师和学生要预先做一些准备，以熟悉讨论的各个特点。在自己的班里，教师要鼓励学生为自己讨论的各个特点命名并加以理解，之后在讨论中感受这些特点。讨论的主要特点有：热情倾听（hospitality）、积极参与（participation）、高度注意（mindfulness）、谦逊（humility）、相互性（mutuality）、共同协商（deliberation）、正确评价（appreciation）、信心（confidence）及自主性（autonomy）等。Brookfield 和 Preskill（1999）认为讨论式教学法有以下 15 个好处：有助于学生思考多方面的意见；增强了学生对不明或复杂事情的关心和容忍度；有助于学生提出和研究他们的假设；鼓励学生学会专心地、有礼貌地倾听；有助于学生对不同意见形成新的理解；增强了学生思维的灵活性；使学生都关心所谈的话题；使学生的想法和做法得到了尊重；有助于学生了解民主讨论的过程和特点；使学生成为知识的共同创造者；发展了学生清晰明白地交流思想和看法的能力；有助于学生养成合作学习的习惯；使学生变得心胸博大，更容易理解他人；有助于发展学生分析和综合的能力；能够引起思想转变。总之，讨论有助于学生思考多方面的意见，它是使学生关注在一定思考范围内可能存在的诸多想法的最有效的方法之一。教师在英语教学过程中要广泛运用讨论教学法，使自己的教学更加有趣、更具吸引力。

2. 重视课堂交际活动

交互假设的一项重要贡献就是提出了交际双方之间的交互修正在学习中的作用，由此，交互假设的追随者们提出了以交际为基础的外语课堂教学法，强调了通过学生与教师、学生与学生之间的交际互动来创造和接受可理解性输入，以及只有在一定交际情境下进行有意义的输入才能被学生所吸收。在组织学生交际活动的过程中，教师并非袖手旁观，而应对学生在互动活动中出现的错误于活动中或活动结束后进行及时的纠正和讲解。

3. 重视教师话语的得体性

根据交互假设，不可理解的输入对学习者无用，只是一种噪音。对初学者来说，听那些不理解的语言等于在浪费时间。因此，教师应根据学生的特点和外语水平逐步调控话语。教师话语与外国人话语相对应，它应有具体、正式和交互的特点。一方面，教师对学生进行话语输入的句法要简单，尤其是对水平较低的学生，教师话语在词汇方面应尽量用词义更宽泛的词来替代词义更狭隘的词。另一方面，在教师话语中要尽量出现一些类似于母亲对小孩的话语交互调整，如重复、即时问题、刺激及扩展等。

（四）互动式教学模式的运用

1. “互动式”教学要把握好学生、教师、目标三者之间的关系

“互动”，是学生、教师、目标三者关系在动态运动中实现的。学生发挥的真实水平与发展目标之间的落差，可以通过教师的教育机制来调整。教师在教学中有效地通过各种途径与学生“互动”，在“互动”中促进学生听、说、读、写等综合语言素质的提高，这是“互动”的目的与实效的具体表现。对教师而言关键是把握目标、把握学生、把握自己。作为教师，把握好自己是成功实施“互动”的关键所在。观察学生、确定学生的现实水平，是教师预设教学活动目标的基础。在教学过程中，理解目标又是观察学生的依

据。理解目标、观察学生是“互动”的前奏，教师必须巧妙地隐藏自己，以确定“互动”的途径与方式。而对学生的细心观察和对目标的正确理解，能够使教师更好地隐藏自己。隐含目标，让学生在预设的教学活动中发展是教师认可学生的前提，认可学生的实际水平又是隐含目标的必然；隐含目标、认可学生是“互动”的交锋，教师必须机智地反省自己，以确定“互动”的价值取向，而对学生的认可和对隐含目标的认识，同时又促进了教师对自己的反省。修正目标是促使每个学生都能获得发展的条件。同时，不断推进学生的发展又使得不断修正目标有了可能。修正目标、促进学生发展是“互动”的统一。教师必须理智地提升自己的认识、使“互动”取得最佳实效。学生的不断发展、目标的不断修正，又不断地促进教师自身的提升。

2.“互动式”教学模式的运用体会

在“互动式”教学中，首先，教师要相信学生具有洞察、组织教学的能力，师生呼应，共同推动课程环节的发展。其次，教师应给予每个学生最宽松的空间，鼓励学生经过认真学习和内容领会之后，大胆地提出有价值的问题，师生共同解决。再次，教师应信任学生具有独立发现问题、解决问题和自我完善的能力。一般情况下，教师总是苦想办法去帮助学生解决问题，此举绝不会引起师生互动。要注意，师生平等是互动式教学的前提。要变尊称为“指名道姓”，来营造和谐的学习气氛；要变忌语为赞美语，来挖掘人类本性最深的东西；要变个人隐私为公开话题，以加强与学生的沟通和交流；要变教师确定课题为学生自由选题，以充分发展学生在课堂教学的主体地位。只有在平等、尊重、理解的基础上，师生之间才能实现真正的交流互动，才会让学生在每节课中获得最大的收获。所以说，在教学过程中只有发扬民主、充分尊重学生，才会培养出主动参与自主学习、具有实践和创新能力的学生。

二、网络环境下的师生互动

课堂是师生交流的重要场所，也是学生进行语言实践的重要场所。对二语学习者来说，课堂为他们提供了学习二语的环境和机会，是他们参与各种交际活动、交流信息和表达思想的地方。学生的语言知识和听、说、读、写、译等各项技能基本上是在课堂教学中获得的。英语作为一门学科它的最终目的是通过教与学的双向互动，使学生获得真正意义上的英语综合能力，即通过英语实现交流、学习及研究。在传统的教学中，学生作为学习的主体被动接受知识，获取的信息主要来自于教师和教材，传递信息的方式是单向的。由于课堂课时有限，教师无法让每个学生都有机会参与课堂教学活动。受人数限制，课堂互动局限于一对多即师生互动，一对一即生生互动，互动涉及提问、回答、错误纠正、参与小组讨论等。活动认知法认为外语学习不能局限于课堂，还要在课外进行自学。多媒体计算机辅助教学，突破了传统的教育方式在时间、空间、内容、人数上的限制。在新的学习环境中，学生可以通过校园网或互联网搜集有关的学习资料，补充和扩展相关知识，也可以根据各自的不同状况，开展学生间或师生间的自由交互活动，控制学习内容，并能从即时的反馈中了解自己对知识的掌握程度，真正做到自主学习和个性化学习。在新的教学环境下，互动的方式多种多样。互动可以分为人—机互动、人—人互动、学习者和学习内容的互动。根据互动形式的不同，互动可以是一对一、一对多，也可以是多对多。另外，互动的模式不仅仅是实时的，也可以是异时的。

（一）互动在外语教学中的重要性

互动是英语教学中一个非常重要的理念，其重要性主要体现在以下五个方面。

1. 教学

很难想象，没有师生间的互动，一个只顾自己讲课的教师能够了解学生的需求、学生现有的知识水平和其对所学内容掌握的情况；没有互动，学生也不能给教师提供反馈。

2. 认知

从认知角度看，外语学习首先是一种依赖于认知发展的学习。根据维果茨基的发展心理学，所有认知都来自社会群体中的个体间的互动。也就是说，互动能够促进语言学习所必需的认知的发展。

3. 合作性学习

脚手架理论认为，在互动中由专家或强于学习者的人担任引导者或合作者，能创造出对能力较差的学习者有利的学习条件，使他完成原先难以完成的任务，并提高他独立解决问题的能力。这一点在外语学习中的表现尤为突出。有的学生比较害羞或语言能力较弱，要求他表达自己的想法时他觉得很困难，但是在小组活动中却表现活跃，在别人的帮助下能较好地表现自己，也能从合作伙伴身上学到不少东西。

4. 语言习得

在互动中经常会有意义协商，通过意义协商，学习者获得可理解性输入和产出可理解性输出的机会也大大增多了。在意义协商中，为了获得信息学习者会使用重复、比较等手段，从而使学习者有更多的机会把输入转化为吸收。

5. 语言学习的目的

众所周知，交流是语言学习的目的。因此，英语教学也应该以培养学生的交际能力为目的。用海姆斯的话说就是应该让学生学会"when to speak, when not, and what to talk about with whom, when, where, in what manner"[1]。这种根据时间、地点、对象等选择说话方式的交际能力只有通过互动性的行为才能得到发展。

（二）多媒体教学环境下的师生互动

进入21世纪以来，计算机技术和网络技术的不断发展不但改变着传统的教学模式，冲击着传统的教学理念，而且能够营造出全新的学习环境和学习方法，甚至改变了教师与学生在传统教学过程中所扮演的角色。根据建构主义理论，学生是信息加工的主体，是意义的主动建构者。教师不再是知识的简单呈现者，也不是知识的权威，应该是学生构建知识的支持者和合作者。主张教师和学生之间进行丰富的多向交流、讨论和交互学习。教师的责任在于通过不断的反思、分析，呈现最佳的情景模式，便于学生认知、同化和顺应。教师要不断地以新知识充实自己，因为新的知识和信息是培养跨文化交际能力的关键。网络技术的运用给师生提供了一个全新的获取信息的学习平台，它不仅给教师提供了丰富的教学资源和视角各异的观点，而且为学生提供了自主学习和协同合作的最佳环境。在多媒体环境下的互动式外语教学中，学生的角色定位于自主自动的学习者，是教学活动的中心、交际活动的参与者和信息资源的共享者；教师则成为教学活动的促进者、交际活动的参与者、学生学习外语的帮助者。作为教师，应根据实际情况采取不同的互动式英语教学模式。

1. 人机互动和面对面的交流互动

网络几近无限的空间和强大的数据库，解决了学生过去的学习记录无法得到保存、教师也没有办法掌握学生的学习情况这个问题。它能随时随地提供测试及对学生成绩进行统计和记录，这有利于帮助学生进行自我管理、自

[1] Hymes, D.The Communicative Approach to Language Reaching [MI Oxford: Oup,1971.

我评估并激发他们的学习动力，也有利于教师掌握班级总体及个人在整个学期中的学习动态，进而可以对教学进行有针对性的调整并实施个性化教学。在今天大班课普遍，师生即使面对面也很难实现互动的情况下，它还可以将教师从课文讲授和烦琐的练习中解脱出来，使其主要职责从讲授变为辅导，大班变成小组学习，使教师有更多的时间和学生进行面对面的交流，开展丰富有趣的听说活动。

2. 以网络为媒介的人—人互动

网络还为英语教学中的互动提供了新的模式。师生、学生间不仅可以用 IR（Internet Relay Chat）、Teleconferencing 实现几乎实时的互动交流，还可以借助 BBS、电子邮件等工具实现课堂教学中少有的异时的信息交流，这对于大班课中交流和互动的不足无疑是一种很好的补充。这种交互既可以是以书面文字为基础的，也可以是通过音响设备进行的有声交流。由于技术和设备的缘故，以文字为基础的互动更为普遍。这种以文字为基础的互动方式不仅为学生创造了以写作进行交流的平台，还为他们提供了丰富而真实的材料，巧妙地利用它可以增进学生对写作的兴趣和提高学生写作的流畅性。例如，通过校园网络平台，学生可以参加网上讨论。首先，由教师选几个热点话题或向学生征集要谈论的话题，确定后放在网上。然后，要求每位学生针对每个话题在网上进行至少 5—6 次的讨论。最后，表达同意或反对前面学生的观点并说出理由。如：

话题 1：Is the Internet Safe for Children?

话题 2：More Speed，More Isolated People?

教师根据每个学生讨论发言的次数、内容和语言质量进行评价，记录在平时成绩中。教师也可以参与学生的讨论，可以对他们的分析讨论做最后的归纳总结，真正做到师生互动、生生互动。

3. 利用多媒体网络技术开展多种形式的互动

根据心理学家班杜拉的交互学理论，教学是一种师生互动的信息交流过程。在教学实践中，教师应利用计算机网络技术的优势，开发运用电子设备支持的交互式教学模式，为学生提供多种形式的语言实践机会，让他们通过人机互动、师生互动、生生互动的形式运用英语进行交流，提高语言应用能力和口语表达能力。在人机互动的单向型交流中，学生可以自主访问与学习有关的网站搜索所需的英语知识信息资料，拓宽知识面。在师生互动、生生互动双向与多向的交流中，学生可以在较少的顾虑和心理压力下轻松自由地进行交流，学生还可以通过网络与其他英语学习者进行交谈。这样，学生可以多维度、多角度地接触语言知识和文化信息，通过个体间的双向交流或群体间的多向交流进行互动交际，培养和提高学生的语言交际能力。小组活动互动对学生习得语言同样有益，可以使他们有更多产出语言的机会，进行意义与内容的协商，协同构建语篇。另外，没有教师参与的小组活动互动可以降低学生的心理压力，营造轻松自然的课堂气氛。在互动式教学法中，教师是学习活动的引导者和参与者。形式多样的课堂活动，如小组讨论、辩论、角色扮演等可以激发学生学习英语的兴趣，促进他们积极思考问题，自觉参与小组讨论，从而使英语口语水平得到提高。为了便于学生讨论，教师可以提前给出讨论的题目，要求学生先在网上查阅相关的文字材料。在讨论过程中，教师可以通过多媒体创造一个虚拟的环境，让学生在特定的情感氛围中学习，这样有利于激发学生的学习兴趣，调动学生的学习积极性，围绕现实生活中一个观念性或常识性概念，运用英语学习的综合技能，或在听说教学中采取功能性主题，通过网络平台，学生可以进入一个虚拟的、自然的学习环境，接受在同一主题之下各种不同意义和体裁的语篇材料。在自主学习中，网络可以充分满足学生的个性化要求。

建立网上通信、合作交流通道。以电子邮件、BBS 等形式，设立师生之间、学生之间各种类型的讨论区和聊天室。规定网上交流的语言一律采用英语，那么学生的英语写作技能就会在一种自然的情景中得到提高，设立网络学习者与教师、学生之间的交互系统。学生可以通过网上任务——自主学习、练习、进行问题探索、网上讨论、课堂交互的形式，使网上学习和课堂教学有机结合起来。在主题性教学模式下，网络学习并不独立于课堂教学之外，而是课堂教学的有效延伸。学生一直是学习的主体，教师则是学习的指导者和导航员。在课堂教学中，教师应逐渐减少自己的发言时间，为学生创造练习口语的机会，使学生有更多的机会和时间多说多练，从而在语言能力、交际能力和英语思维能力等方面得到迅速提高。例如，在完成网络和虚拟世界这个单元的学习后，马上提出“网络和虚拟世界对人们生活有何影响”的问题。由于刚学习完这个主题的内容，学生掌握了大量有关该主题的观点，也掌握了大量相关是英语词汇可以表达自己的观点，因此，这时可以在网上以书面形式先在学生之间或师生之间展开讨论，然后教师在多媒体教室的大屏幕上显示网上写作和讨论的相关内容，与学生面对面地交流、总结、归纳所学主题的思想及表达这些思想的语言方式。这样教师既可以了解、检查学生对整个单元的学习效果，也可以帮助学生提高思辨能力和英语写作组织能力。在互问互答的过程中，既有利于学生对课文的理解，又使师生之间或生生之间处于和谐的英语会话语境之中。

（三）教学过程中需要注意的问题

1. 课堂教学与课外自主学习有效结合

在课堂教学方面，教师主要采用“课堂讨论教学法”“情境教学法”“交际教学法”“情感激励教学法”等相结合的方法，组织学生进行配对讨论、小组游戏、角色扮演，辩论或即兴演讲等，在课堂上以学生为中心，鼓励学生与教师、学生与学生之间进行交流互动。而课外网络自主学习则是课堂教学的延伸和必要补充，两者应相互协作配合。把课后网络自主学习纳入形成性评估体系中，任何英语课后的学习、训练及活动都由教师监督并做记录，切实地培养学生自主学习的能力，提高其英语实际应用能力。

2. 加强对学生学习的指导

由于计算机网络技术提供的学习更多是开放性的，学生面对浩瀚的学习资料和计算机复杂的功能可能感到无所适从。因此，教师要注意对学生的学习进行指导：上机学习要学什么内容，要完成哪些任务和作业，哪些是学习重点等，同时应注意检查他们的学习效果。教师要时刻关注学生的学习进展情况，注意师生之间的沟通和交流。把多媒体教学和传统的课堂教学有机地结合起来。

3. 加强对师生网络技术的指导

使用多媒体授课对教师自身素质的要求提高了，教师必须改变传统的教学模式，必须付出更多的努力来收集各种资料、信息和图片，并精心制作多媒体课件。由于一些教师对计算机的操作还不熟悉，英语教学的课件制作水平还不高。有些课件只是大篇幅地复制书本上的内容，失去了英语教学的亲和力。有些课件提供的答案过于呆板，不利于学生进行灵活的学习。有些学生的计算机操作水平也不高，所以在自学过程中会遇到一些困难。一部分学生自学能力差，不知如何运用网上资源进行学习；有的学生偏重于语法和词汇学习，忽略了语言的实际运用；有些学生则过度重视背景知识，忽视了语言点的学习，不利于其综合能力的发展。

第三节　任务型教学法

一、任务型教学形成的背景

（一）交际教学的兴起

1. 社会需求

20世纪70年代初欧共体成立。随着欧洲共同体成员国的增加，欧洲共同体内各国之间除了在政治、经济、军事等方面不断加强联系外，在科技、文化、教育等方面也逐步加强了合作。在日益扩大的交往中，成员国深感他们之间交往最大的障碍是语言。而盛行于20世纪五六十年代的“听说法”由于忽视语言交际能力的培养，所培养出来的学生难以满足交际的需要。如何根据学习者的交际需求，在外语教学中加强交际能力的培养成为突出问题。为此，欧共体下属的一个文化委员会提出了一个十分重要的建议，要求在成人的语言教学中采用“单元—学分”（unit- credit）制度，并由英国剑桥大学语言学系主任Trim拟定这一制度的纲要。所谓单元—学分制，就是将教学内容分解成单元或小单元，每个单元针对学生的一项需求，单元之间互相联系构成整体。全体学生首先学习共同需要的语言共核部分，再根据个人需要选学其他单元，不需要的不学。学完一个单元给一个学分，学满了规定数量的学分，就能达到语言的最低水平或预定达到的水平，那么，依据什么对每个单元的教学内容进行选择呢？英国语言学家威尔金斯对语言学习者需要理解和表达的交际意义所做的分析成为交际语言教学大纲的设计基础。

威尔金斯的分析一改通过词汇、语法概念描写语言内核的传统做法，试图呈现隐含在语言交际应用背后的意义系统。他描述了两种类型的意义：意念和功能。意念指观念、思想，如时间、顺序、量、位置、频率等概念；功能指表述观念、思想的语言，如请求、询问、拒绝、抱怨等。概括起来说，功能意念大纲的主要特点是根据学生的具体交际需要，以语义概念和语言功能组织大的内容。它通常由三个部分组成：需要分析、意念和功能以及表达它们的语言手段。1976年，威尔金斯又对前述功能意念进行了修订、扩展，出版了著作《意念大纲》（*National Syllabuses*）。该书对交际语言教学的形成产生了重大影响。欧共体文化委员会将《意念大纲》的核心思想融入一系列入门水平交际语言大纲的具体说明中。随后，许许多多依据功能—意念大纲组织设计的语言课程应运而生，依据功能—意念大纲编写的教科书陆续出版发行，交际教学法的产生作为第二语言教学领域的回应就顺理成章了。

2. 理论支持

海姆斯的“交际能力”理论，卡耐尔和苏安等语言学家对交际能力概念的进一步扩展，功能主义语言学的上升之势无疑都为交际教学法的发展壮大提供了理论上的支持。20 世纪 50 年代末，乔姆斯基在批判行为主义语言学理论的基础上，提出了“语言能力”的概念。他认为，语言能力是某种远比语言本身抽象的知识状态，是一套原则系统、一种知识体系。因此，语言能力并非一种处世的能力，甚至也不是组织句子和理解句子的能力。但是在海姆斯看来，语言能力确实是一种处世的能力，即使用语言的能力。语法知识的使用不是关键问题，语法知识只不过是交际能力的一部分。交际能力是指一个人对潜在的语言知识和能力的运用，包括以下几个方面：合语法性适合性；得体性；实际操作性。海姆斯“交际能力”理论拓宽了人们对语言研究的视野，在外语教学界引起了极大的反响。卡耐尔和苏安随后又将这一概念进一步发展为语法能力（grammar competence），包括乔姆斯基的语言能力和海斯的语法性社会语言能力（sociolinguistic competence），指对产生交际行为的社会环境的理解，包括人物关系、对话的交际目的等。话语能力（discourse competence）指运用语言来做事的能力：策略 / 应对能力（strategic competence）指交谈者开始、终止、持续、更改话题等的能力。受结构主义语言学影响的各种外语教学法流派，纷纷接受这一理论并结合功能语言学理论，逐渐建立起以交际能力为理论基础的交际教学法，其代表人物有威尔金斯、成多森、博拉姆福特、坎德林等。在这个理论形成的过程中，韩礼德的功能语育学理论功不可没。从语言学史来看，功能语言学理论对现代意义上的交际教学流派的影响更大、更深刻。韩礼德提出系统语言学可用于分析句子以上的语言单位——语篇。他认为，语言是表达意义的体系，不是产生结构的体系；转换生成语法过于狭隘，不能广泛运用于语言教学实践。他从语言运用的角度提出语言有三大功能：认知功能、建立和维持人际关系络的功能及连贯脉的功能。以往的语言学局限于研究认知功能，忽视研究后两种功能，在这种思想指导下的教学法理论只注重语言形式训练，只求掌握认知能力，结果学生却不会使用语言，掌握不了交际能力。可见交际法理论的实质与传统的教学理论大相径庭，在理论上，它直指行为一结构主义和转换生成语法，认知理论的共同弱点和不足，并努力予以克服。

3. 语言观和语言学习观

交际教学法对语言的性质持如下看法。

语言是表达意义的系统；语言的基本功能是使（人与人之间的）互动和交流成为可能；语言的结构反映了其功能效用和交际用途；语言的基本单位不仅仅是语法和结构特征，还包括语篇所体现的功能和交际意义类别。与研究语言交际性的大量文献相比，交际学习理论却少有著述，即使是博拉姆福特和约翰逊，以及利特伍德有关交际教学的专著也未论及学习理论。然而，我们可以从交际教学的实践中分辨出其所隐含的学习理论，主要包含三项原则：

①交际原则：包含真实交际的活动能够促进学习。

②任务原则：活动要求用语言去完成 / 执行有意义的任务，这样的活动能促进语言学习。

③意义原则：对学习者具有意义的语言能够支持学习过程。因此学习活动的选择要依据其在多大程度上能使学习者参与到有意义的、真实的语言运用之中（而不是机械的句型操练）。以上原则说明了能够促进第二语言学习的条件。

第一，交际教学的原则。理查兹和罗杰斯对交际教学的原则作了如下概括：学习者是通过用语言交际学会一门语言的；真实和有意义的交际应成为课堂活动的目标；流畅性是交际的一个重要方面；交际涉及不同语言技能的协同作用；学习是一种创造性的建构过程，包含对错误的尝试。

第二，交际课堂的组织者英国语言学家布朗对交际法课堂教学提出四条标准：课堂学习的目的，完全集中在交际能力的所有组成部分，而不只限于语法或语言能力；形式并不是安排课文顺序的主要框架，而功能才是。形式是通过功能来形成的；准确性在传递信息中的作用是排在第二位的，流畅性比准确性更重要；成功的交际法的终极目标是传达与接受所要表达的意思；在采用交际法的课堂上，学生必须在未经预演的语境中（inanunrehearsed context）创造性地使用所学语言。

从上述标准可以看出，交际法依据功能意念大纲组织课堂教学，把培养交际能力作为外语教学的终极目标，而对语言结构的准确程度的要求不那么严格，它强调意义，强调语言的社会功能，特别强调培养学习者的语言理解能力（interpretation）、表达能力（expression）、相互沟通思想的能力

(negotiation)、创造性使用语言的能力。交际法注重学习主体，关注学生活动，强调以学习者为中心，使教学过程交际化。“交际”不仅仅指相互间的语言信息的表达，它包括人与人之间一切思想感情的交流，是一种鲜活的交际过程。至此，我们不难理解为什么交际教学法从开始形成就在语言教学领域引起强烈反响，并迅速得到广泛传播和尝试。首先，结构主义，包括转换生成语法，当时在语言学界日益受到挑战，功能主义则处于上升阶段，语言作为人类交际工具的社会功能越来越受到人们的重视。其次，语言教学领域早已对传统的结构教学法（包括语法翻译法、听说法等）失去信心，但又苦于找不到更为有效的方法取而代之。交际法的出现令人耳目一新，宛如一股新鲜血液的注入使语言教学重获生机，人们对它寄寓厚望。

（二）珀拉胡的班加罗尔实验（the Bangalore Project）

1. 强交际观与弱交际观

如前文所述，交际教学自20世纪70年代形成以来备受瞩目，在世界范围蓬勃开展。然而，由于各地生存土壤不同，实施条件各异，在做法上也存在分歧。到了80年代，交际法出现许多分支，形成了“Communicative Approaches”。亚顿把当时的交际教学法归纳成六类。总体而言，交际教学法在全球的外语教学实践中演化成为两个版本，即所谓强势版本（strong version）和弱势版本（weak version），两者的主要区别在于如何看待交际与教学，以及如何对待语言知识的问题上。强势交际观把二语或外语的获得看作是交际活动的结果，坚持要直接通过交际活动习得交际能力，完全忽视对语言结构进行有意识的学习。利特伍德把这个观点叫作“自然学习模式”(Natural Learning Model)。持强交际观的人相信，语法知识可以而且必然在交际活动过程中“自然获得”。弱交际观认为，应该把语言作为交际工具来教，交际活动的目的是掌握目的语，是要学会用英语。因此，交际活动是教学的手段。语言知识是要学的，但应避免单纯的形式训练，应结合针对语言运用的交际活动，体现出其意义。

2. 班加罗尔交际教学实验（The Bangalore Communicational Teaching Project）

强交际观的第二语言的教学实践以珀拉胡指导的交际教学试验最具典型性。它也是任务型教学的最初形态。珀拉胡是强交际观的信奉者，英籍印度语言学家，自1979至1984连续五年在印度南部班加罗尔地区的小学主持进行了英语作为第二语言的交际教学改革试验。珀拉胡亲自指导并任教。该实验的突出特点是强调“用中学”，采用任务大纲，课堂教学的组织借助活动（活动以“任务”形式呈现）。班加罗尔实验首先要改革以“语言结构为本”的传统教学。实验的基本假设是“当学习者的注意力放在意义上时，（语言）形式学得最好”。学习者的语法建构是一个无意识的过程，通过创造一种条件使学习者专注于意义、说或做，能够最有效地促进这一过程的发展。实验者们认为，语言学家对语言结构的归纳概括依据“完全形成的”（fully- formed）语言能力，与学习者中介语语法建构过程（inter language grammar）中的部分归纳概括可能并不一致。任何强加给学习者的归纳概括都可能有害无益。因此，该实验排斥一切明确针对语言形式的教学，拒绝采用任何产品大纲（product syllabus，包括结构大纲、功能—意念大纲），取而代之的大纲由一系列有待学生去完成的问题解决任务（problem- solving tasks）组成，称之为程序大纲（procedural syllabus）或任务大纲（task-based syllabus）。在珀拉胡看来“似乎唯有纯粹的程序大纲才是符合交际教学并能够支持交际教学的大纲形式。（因为）程序大纲列举了将用于课堂的任务类型，并为同类任务的复杂度顺序提出了建议”。至于依据程序大纲设计的教学材料有何优势，珀拉胡作了如下解释：（这样设计教学材料便于）利用；学习者迎接挑战的本能（natural desire），例如，解决一个问题来证明他有能力做；由解决问题带来的全神贯注的意义和思考；这些活动引起的对语言的努力使用。

再来看看课堂教学。课堂教学体现了大纲的要求，通常由三部分组成：前任务、任务、后任务。为什么任务型教学会再度兴起呢？原因是多方面的，语言学理论，学习理论，教学理论，当然也包括教育思潮的影响和特定的时代背景。然而，作为针对第二语言习得的教学途径，第二语言习得研究对任务型教学的再度兴起所起的作用不容低估。理查和罗杰斯的论点很能说明问题。任务型教学（task- based language teaching）指一种以任务为核心单位计划、组织语言教学的途径。其倡导者认为任务型教学是交际语言教学的逻辑发展，因为它与交际语言教学的若干原则是一致的。例如，包含真实交际的活动对语言学习是至关重要的；语言用于完成或执行有意义任务的活动能够对学习起促进作用；对学习者有意义的语言能支持学习过程。研究者们认为任务是将这些原则付诸实践的有效媒介物。一些热心于将二语习得理论应用于教学实践的二语习得研究者进一步肯定了任务的作用。20 世纪 80 年代中期以来，一些研究者将任务充当第二语言习得的研究工具，任务作为二语教学潜在的组织单位（potential building blocks）引起了他们的兴趣。二语习得研究的结果表明有必要重新评价语法教学的作用。没有任何证据来说明许多课堂上采用的聚焦语法的教学活动反映了自然语言学习情景中的认知学习过程。让学习者参与到任务之中较之以形式为中心的活动更有利于学习过程的激活，并因此为语言学习的最终发生提供了更有利的时机。语言学习不仅有赖于是否让学习者沉浸于可理解性输入（comprehensible input），也取决于是否将他们置于任务之中。这些任务要求他们进行意义协商，参与自然而有意义的交际。上述观点说明了二语习得研究者对任务大纲和任务型教学的关注、肯定和支持。

二、什么是任务型教学

毫无疑问，大学英语任务型教学中最关键的概念当然是“任务”。能否正确理解并实施任务型教学法，很大程度上取决于对任务的本质及特征的认识。在任务型语言教学的发展过程中，关于任务的定义、特征和类型问题一直是任务型语言教学研究者和实践者关心和研究的重点。如果对这些问题不能形成初步的共识，那么将很难来讨论任务型语言教学的理论和实践。

（一）任务的定义

任务型语言教学的研究者和倡导者不仅在学术背景上存在差异，而且在研究目的、研究方法等方面也存在差异，所以他们对任务的定义也各不相同。此外，由于认识的不断发展和更新，即使是同一个学者在不同时期给任务下的定义也不完全一样。因此，很多英语教师和英语教学研究人员觉得现有文献对任务的定义“很乱”，有的学者这么说，有的学者那么说，不知道哪种说法是正确的，他们感到无所适从。其实，对于任务的定义，没有完全正确的，也没有完全不正确的。有些定义过于简单，所以显得很笼统，没有实际意义。有些定义过于烦琐，不仅不好理解，而且使任务可布置的范围过于狭窄。另外，不同学者给任务下定义时选取的角度和侧重点不尽相同。我们首先介绍并简单分析任务型语言教学发展过程中几种关于任务的有代表性的定义，然后讨论广义任务与狭义任务的区别。

迈克尔·朗是较早研究任务型语言教学的学者之一。他在1985年给任务下的定义是：任务是我们为自己或他人、无偿或有偿地做的一些事情，比如给栅栏刷油漆、给孩子穿衣服、填写表格、到商店买鞋、预订机票、从图书馆借书、考驾驶执照、打印信件、给病人量体重、分发邮件、在饭店预订房间、开支票、在地图上查找目的地，等等。换句话说，任务就是人们在生活、工作、娱乐等过程中所做的各种各样的事情。

根据 Long 的定义，任务就是现实中我们做的各种各样、大大小小的事情。语言教学中的任务应该是与现实中这些事情相同或类似的各种活动。在现有文献中，像 Long 所定义的任务通常称为“真实任务”（real- world tasks）值得注意的是，Long 所说的任务既包括那些需要使用语言来完成的任务（如预订机票），也包括那些不需要使用语言就可以完成的任务（如给孩子穿衣服）。有的学者（如 Eis）认为，在语言教学中，我们设计和利用任务的目的是发展学生的语言能力，所以任务应该是那些需要使用语言的任务，而不是那些不依赖语言就能完成的任务。这一点在理查兹等人的定义中已有所体现。理查兹等人在 1985 年出版的 *Longman dictionary of applied linguistics* 中给任务下的定义是任务是学习者在处理或理解语言的基础上完成的一项活动或行动，如边听指令边画地图，根据指令进行操作。任务一般要求教师明确什么是成功完成任务的标志。理查兹等人给任务下的定义非常简练、易懂。任务就是学习者在理解语言和输出语言的基础上完成的各种事情。显然，根据这个定义，语言教学课堂上的很多活动都可以称为任务。当然，一个任务可能有多个环节或步骤，并不是每个环节或步骤都需要使用语言。例如，画图或操作本身就不涉及语言。但这些步骤是以理解语言为前提的。理查兹等人的定义与珀拉胡的定义有些近似。珀拉胡在其经典著作 *Second Language Pedagogy* 中给任务下的定义是：任务是学习者根据所给信息，经过思考，得出某种结论或结果的活动。在完成任务时，学习者能够对自己的思考过程进行控制和调整。珀拉胡的定义中有两点值得特别注意，即思考过程和得出某种结论或结果的活动，如在判断、分析、比较的基础上完成的活动。另外，任务要有某种结论或结果。那些没有明确结论或结果的活动还算不上真正的任务，如两个学生把课本上的某个对话分角色朗读一遍就不能称为任务，因为分角色朗读没有明确的结果。当然，我们并不是说分角色朗读对话是毫无意义的。

大卫·纽南也是较早对任务型语言教学的理论和实践进行深入研究的学者之一。他在 1989 年出版的经典著作 *Designing Tasks for the Communicative Classroom* 可能是最早的有关任务型语言教学的专著。在这本书中，Nunan 给交际性任务下的定义是：交际性任务是指课堂上学习者理解、处理、输出目的语或用目的语进行交流的各种学习活动。在这些学习活动中，学习者的注意力主要集中在表达意义上，而不是在操练语言形式上。Nunan 的定义吸收了前人的主要观点，是众多英文文献广为引用的定义之一。这个定义中有两点值得特别注意：第一，任务是课堂上的学习活动（apiece of classroom work），而非其他活动；第二，在完成任务的过程中，学习者的注意力主要集中在表达意义上，而不是在操练语言形式上。Nunan 在多个场合强调这个定义中的措辞——“主要”。Nunan 的意思是，在完成任务的过程中，学习者也可以关注语言形式。彼德·斯基汉是近些年来在任务型语言教学研究方面非常活跃的学者之一他在 1998 年出版的专著 *A Cognitive Approach to Language Learning* 中对任务型语言学习有较为深入的探讨。Skehan 没有像其他学者那样给任务下一个明确的定义，即表达意义是首要目的；学习者需要解决某个交际问题；学习者所做的事情要与现实生活中的某些活动有联系；完成任务是最重要的即如何完成以及完成的情况是次要的；对活动的评价要以结果为依据。从目前的文献情况来看，Skehan 对任务要素的归纳是比较全面的。实际上，Skehan 归纳的几点要素已经发展成为设计任务的几条原则。

（二）任务型教学法的含义

任务型教学法指根据真实的交际要来求确定语言学习任务，让学生在完成任务的过程中学习和掌握语言的教学法。任务型教学法强调以意义为中心，以完成交际任务为目标和动力，借助交流、互动、合作等学习方式，让学习者在执行任务的过程中充分发挥自身的认知能力，激活其原有的目的语资源，从而获取新的知识和技能。任务型教学法需要学习者在任务活动中应变、决策，充分体现了学习者的主体性，因而也有利于培养其独立思考和分析、解决问题的能力。我们将任务型教学法界定为：任务型英语教学法指以英语学习任务为中心的教学法，通过用英语沟通、交流和意义创生等方式，使学习者执行一系列根据其学习需要而设计的教学任务，让其通过语意表达完成既定目标，实现真正的跨文化交际与创新的教学方法。

（三）任务型教学的本质特征

任务与传统的“练习”（exercise）或通常意义上的“活动”（activity）究竟有什么样的本质差别呢？首先，任务具有目的性。这里的“目的”具有两重性，一是任务本身所包含的非教学目的，二是任务设计者所期望任务参与者达到的教学目的，而练习通常只具有教学目的。其次，任务通常会产生非语言性结果，而练习总是产生语言性结果。比如，根据所听天气预报的信息决定怎样安排野炊；根据火车和汽车时刻表，选择哪几趟车能方便准时地赶到某地开会。任务完成后所得到的结果是非语言性的，而课堂练习，如用短语造句、用介词填空等，其结果总是语言性的。再次，任务具有开放性，也就是说，任务的完成并非有一套预定的模式或途径，或者会达到统一的结果，完成任务的途径，包括应用的语言是可选择的、不固定的、非限制性的。最后，任务具有交际性或互动性。任务通常是集体性和合作性活动，任务的履行通常以交际或互动的方式进行，这种互动可以是学生与学生之间、学生与教师之间、学生与输入材料之间的双边或多边互动。

对任务和任务型教学法本质的认识还可以从美国加州圣约瑟大学的应用语言学家库玛对语言教学方法的三分法中得到启发。他认为，绝大多数语言教学方法都可根据其关注焦点分为三大类；一是以语言为中心的教学法（language- centered approaches）：二是以学习者为中心的教学法（learner-centered approaches）；三是以学习为中心的教学法（learning-centered approaches）。以语言为中心的教学法（如听说法）着眼于语言结构练习，其课堂操作程序表现为向学习者提供以形式为主的、预先选择并分级分序的语言结构练习，学习者通过使用具体的语法和词汇项目，以模仿、重复、操练的方法进行语言学习，在此过程中，学习者注重语言的外在形式，其语法和词汇项目预先在大纲中规定，教学沿着预定的途径，期望达到预定的目标。以学习者为中心的教学法（如交际教学法）则在教学过程中关注学习者的需要，努力为学习者提供课堂交际机会，通过交际活动对预先选择并排序的意念和功能项目进行实践，认为学习者可以通过应用这些功能来完成课堂外的，即真实生活中的社会交际需要。其在课堂操作上可表现为一系列的交际活动，让学生关注语言的功能特征，学习者利用预先选择和排序的目的语形式、意念和功能特点，参与这些交际活动，通过既定的教学途径达到培养学生交际能力的教学目的。而任务型教学法则属于以学习为中心的教学法。此类教学法主要关注二语教学的认知过程和心理语言学习过程，力图为学习者提供机会，通过课堂上以意义为焦点的活动，参与开放型的交际任务。其课堂操作程序表现为一系列的教学任务，在任务履行过程中，学习者注重语言交际的意义，充分利用自己已经获得的目的语资源，通过交流获取所需信息，完成任务，其学习过程是沿着开放的途径达到预期的教学目标的。库玛认为，这三类教学方法所表现的课堂操作程序具有内在的层级关系，即以学习者为中心的交际活动涵盖了部分以语言为中心的结构练习，而以学习为中心的教学任务则涵盖了以学习者为中心的课堂交际活动。因此，从教和学的角度看，教学任务比交际活动更具综合性和包容性。库玛的这个观点为任务型教学法在外语教学中的应用提供了有力的理论依据，具有非常积极的实践意义，从中我们也可以体会到任务及任务型教学法的内涵和特点。

三、任务型教学发展的趋势和面临的问题

从国外任务型教学的研究来看，任务型教学目前正呈现出以下几种趋势。

（一）任务型教学的理论模式呈现多元化的趋势

针对不同的教学环境、教学对象，对任务型教学模式的应用研究开始走向多角度、多层面。

（二）对任务的设计和编排采取折中的路线

对任务的设计和编排越来越重视语言形式与交际内容的平衡，更倾向于采取一种折中的路线，从而使学生在有意义的交际活动中仍保持对语言形式的注意，从而有计划地促进学生语言运用能力的发展。

（三）深入开展对任务型教学模式实施者的研究

研究者普遍意识到任务的设计和实施对教师要求较高，教师素质将成为此模式实施的关键。任务型教学模式下对教师素质的研究将引起学术界的广泛关注。虽然任务型教学的理论模式已比较清晰，但是并未臻于完善。该领域中受争议的问题也是我们在课程实验和实施过程中面临的问题。例如：

第一，任务的定义问题。任务是任务型教学的核心概念。但是，究竟什么是任务，各家的说法差别很大，任务的定义多种多样。在人们看来，任务似乎是个模糊的概念。对于任务认识上的模糊性显然不利于任务型教学的普及。

第二，任务的难度问题。关于任务的难度，可以从许多不同的角度来判断，但是，就具体操作而言，如其中的认知难度，本身涉及的面很广，只能做主观性较强的粗略分析。

第三，尽管任务型教学的理论得到了一些语言习得方面的实证支持，但

是毕竟十分有限。而且目前关于第二语言环境下的任务教学的讨论居多，而对外语环境下的讨论较少。

第四，如何处理好任务型教学中的准确度、流利度、复杂度的平衡，语言活动的过程与结果的平衡，语言教学中的语言形式与表达内容的平衡，仍然是需要不断探索的问题。例如，要防止一种可能出现的情况，学习者为了完成任务，有可能过于关注任务的结果，忽视语言结构形式的正确性。大量使用简单的、支离破碎的语言，甚至回避语言的使用，而使用体态语等手段来代替。这对于语言习得并无积极作用。

第五，对于我国的大学英语教学来说，我们在任务型教学方面的研究起步较晚，理论的探讨还不够深入，研究成果还不够丰富。尽管以任务型教学理论为指导编写的教材正逐步出现，但还处于尝试阶段，相应的教学实验、实证研究还很不足。

第四节　情境教学法

一、情境的概念

（一）词典对情境的界定

“情境”一词在《现代汉语词典》中被解释为：情境与情景同义，指（具体场合的）情形、景象、境地。《韦伯斯特词典》将其解释为：与某一事件相关的整个情景、背景或环境。可见，无论什么情形、景象或境地，都必须是具体的。具体可感性就是情境的特质。

（二）教育学对情境的界定

从教育学角度看，《教育大辞典》中对情境的定义是这样的：情境是象征互动论分析人际互动过程时使用的概念。情境有三层含义：

第一，整个社会情境由三部分组成：客观环境、个人和群体的生存态度、个人对所处社会环境的解释；

第二，个人对外界的反应，不仅受周围环境的影响，而且受个人主观看法的影响；

第三，个人认识任何事物，均具意义，从而产生客观效果。个人对社会情境的不同解释，既决定其行动方向和具体行为，又影响其人格发展。

（三）心理学对情境的界定

从心理学角度看，情境是对人有直接刺激作用、有一定的生物学意义和社会学意义的具体环境。情境是具体的自然环境或具体的社会环境。它与意境不同，意境是主观的精神境界，情境则是客观的具体环境。情境在激发人的某种情感方面有特定作用。例如，在比赛现场观看足球赛与观看电视直播的感觉就大不相同，在比赛中，对方的强弱、观众的反应，对运动员的情绪状态也有不同的影响。因此，可以说情境是指引起人情感变化的具体的自然环境或具体的社会环境。

（四）章兼中对情境的界定

章兼中认为情境即情景，指用言语、书面语进行交际活动的社会情景，也指对学习新的语言知识、技能和听说读写能力产生影响的各种环境。它主要包括两个方面：社会语言环境和学习者的情意个性特征，即情境是具体的自然环境或具体的社会环境。

（五）其他方面对于情境的界定

在我国教育、教学研究中，"情境"和"情景"两个词常常被混淆，有研究者常常根据个人的喜好随意运用这两个词，这是欠推敲的。严格说，情境是指一个人在某种行动时所处的社会环境，是人们社会行为产生的具体条件；而情景则是指情况和光景。因此，根据国外学者对情境认知与学习理论的研究，笔者认为：汉语中的"情境"比"情景"更能准确地表达情境认知在学习理论中的本义。在我国的或一些英文研究文献中，不同的研究者所讲的"情境"有不同的内涵。"context"是一个有较多争议的词汇，而且在不同学科领域的研究文献中，有不同的含义。在《英汉大词典》中，"context"主要有两重含义：第一，语言学中，"context"的含义是"上下文，语境，文脉"；第二，是指"（人、事、物存在于其中的）各种相关情况，来龙去脉，背景，环境"。国内学者对这一词汇的翻译主要有"背景""环境""境域”“境脉”和“语境”等。由于英语中的词汇学习是以情境教学作为教学模式的重要发迹之处，国内也有学者将“context”译为“情境”或“语境”。但在英文中，情境教学被称为“situational language teaching”，或“situated teaching”，而该教学法在英语教学法中又被译为“情景教学法”，这也是国内将“situation”译为“情景”的原因之一。由此可见，关于“情境”的定义，众说纷纭，还没有统一定论。

（六）本书所指的情境

根据以上研究，无论是从词源还是从教育学、心理学及情境认知与学习理论的角度看，情境均指作用于人的具体环境，包括社会情境、物理情境、心理情境，因此，本书中所指的“情境”也叫“语境”，即语言发生的社会及自然环境。在本研究中，一般将“situation”理解为“情境”。情境既指宏观上的社会情境，如社会背景、社会环境、课堂气氛；也指物理情境，如教学发生的“场景”“方式”及“交际者”；还指教学中师生的心理情境，如师生的心理活动及情感交流等。所以，“情境”也叫“语境”，即语言所发生的社会及物理环境。本书中探讨的英语“情境教学”也可以称为“情景教学”；用英语表达可以是“situated teaching”或“situational teaching”。

二、情境的分类

情境有多种分类方式，它们各有所侧重，又有许多相通之处。

（一）辞典对情境的分类

上海辞书出版社出版的《辞海》，将情境分为三类：真实的情境、想象的情境和暗含的情境。真实的情境是指人们周围现实存在的他人或群体；想象的情境是指人意识中的他人或群体；暗含的情境则是指他人及其行为所包含的一种象征意义。《MIT 认知科学百科全书》的作者将情境分为如下几类：物理的或基于任务（包括人工智能或信息的外部表征）环境的或生态的情境（如工作坊或商业中心）；社会的或互动的情境（教育、教学或临床背景中）。

（二）认知分享理论对情境的分类

认知分享理论（Shared Cognition Theory）也特别强调情境在学习中的作

用，认为可以将学习情境分为物理性的和社会性的两种。希拉里·麦克莱伦则认为，情境可以是真实的工作场景；高度的真实，或真实的工作环境的“虚拟”的代用品，一种可停留的环境，如影像或多媒体程序。可见，情境具有多重层面与分类，以不同的分类标准进行分类，就有不同的情境类别。所以，情境既可以是观念的、想象的、情意的、问题的，又可以是物理的；既可以是虚拟的，又可以是具体的自然环境或具体的社会环境。

（三）章兼中对情境的分类

章兼中认为情境即情景，指的是用言语、书面语进行交际活动的社会情景，也指对学习新的语言知识、技能和听说读写能力产生影响的各种环境。它主要包括两个方面：社会语言环境和学习者的情意个性特征。英语学习总是产生于一系列特定的社会语言环境和学生特定时间的情意个性特征的关系之中。英语交际活动也始终产生于社会语言环境和学生个人的相互作用之中。

1. 社会语言情境

社会语言情境（social language context）有时也称社会语言情景。它主要指四个方面的内容，一是指用语言进行信息交流的社会情景，也就是情景和用实物、图画、手势动作及语言创设的社会语言情境；二是话语范围（field of discourse），如正在进行的言语活动的范围，包括语言活动的功能、话题和语言知识点等；三是话语进程（tenor of discourse），谈话的参与者和他们所扮演的角色身份及其在交际行为中的关系；四是活动方式（mode of discourse），是通过口头交际还是书面交际的形式，是对话、问答还叙述等。社会语言情境能使抽象的语言具体化、情景化和形象化。在生动形象的社会语言情境中讲解、操练英语能促进学生理解、记忆所学的英语和运用英语的能力。充分利用和创设情境能够增强英语实践和用英语联想英语的良好习惯，以及加速英语与客观的社会语言情景建立直接的联系，从而加快人掌握为交际初步运用英语的能力。

2. 语境的含义

社会语言情境也指语境，语境这一概念最早由人类学家马林诺夫斯基在1923年提出。他认为话语和环境应互相结合在一起，语境对理解语言来说是必不可少的，并划分出两类语境，一类是“情景语境”（context of situation）；另一类是“文化语境”（context of culture）。关于语境的含义，简单地说，语境即具体语言形式出现的环境，可分为狭义的语境和广义的语境。狭义的语境是指语言形式出现的具体语境，又称情景语境；广义的语境指语言所依托的广阔的社会文化背景。

3. 韩礼德与海姆斯关于语境的分类

韩礼德认为情景语境是由“场景”“方式”和“交际者”三部分组成。海姆斯把情景语境细分为八个因素，即场景、角色、意念、语体、重音和语调、语法和词汇及语言辅助手段。这些因素相互作用，制约着语言形式的选择。同一意念和功能，其语言形式的可接受性与得体性却大不相同，甚至连非语言形式也是不同的（挥手或握手）。

三、情境教学的概念与内涵

（一）西方关于情境教学概念的界定

情境教学的英文是“situational language teaching”，还可以是“situated teaching”，即在真实情境或教师创设的情境中进行英语语言教学。这是20世纪20年代至60年代期间由英国语言学家创立的英语教学法。其宗旨是：情境教学是口语化的英语教学，情境教学将学生置于设计好的情境中，在大量的口语练习中提高学生的英语口语水平。通过口语水平的提高带动学生英语水平的全面提高。

（二）我国关于情境教学概念的界定

我国关于情境教学有各种不同的表述：“情境教学就是运用具体生动的场景，以激起学生主动的学习兴趣、提高学习效率的一种教学方法”。[1]“情境教学是指创设含有真实事件或真实问题的情境，学生在探究事件或解决问题的过程中自主地理解知识建构意义。”[2]“情境教学是从教学的需要出发，教师根据教材创设以形象为主体，富有感情色彩的具体场景或氛围，激起和吸引学生主动学习，从而达到最佳教学效果的一种教学方法。”[3]“情境教学就是创设典型场景，激起儿童热烈的情绪，把情感活动和认知活动结合

---

[1] 顾明远．教育大辞典[M]上海：上海教育出版社，1999:364.

[2] 张华．课程与教学论[M]．上海：上海教育出版社，2000:477.

[3] 韦志成．语文教学情境论[M]．南宁：广西教育出版社，1996:25.

起来的一种教学模式。”❶“所谓情境教学，指的是在教学过程中为了达到既定的教学目的，从教学需要出发，制造或创设与教学内容相适应的场景或氛围，引起学生的情感体验，帮助学生迅速而正确地理解教学内容，促进他们的心理机能全面和谐发展。”简单地说，情境教学就是指在教师人为创设的“情境”（有情之境）中所进行的教学。它与我们通常所说的教学情境的差别，就在于“人文性”，是“一个渗透着教育者意图的生活空间”，即所谓“优化的环境”。从以上可以看出，情境教学使用的“情境”概念，内涵丰富，它是这一教学（教育）系统的中心概念。它不但用在教学的起始阶段，而且还辐射、贯穿于整个教育教学过程；不但指外部环境，而且指主体的内部环境，整合成为心理场；不但可以在教室里创设情境，还可以带学生到课堂外、大自然、社会大课堂中去，让学生在现实场景中去感受、体验、思考。

尽管情境教学的概念表述不同，但都把“情境”作为情境教学的出发点和切入点。从学科教学的角度来看，“情境”实际上就是一种以情感调节为手段，以学生的生活实际为基础，以促进学生主动参与、整体发展为目的的优化了的学科教学与生活环境。“情境教学的核心是‘情境’。情境教学还将情境贯穿教学过程的始终，强调凭借情境促进学生的整体发展，将人文学科的字词句篇、科学学科的定理公式融入具体生动的情境中，融知识性、育人性、发展性于一体。”❷简言之，情境教学中的情境是多元化、多结构、多功能的。应该特别指出的是，英语情境教学中情境的创设不是目的，而是实现教学目标的手段；情境是为教学目的、教育目标服务的。

四、情境教学的实施路径

（一）以学生为中心

英语情境教学的开展应充分体现以学生为中心的原则。以学生为中心的教学模式是在研究学习者的语言能力、学习者因素、学习策略的基础上提出的教学模式。它注重理解和体现学生在知识、智力、情感、个性等方面的要求，在满足学生兴趣和需求的前提下对其进行综合应用能力的培养。它与英语情境教学的宗旨是相一致的。它要求教师在教学中创造良好的物

❶ 迟艳杰．教学：人存在意义的追求[G]．华东师范大学2000博士学位论文第100页．

❷ 田慧生．情境教学——情境教育的时代特征与意义[J]．课程·教材·教法．1999年第7期．

质情境和心理情境，有效地调动学生的积极性、主动性和创造性，更好地培养学生独立解决问题的能力。实施以学生为中心的教学模式的关键因素有以下两个。

1. 课程设置

以学生为中心的课程设置与传统课程设置的主要区别是它需要教师与学生的共同努力。因为学生的各种因素在课程设置过程中是必须考虑的。制定以学生为中心的课程的前提是要调查和了解学生的需求，并在此基础上进行课程设置，包括教学内容、教学方法、教学资源和教学评估（考核考试）。这种课程设置中所包括的内容都要遵守以学生为中心的原则进行设计和实施。在第二语言教学或外语教学中，教师要了解：

①学习者需要学习的内容；

②确认学习者已知什么和不知什么；

③了解学习者的情感因素。

2. 教师角色

以学生为中心的前提是在教室里进行有组织、有计划的教学活动，而不是让学习者作为社会人独立地进行自学活动。因此，无论我们认为应该给学生多少主动性，作为教学保证的教师的权限不能减少。北京外国语大学中国外语教育研究中心在《中国外语教育研究中心“十五规划”》中指出：“虽然外语教学要以学生为中心，但教师的作用不可低估。教师要成为需求分析者、课程制定者、教材编写者、课件制作者、顾问辅导者、教学组织者、教学研究者。教师要善于在不同活动中及时调整自己的角色”。

综上所述，笔者认为，以学生为中心是社会物质文明发展在教育领域、语言学、心理语言学、应用语言学和第二语言习得等学科中发展的表现。它体现了“以人为本”的精神，是英语教学中人性化的体现，是心理认知研究方面的成果。它更深入地揭示和体现了英语学习的特点和规律。以学生为中心是提高学生英语素质，促进学生主动学习、灵活运用知识、保持长久的学习兴趣最终取得良好学习效果的教学模式。因此，英语情境教学应以学生为中心。

（二）以情境为支撑

有关情境学习的研究表明，通常日常生活中发生的学习是学习赖以发生的活动、情景和文化的功能。情境学习不同于其他大多数课堂学习活动。多数课堂学习活动包括那些从实际环境中抽象出来的一般性知识和技能，而这些一般性知识和技能容易被遗忘或只保留在大脑内部，在真实场景或实际需要时不容易回忆或从大脑中提取出来。而情境教学研究则对学什么、如何学、教什么、如何教及如何用的分离提出挑战。许多研究表明：把知行分开是错误的，知识总是要适应于它所应用的环境、目的和任务。为了使学生学习和保持并能应用其所学知识，教师必须使学生在情境中学习并使用知识。语言知识应该是所学知识整体的一部分，情境有利于意义的构建并促进语言知识、语言技能和语言体验的连接。因此，情境既是促使语言学习动机产生的外部条件、语言操作的必要前提，也是话语生成的关键因素。也就是说，情境可以帮助听者理解说话者的话语，也可以引导说话者恰当地生成话语。语言离开了赖以生存的情境，便只是一串被任意宰割和切分的符号而已。在第二语言教学中，情景常常是不言而喻的、客观存在的事情；而在把英语作为外语的国家里，由于现实生活中缺乏英语学习的情境，情境的设置就显得非常重要。英语教师在设计教学任务时必须把情景交代清楚，因为不同的情境因素对语言的选择和使用、对意义的理解和建构都会产生深远的影响。同样，在语言学习的过程中，语言语境、认知语境也会对语言学习产生重要影响。语言是镶嵌在具体的情境中的，因此，真正的、完整的语言知识只能在真实的或模拟的学习情境中获得。英语教师在教学中应该积极地创造、模拟真实的语言学习情境，鼓励学生以多种形式多元化地参与到语言社会实践中去，并为学生提供能反映语言知识在现实中应用的真实情境和真实语言活动，支持语言知识的合作建构和话语生成。总之，英语教学应在真实情境或模拟情境中进行，而英语学习需要社会互动和合作，这既是情境教学的重要组成部分，也是情境教学产生的必要前提。

（三）以任务为主线

在多种教学模式下，英语教学的组织和安排一般都是以分立语项为主线的。语法翻译法是以语法条目为主线来选择文本、组织教学的。这些语法条目按由易到难的顺序一个一个地进行传授和训练。这一做法的语言学理论假设是：语言是由一套优先的规则组成，这套规则可以以各种方式组合产生意义。其心理理论假设是这些规则可以逐步学会并逐步积累。一旦学生内化了语言的某些特征，他们自然就可以在课堂以外真实的环境中进行语言交际。听说法是以语言结构为主线来选择文本、组织教学的。听说法的理论依据是：语言是一个完整的结构体系，由层次不同但相互联系的语法结构和语言成分组成。这一理论的心理学依据是：语言学习过程是一个习惯形成的过程，语言学习就是通过反复刺激和巩固使语言成为学习者的习惯，作出正确的反应而不犯错误，才能最有效地形成外语习惯。功能意念教学法是以功能和意念项目为主线来选择文本、组织教学的。虽然该教学法也强调交际的重要性，却把语言功能简单地看作互不相关的语言项目，从而削弱了语言的交际性。无论是语法翻译法、听说法还是功能—意念教学模式，它们都有类似的地方。首先，它们都把语言当作物品，可以切割成一个个部分进行教学，先学好部分，再把这些部分组合起来，便学会了语言。其次，意义是为语言结构、功能或意念服务的。选择什么文本主要视这些文本是否包含所需的语言结构、功能或意念。最后，由于这些教学法都是以对某种语言项目、功能或意念作为学习的前提的，因此，教学普遍缺乏真实的情境，学习缺乏独立性和创造性。

2004 年 1 月教育部颁发了《大学英语课程教学要求（试行）》，它明确指出基础教育阶段英语课程的总体目标是培养学生的综合语言运用能力。这种能力的形成建立在学生的语言技能、语言知识、情感态度、学习策略及文化意识等素养整体发展的基础之上。从《大学英语课程教学要求（试行）》的目标和要求看，旧的教育理念和教学方法已不适应新形势的要求，因此，要达到新的《大学英语课程教学要求（试行）》的目标和要求，研究和探索新的教育理念和教学方法势在必行。而应用情境教学模式能较好地完成该教学目标。在进行情境教学时，应以任务为主线来组织活动、安排学习内容。首先，应认真分析学生的学习需要，确定他们到底需要用语言来做什么事情，在此基础上考虑学生要完成任务需要学习哪些语言知识。其次，根据学生完成任务的实际需要来创设英语教学及学习的情境，在真实的或模拟语言情境中组织活动、安排教学。

（四）以合作学习为原则

情境教学十分重视教师与学生、学生与学生之间的合作与对话。这与建构主义理论是一致的。建构主义理论强调“情境”合作”“对话”和“意义构建”。建构主义关于意义建构的观点认为，新知识的学习是在与旧的知识和经验相互联系的基础上建构起来的。由于每个人都以自己已有的知识和经验建构对新知识的理解，因此，每个人的理解和建构是互不相同的。合作学习就是要通过合作使每个学生超越自己的认知能力，看到事物的其他面，形成更加丰富的理解和知识建构，提高学习效果。学生通过合作对话，可以体验英语语言形式在不同情境下的具体运用，丰富情境教学。在某种程度上可以说，没有对话就没有语言，没有合作会话就没有语言学习。合作是英语情境教学中应遵循的最基本原则。

合作学习的最大特点就是互动。社会文化论认为：人的学习和发展发生在与他人的互动中进行。心理语言学的研究表明：人们主要是通过互动来掌握语言的。可以说，英语教学能否取得成功在很大程度上取决于教师在课堂上能否为学生提供大量的互动机会和创设合适的互动情境。有些教师认为，只要为学生提供了可理解性输入，学生就会自然地习得语言。情境教学中的互动合作形式是多种多样的，可以是在班级教学情境下的两人配对互动合作、小组互动合作、教师与学生间的互动合作，也可以是超出教室围墙的通过互联网进行的师生之间、同班学生之间、班与班之间的互动合作。这种全方位、立体化的交流合作能为学生提供大量使用英语的情境，学生学到新东西，扩大其认知结构就会重新建构自己的知识体系。

从学习动机来看，学习是满足个体内部需要的过程。只有满足学生对归属感和影响力的需求，他们才会感到学习是有意义的，才会愿意学习，取得好的学习效果。基于这种认识，合作学习将英语教学建立在满足学生心理需要的基础上，使教学活动带有浓厚的感情色彩。从合作学习的整个过程来看，其情感色彩渗透于教学过程的各个环节。学生之间互相交流，共同探讨，彼此争论，既有竞争又有互助。在这个过程中，学生之间通过互助满足了自己影响别人的需要，同时，又通过互相关心满足了自己对归属感的需要。在小组合作学习中，每个人都通过大量发表自己的观点，锻炼了英语口语表达能力，又通过倾听他人意见分享了学习成果、锻炼了听力水平。由此形成认知、情感、技能和教学目标的全面综合达成。

（五）以现代技术为依托

与传统教学相比，情境教学能为学生学习英语提供更多的接触语言和使用语言的机会。但是情境教学若不与现代技术相结合，把先进技术作为教学的手段、通过技术把情境引入课堂，通过技术实现教学与现实世界的沟通与联系，情境教学也只能算低水平的教学。2004 年 1 月教育部颁发的《大学英语课程教学要求（试行）》要求“设计大学英语课程应大量使用先进的信息技术，推进基于计算机和网络的英语软件教学，为学生提供良好的语言学习环境与条件”。该文件还指出“鉴于我国高校大学生人数迅速增长和可利用教育资源的相对有限，我们应当充分利用多媒体、网络技术发展带来的契机，采用新的教学模式改进原来的以教师讲授为主的单一课堂教学模式。新的教学模式应以现代信息技术为支撑，特别是网络技术，使英语教学朝着个性化学习、不受时间和地点限制的学习、主动式学习方向发展。”新的教学模式应体现英语教学的实用性、文化性和趣味性相融合的原则，应能充分调动教师和学生两个方面的积极性，尤其要确立学生在教学过程中的主体地位。新教学模式在技术上应体现交互性、可实现性和易于操作性。教学模式的改变不仅仅是教学活动或教学手段的转变，还是教学理念的转变，是实现从以教师为中心，单纯传授语言知识和技能的教学模式，向以学生为中心，既传授一般的语言知识与技能，又更加注重培养语言运用能力和自主学习能力的教学模式的转变。因此可以说，利用现代技术进行情境教学是英语情境教学的必然选择。现代教育技术可以为英语教学提供真实的情境、搭建对话和意义构建的平台，使意义协商成为可能；现代技术可以为英语情境教学提供各种各样的条件进行语言体验，这是建构语言不可或缺的。因此，现代技术是进行情境教学的最佳工具——意义组织的工具、信息理解的工具、知识建构的工具和合作会话的工具。

（六）以课外教学、课外活动为英语情境教学的扩展

大学英语课外教学的科学性和合理性是为长期的、大量的成功实践所证明了的。人们学习英语着眼于其交际功能。人们掌握英语作为交际工具的过程主要是反复实践的过程，是一个通过实践（操练）逐步养成语言习惯的过程。英语教学的成效如何，在很大程度上还取决于学习环境和课外学习条件。如果学生只在课堂上接触英语，在课外没有机会接触英语，不主动进行大量的语言实践和操练，学习成绩就难以巩固，更无法提高。苏联教育理论家苏霍姆林斯基曾经指出，学生在课外阅读的东西越多，他掌握课内知识就越容易，因此他主张教学工作中要有两套教学大纲，其中一套就是课外大纲。我们的英语教学大纲也规定课内外时数的比例为 1 ∶ 2，要求在教学过程中既传授必要的语言知识，也引导学生“运用所学的语言知识和技能进行广泛的课外阅读和其他语言交际活动”，没有广泛的课外阅读和其他语言交际活动，是不可能达到大纲所规定的要求的。开展英语课外活动对大学英语情境教学是十分必要的。

第三章　英语教学与文学

文学教学的目的是培养和提高学生的文学修养，提高学生对文学作品的欣赏、分析、鉴评能力，同时，也帮助学生提高语言能力。文学课既为全面学好英语这门学科所必需的课程，又能培养学生全面发展的多种知识素养。学生通过对文学作品的阅读，不仅进行了对文学的感受、体验和理解，同时也从作品中了解到英美的地理历史、政治制度、文化传统、社会风俗。文学对于提高阅读者的文化理解度力，提高学生文学综合素养，提升其英语学习能力有着积极的促进作用。

第一节　文学概述

一、文学的基本属性

（一）互文性

文学的互文性又称“文本间性”，是指两个或多个文本之间的相互关系。这一概念最早由法国符号学家朱莉亚·克里斯托娃提出。“互文性”对应的英语单词是“intertextuality”。《牛津英语大辞典》对“intertextuality”的解释是：the relationship between literary texts；the fact or an instance of relating or alluding to other. 在人类的发展过程中，文本的数量在不断增加，文本的吸收与转换也在不断进行。任何一个文本都不是凭空而来的，都是在它以前的文本的遗迹或记忆的基础上产生的。任何一部文学作品都多多少少带有其他作品的痕迹。具体来说，互文性既包括某一文学作品对其他文本的参考与引用，也包括文学作品在创作手法上的模仿与借鉴。从具体的层面上来看，互文性既可以体现在素材、结构、写作手法等方面，也可以体现在逻辑、主题、内涵等方面。

（二）审美性

美是一个范畴很广的概念，与审美者的心理认知水平有着密切的关系。所谓文学的审美性，是指文学作品带给读者的心理体验。正如童庆炳所说，文学作品的这种从情绪情感上打动读者，感染读者，给读者带来美的享受的属性，就是文学的审美属性。移情（empathy）是文学审美的最高境界。具体来说，文学作品往往反映一定的社会现象，表达作者对生活的认识与思考，体现着作者写作的意图与目的。读过文学作品的人大都有这样的体验，即在阅读过程中会不知不觉被带入作品所描述的世界中，并产生丰富的情绪反应，如愤怒、悲哀、激昂、兴奋、愉悦等。正是由于作者将自身的生活感悟融入作品中，读者才有身临其境的感觉，并产生强烈的共鸣，即移情效应。

（三）真实性

文学作品往往源于真实的生活与体验。古今中外的文学家无一不把真实性视为艺术的生命。这是因为如果没有真实的生活，便不会有真实的体验；如果没有真实的体验，便不会有真实的情感；如果没有真实的情感，则不会有真实的文学。正如屠格涅夫所说："在自己的感受方面，需要真实，严酷的真实"。[1]

（四）虚构性

虚构性与真实性看似矛盾，二者却是不可或缺、互相依存的。人们常说"文学作品源于生活又高于生活"，这其中的"高于生活"就是虚构性。如前文所述，文学作品是作者对真实生活的体验，但作者在进行文学创作时并不是原样照搬地对生活进行描述，而必须进行一定的加工与升华。这一现象在诸多文学作品中都可得到印证。例如，卡夫卡所写的《变形记》中的主人公格里高可以变化成甲壳虫，《西游记》中的孙悟空更是变化多端、神通广

[1] 屠格涅夫 . 回忆录 [M]. 北京：人民文学出版社 ,1962:96.

大，这些都是虚构的情节，在现实生活中都是不可能发生的。可见，虚构性可以使作者对原始素材进行选择、加工与提炼，可以升华文学作品的主题与观点，是文学作品的重要属性。

（五）模糊性

模糊是自然语言的本质特征之一。文学常常借助情节、情感、形象等审美语言来进行描述，语言是文学的载体，因此文学就必然具有模糊性。具体来说，文学的模糊性具有以下几个特征：

1. 不确定性（hondeterminacy）

表现在多个层面，如语义、语用、形象、句法等。汉语中许多时间概念词都具有语义不确定性，如“早晨”“上午”“傍晚”“凌晨”等。表示判断性的形容词，如“强”“胖”“瘦”“薄”“小”“高”等的语义也具有很大的不确定性，数量不胜枚举。

2. 相对性（relativity）

它是指对同一概念的判断常常因参照因素的不同而发生变化。这些参照因素通常包括时间、地点、主观好恶、文化习俗等。例如，汉语里的美丑与英语里的大相径庭。在汉文化中，龙不仅是美的，而且是中华民族的象征，中国人则是龙的传人。然而，在英语文化中，龙被当作妖怪、残酷的人。此外，喜鹊在汉语文化里有吉祥之意，然而在英语文化中，它则象征着“叽喳喳或爱收藏杂物的人”。再如，中西方国家对同一数字的理解也具有相对性。在汉语文化里，人们一直对“四”比较忌讳；而英美人对“十三”则比较忌讳然而，在汉语文化里，“十三”既有着褒义色彩，也有着贬义色彩。因为它既表示“爱抚，亲昵”，又有着“鄙视，轻视”的意思。

3. 精确向模糊的转变

有些词语，尤其是数量词，其本身的概念意义是精确的，但出现在文学作品中则时由确数变为概数，其语义也由精确转变为模糊。例如，《望庐山瀑布》是唐代诗人李白所写的一首脍炙人口的诗作，其中有这样的诗句：

飞流直下三千尺，
疑是银河落九天。

“三”与“九”本是数词，表示确定的数量，但在本诗中变为概数，用来描绘庐山瀑布的壮丽景象。再如，“I loved Ophelia: forty thousand brothers could not with all their quantity of love make up my sum.”本例中出现的“thousand”本

是一个语义精确的数量词，但在表达中转换成了语义模糊的概数。

文学模糊按其属性与功能可分为语义模糊（semantic fuzziness）、意象模糊（image fuzziness）、句法模糊（syntactic fuzziness）、语用模糊（pragmatic fuzziness）和主题，模糊（thematic fuzziness）五种类型。

（1）语义模糊。词语的语义自身具有不确定性，除上述数量词和判断性的形容词之外，还存在一些语义模糊的词语，如表示颜色的词语，表示感官味道的词语，称谓词及其他词语等。例如，red（红色）词，因其边缘与其他颜色重叠的不同程度，还可划分为 pink（粉红），scarlet（深红），vermilion（朱红），crimson（绯红），ruby（宝石红），mahogany（褐红）等。

（2）意象模糊。意象一词在古代是用来表达某种抽象的观念或哲理的艺术形象，主要分为心理意象、内心意象、泛化意象和观念意象四种。人物意象模糊在曹雪芹的《红楼梦》中对宝玉、黛玉形象的描述上有明显的体现。例如：

贾宝玉："头上戴着束发嵌宝紫金冠，齐眉勒着二龙戏珠金抹额；穿着一件二色金百蝶穿花大红箭袖，束着五彩丝攒花结长穗宫绦，外罩石青起花八团倭缎排穗褂；蹬着青缎粉底小朝靴；面若中秋之月，色如春晓之花，鬓若刀裁，眉如墨画，鼻如悬胆，目若秋波，虽怒时而若笑，即嗔视而有情；项上金螭璎珞，又有一根五色丝绦，系着块美玉。"

林黛玉："两弯似蹙非蹙罥烟眉，一双似喜非喜含情目。态生两靥之愁，娇袭一身之病。泪光点点，娇喘微微。闲静时如娇花照水，行动处似弱柳扶风。心较比干多一窍，病如西子胜三分。"

景物意象模糊在中外文学作品中比比皆是。马致远的《天净沙·秋思》中有十几种景物意象。其中的"枯藤""老树"为何种植物之藤，何种树；"昏鸦"是几只；"小桥"为何种桥；"人家"又有几户；"瘦马"是何种颜色，又瘦到何等程度；"天涯"在何方等几乎全是模糊意象。正是这种意象的模糊使之成为千古佳作。

（3）句法模糊。与英语相比，句法模糊的现象在汉语中更为常见。英语重形合，汉语重意合，汉语的句子、短语、词语间的组合具有很大的灵活性和自由度，连接词的运用也较少。例如，温庭筠的《商山早行》中的"鸡声茅店月，人迹板桥霜。槲叶落山路，枳花明驿墙"，众多意象的排列并无连接词衔接，却被视为名言佳句。

（4）语用模糊。在实际生活中，有时即便有特定的话语环境，话语的意义依然难以确定，这便会导致语用模糊。语用模糊有时是言者故意为之，有时是无意为之。语用模糊是文学作品的常用手法之一，目的是给读者留下想象空间，激活读者的审美想象。可以说，这正是文学语用模糊的难能可贵之处。

（5）主题模糊。主题明晰的作品有很多，但命意不确定的作品对读者更具吸引力。鲁迅在论及《红楼梦》的命意时指出："单是命意，就因读者的眼光而有种种：经学家看见《易》，道学家看见淫，才子看见缠绵，革命家看见排满，流言家看见宫闱秘事……"《红楼梦》问世数百年来，为其殚精竭虑、皓首穷经意欲穷尽原委者不乏其人。然而，其深邃的内涵至今仍难以穷尽，这与其主题模糊有一定的关系。

二、文学的来源

文学作品的创作是以客观世界为基础的，因此文学作品中无论语言还是内容，都与日常生活息息相关，这一点在小说、戏剧等与情节有关的文学体裁中显得格外突出。例如：

Ben: Cross the table with the shopping bag.You feeling all right?

Willie: What is this, Wednesday?

Ben:（Puzzled.）Certainly.Don't I always come on Wednes-days?

Willie: But this is Wednesday today?

Ben:（Puts his bag down.）Yes, of course.Haven't you been out?

Willie: When?

Ben: Today.Yesterday.This week.You haven't been out all week?

Willie:（Crossing to him.）Sunday.I was out Sunday.I went to the park Sunday.

（Neil Simon: The Sunshine Boys）

在这段戏剧中，对话双方的对话几乎都是口语，这些口语来源于日常生活，体现生活日常。尽管文学语言、内容来源于日常生活，但作家往往并不机械地照搬，而是对它们进行艺术加工，使语言更加准确、恰当，使内容更具艺术性，除非作品中人物特点的塑造需要使用不正确、啰唆的表达，否则文学语言与内容一般都是精练而文雅的。

三、文学的意义

（一）确立道义观

道义是指社会所公认的道德和正义，是人们行动的参考规范。人类社会的正常运转必须遵循道义原则，必须有道义的支持，而文学具有得天独厚培养道义的功能。当初文学作为一种精神形式出现的时候，它之所以被人类选择，就是因为人类发现它有利于人性的改造和净化。人类完全有理由尊重那段文学史，完全有理由尊敬那些文学家。因为文学从开始到现在，在人性的改造和净化方面起到了无法估量的作用。在人类的精神世界里其实有许多光彩的东西来自于文学，在人类许多美妙的品性之中，只要稍加分辨，就能看到文学留下的深刻的痕迹。如果没有文学，人类依旧处于浑茫与黑暗、愚昧与纷扰之中；没有文学就没有今日之世界，就没有今日之人类，人类应该像仰望星辰一样仰望那些曾经为他们创造了伟大文学作品的文学家。毫无疑问，文学从一开始就是以道义为重的。为了维持人类的存在与发展，人类中的精英分子发现，要想在人类的群体中生存必须讲道义。这个道义所含的概念在当初是单纯与幼稚的，但是这个概念的生成使人类走向文明成为可能。文学从产生的那天开始，就对人类的精神文明产生了深远的影响，并使人性不断得到改善。徐志摩当年说："托尔斯泰的话，罗曼·罗兰的话，泰戈尔的话，罗素的话，不论他们各家的出发点怎样悬殊，但他们的己任是相调和、相呼应的。他们柔和的声音永远呼唤着人性中柔和的成分，要这些成分醒过来，凭着爱的力量来扫除重重阻碍我们相爱的理由，来阻止种种激荡我们恶性的疯狂，来消除种种束缚自由与侮辱人道尊严的主义与宣传。这些宏大的声音好比阳光一样散布在地面上，给我们光，给我们热，给我们新鲜的生机，给我们健康的颜色。"当年梁启超在谈到小说的作用的时候，竟然不免有一点儿夸张地说："欲新一国之名，不可不先新一国之小说。何以故？小说有不可思议之力支配人道故。"梁启超竟将小说提升到大道中的大道的地位，说明道义于社会而言不可有片刻的缺失。

人类的现代化进程并没有给人类带来道义上的升华，其情形却恰恰相反，随着物质的日益丰富，人类在道义方面的表现却每况愈下。这个现代化的社会，尽管在理论上也是非常强调精神高度的，但实际上它更在意的是物质。所谓现代化，从某种意义上说就是物质的现代化，就是将物质作为衡量社会是否已经现代化、现代化的程度如何的指标。在物质利益的诱惑下，人性中的种种卑劣品质抑制不住地显现并膨胀开来，精神的强大似乎在今天这个世界已经变得毫无意义，甚至成为一些人眼中的笑话。位置、话语权是由物质的贫富来决定的，从国际社会到一般人的生活莫不如此。在这一点上，当前社会未必能与从前的社会相比，因为从前社会知道尊重思想者，尊重那些也许在物质上一无所有，在精神上却很富有的人。在这样的情境之中，一个国家、一个人再支撑自己的信念，安贫乐道，就显得异常困难，甚至显得不合时宜了。正因为如此，文学的力量与价值才能发挥出更加重要的作用，它的意义也变得愈发重大。当下，人们比任何时候都更加需要文学，文学能与其他精神形式产生一定的作用，并形成良好的价值观。其他的精神形式当然也是有帮助人类亲近道义、委身道义的功能，从表面上看，文学在这方面的功能甚至不是最突出、最明显的。哲学、政治学、伦理学的直接目的就是对人类进行道德规范与道德教化，但事实上，文学在这方面的功能却一点儿也不比哲学、政治学、伦理学逊色，甚至更具感召力、浸润力和持久不衰的生命力。因为它是通过形象和情节，不着痕迹地、细无声息地将那些庄严的道义融入人的心里的，它在灌输方式上也许是最富有人性的。寓教于乐是对文学育人一个非常准确的概括。在这里，道义绝非点缀，绝非某个附加的主题，而是整个文学作品的基石。基石深埋于地表之下，并不直接显露，但它的精神融于每个文字之中，平和地渗入人心，绝不强硬，更不强迫。凡文学必须以道义为本，优秀文学作品都是具有正当的道义观文学作品。

（二）营造审美境界

一个文人的精神世界是由许多维度组成的，审美是其中一个十分重要的维度，而文学似乎最有助于这个维度的生成。文学的根本性功能就是审美，如果说远古的文学更在意的是表达思想和抒发情感的话，那么后来的文学则越来越在意它的审美价值。人们亲近文学的一个很重要的原因就是它们能满足人们的审美需要，并能帮助人们培养审美经验，提升人们的审美境界。如此，审美使人类间接地变成了有情调的人类，使人生变成了有情调的人生。今日之人类与昔日之人类的一大区别就是，今日的人类有了一种叫作情调的东西，而在养成情调的过程中，文学应占头等功劳的。情调使人类超越了一般的动物，成为高贵的动物，情调使人类摆脱了猫狗一样的生物状态而进入了另一种境界。在这种境界之中，人类不但享受了种种官能的原始快乐，而且拥有了精神上的享受。情调改变了这个被物质侵蚀的社会，它具有可说明又不可言说的妙处，人类因此领略到种种快意。天长日久，人类终于找到了若干表达这一切感受的词语，“静谧”“恬淡”“优雅”“高贵”“典雅”，等等。语文教师在讲授语文课时也会遇到这些词，而这些词都是文学作品提供的。文学比其他形式都更有力量地帮助人类养成情调，文学用最简单的文字，在一刹那间把情调输入人的血液与灵魂。但丁、莎士比亚、歌德、泰戈尔、海明威、屠格涅夫、鲁迅、沈从文、川端康成，一代一代的文学家用他们格调高贵的文字把我们的人生变成了有情调的人生，把苍白的生活、平白的物象变成了可供我们欣赏的东西。情调改变了人性，使人性在质上获得了极大的提高。情调当然属于美学范畴，然而，关于美的意义、美的价值，并不是谁都能认识到的。我们在意的可能是知识，可能是思想。当说到力量这个词的时候，大概没有多少人会将它与美联系起来。培根有句名言“知识就是力量”，可是我们想，这个世界上除了知识、思想，还有没有其他东西是有力量的？美的力量绝不亚于知识的力量，绝不亚于思想的力量。那么，究竟是思想的力量大还是美的力量大？美的力量并非一定大于思想的力量，但至少它们是同等的。再深刻的思想随着时过境迁都可能变为常识，但只有一样东西是不会衰老的，那就是力量。如果没有文学，人类大概达不到现今的生活境界；如果没有文学，人类还在一片平庸之中爬行与徘徊。这就是文学受人类尊敬的理由之一。

（三）培育悲悯情怀

文学是满足人们情感需要的一种精神形式。从文学史的角度看，无论古代还是现代的作者，都始终将自己感动，正是因为文学的悲悯精神和悲悯情怀。当简·爱毅然决然地回到双目失明、一无所有的罗切斯特的身边的时候，读者体会到的是悲悯；当卖火柴的小女孩在黑夜用燃烧的火柴温暖自己的心的时候，我们体会到的是悲悯；当祥林嫂在寒风中拄着拐棍沿街乞讨的时候，读者体会到的是悲悯；当沈从文的《边城》中，爷爷去世之后，只剩翠翠一个人守着一片孤独的时候，读者体会到的还是悲悯，读者在诸多文学作品中都体会到了这种悲悯。人类社会滚动发展到今天，获得了许多，但也损失或者说损伤了许多。激情、同情、热情，人们损失、损伤最多的就是各种情感，甚至在现今这种环境下生长的儿童都可能会出现同情心淡漠的问题。什么叫同情？同情就是一个人处在一种悲剧性的境况中，另一个人在看到这种情况后心灵被触动，甚至产生了扶持或者援助他的欲望。当这个人在进行这种扶持、援助举动时，或者说完成了这种扶持、扶助举动后，他的心里会富有快感地流过一股暖流。他因为实施了这种高尚的行为，人格得到了提升，灵魂受到了净化，并且愿意在日后继续实施这种高尚的行为。我们可以看到，今天的孩子似乎已经没有多少去实施这种高尚行为的冲动了。种种迹象表明，现代化并非一种尽善尽美的进程，现代化进程的种种好处是人类以沉重的代价换来的，情感的弱化就是其中突出的一例。

文学为未来人类社会的存在创造和提供了一个良好的人性基础，在这一人性基础上理所当然地应该包含一个最重要的因素，那就是悲悯情怀。人类没有理由否认情感在社会发展方面的价值，也没有理由否认情感在美学意义上的价值。我们一般只关注思想对人类精神所起的作用，其实情感对人类精神所起的作用与审美对人类精神的作用一样，绝不亚于思想。当人们谈到人类进步的时候，想到的是知识、思想，可是有谁想过，在人类发展的历史进程中，情感也起到了巨大的作用，悲悯情怀就是其中之一。悲悯情怀或者说悲悯精神是文学的一个古老命题，如果一个古老的命题确实能称得上古老的话，它肯定也是一个永恒的话题。文学正是因为它的悲悯精神，并且把这精神作为它的属性之一，才被称为文学，也才能成为一种必要的、人类几乎离不开的意识形态。读者在阅读作品的时候会被感动，悲悯情怀油然而生。人们会在无休止地阅读文学作品的过程中，慢慢地成为一个具有悲悯情怀的人。

（四）输入历史意识

文学除了以上三大功用之外，还有一些其他重要功用。例如，它能帮助人们记忆历史。一个具有历史意识的人才可能成为一个有质量的人。专门的历史记载，如各种各样的史书、传记，在记录历史方面，未必就比文学甚至是虚构性的作品更真实、更准确。而在文学的各种门类中，小说尤其擅长这一点。小说是最能满足人们将生活与艺术紧密结合之愿望的一种文学形式，大量的个人经验在未有小说这一文学形式之前就被岁月的风尘淹没了。以传记形式出现的对人物的描述，实际上只能记载一些没有血肉的个人经历。这种类似于简历的传记，使读者根本无从了解传主丰富的日常生活和复杂的心理历程。可以说，传记记录的恰恰是个人经验中并不重要的东西，而省略掉的恰恰又是个人经验中最重要的东西。传记之所以无法抓住历史的真实情况，是因为它有许多局限性，最明显的一点就是它无法进入人的内心世界。由于不可能对内心世界与表面生活进行融合，传记作者与小说家比较起来就失去了优势。而历代的传记又往往受到一种统一的道德标准的要求，加之相当一部分传记的撰写是在官方的组织下进行的，因此，这些传记所记载的无非是一些功名功德方面的事。当然也有一些今天看来非常个性化的传记，但这种传记毕竟是凤毛麟角。大量的传记，并未以文字的形式为我们收录一个活生生的人。

如果小说与诗歌同时兴旺发达，早就有像托尔斯泰的《战争与和平》、曹雪芹的《红楼梦》、夏洛蒂·勃朗特的《简·爱》那样的小说了，人们就可以继承更多的精神财富。小说中的个人经验还能帮助读者更加准确地认识历史。由于关于个人经验的记载严重缺乏，实际上读者现在所面对的由历史学家、文章典籍及传记所呈现的历史，是一个与真实状况相去甚远的历史。由于历史生活已经无法得以重现，而曹雪芹的《红楼梦》则可以帮助读者对那段历史的认识深度和实感有更加深刻的认识。《红楼梦》在对那段历史的呈现的方面几乎是那个时代其他任何的文章典籍都无法比拟的。《源氏物语》的存在使得后人对日本的那段历史有了更生动、更形象的认识。文学的使命当然不应定位在反映历史上，但因为文学留下了具体的情状，从而在客观上起到了使人们“可感”历史的作用。阅读文学作品，从某种意义上讲，就是触摸历史。除了小说，其他文学门类，如散文、小品文，在记录历史方面也都有不俗的表现。人类面对的一个悖论性的事实是：以书写个人经验为目的的文学，却最生动、最完整地把历史上的积极经验鲜活地保留了下来，将道德、历史教育等各方面的功能充分发挥出来。

（五）激发想象潜能

想象力主要指一种思维和情感的灵活性，即一种依据情境（意识的或实践的）条件，充分调动适当（类型选择与动力性）的感官要素（听觉、触觉、视觉等）、情绪要素（愉快、恐惧、愤怒等）及智力要素（观察能力、记忆能力、推理能力等），在多种思维方式（具身思维、隐喻思维、发散思维等）和情感方式（具身情感、自控性情感、移情等）之间自由切换，以便解决情境问题的综合性心理能力。人类与其他动物最大的区别，也是最为宝贵的一点，就是想象力，人类就是利用想象力创造了地球上最先进的文明。而文学作品的作用就是帮助读者发挥想象力。今天——这个世界的知识正在泛滥，大家都说知识就是力量，但是这句话需要有一个前提——知识都是好知识。坏知识和好知识从有知识的那天起，就一直在发扬，也一直在壮大。坏知识一方面有着引发恶行的因素，另一方面还会像藤蔓一样缠住人的思维，使人失去想象力。因此，文学作品在这个时候就显得尤为重要，文学的意义也就不言而喻了，它可以帮助读者保持想象力。文学教育的终极目的是启发人的灵性，促使人反思人生，培育人的精神自觉能力，提升人的生命境界。

与此相关，文学是人学思想必须成为大学文学教育的指导思想。但非常遗憾的是，受到当今世俗化社会实用主义思潮、自然科学的强势殖民、现代社会的专业化、当前中国大学过度行政化等因素的影响，当前大学文学教育存在着彻底去人学化倾向，知识主义、技术主义和相对主义的黑雾笼罩一切。因此，必须尊重那些对大学文学教育的再人学化作出贡献的学者，吸取他们的经验，真正扫除去人学化的迷雾，让大学文学教育重新激发我们民族的想象力，提升人的生命境界。

现阶段，我国已经进入了想象力时代。“想象力时代”作为一个替代“信息时代”的崭新概念，事实上也经历了一个不断发展和不断丰富的过程。回顾历史可以发现，“想象力时代”在成功经济体中所扮演的角色越来越重要，社会对于主流职业人才的要求早已不仅仅是懂得“怎么样”和“怎么做”了，而是要懂得去创造、分析和转化知识信息，懂得和别人进行有效的互动与合作。几乎每个世纪，人们都被要求具备不同的职业生存技巧。在21世纪，人类也同样要经历这种转化，因为我们即将进入高概念、高感性的“概念时代”或“想象力时代”，对于人才的技能要求自然也发生了很大变化，如果不能敏锐地捕捉到这些转变，那么我们的“教育先行”将会成为一句空话，教育不仅不能为时代提供适合的人才，反而会成为阻碍社会快速发展的绊脚石。想象力时代是一个全新的时代，是一种范式意义上的改变。因此对应的人才培养模式也应该发生转变。在这种情况下，通过文学进行渗透，培养人们的想象力，对于自我的发展与社会的良性发展均有着积极的促进作用。

（六）强化说事能力

20世纪90代初期，随着市场经济大潮的袭来，我国文学科学者们就已经对社会世俗化浪潮的日益高涨、人文精神的每况愈下表达了深切的担忧。但是在国家主流意识形态和消费文化的合谋下，时至今日，世俗化浪潮已经渗入了社会每一个角落，每个人的心灵几乎都深受其侵染，因此，学者们的担忧慢慢褪去，利用知识尽可能地谋取一点儿私利，分一杯羹。作为大部分学者栖身之所的大学也在世俗化浪潮中、在行政化的风气下也逐渐摒弃了坚守精神理想的气概，反而乘着90年代末的扩招风潮大肆跃进，进一步加强了社会的世俗化浪潮。在此浪潮中，人文教育的危机有目共睹，尤其是大学文学教育的危机从未如此深重。在一定程度上可以说，当今中国大学文学教育彻底背弃了文学教育的终极目的，文学是人学的启蒙思想也已经被遗忘，文学教育中的去人学化倾向日益泛滥，知识主义、技术主义、相对主义倾向的黑雾笼罩了大学文学教育。

人应具备两大基本能力，即说理能力和说事能力。在我们的观念中，说理的能力很重要，说事的能力却不被重视。一个孩子从出生到上幼儿园、小学、中学、大学，所受的全部教育似乎就是为了获得知识，为了培养其说理的能力。无论是苏格拉底与他的门徒们的雄辩，还是孔子与他的弟子们的对话，都是为了操练说理能力。在当今世界之所以召开各种各样的会议，人们就是为了在说理方面一决高低。评价一个人是否具有智慧，也是通过说理能力来衡量的。沙龙、讲台、聚会、广场实际上都是说理的场所，人们因被理性征服而感到兴奋、愉悦。如此情况使得很多人在经过良好的教育后，仅仅提高了说理能力，而说事能力反而越来越退化了。一个人经历过许多事是一种财富，能将许多事说清楚也是一种财富。依我之见，一个只会说理而不会说事的人，至少是一个索然无味的人。

文学的作用除了抒情就是说事，说事是主要的，人们为说事而创造了文学。这个世界是由理和事组成的。所谓的事就是在这片天空下自然和人类两大领域之间发生的大大小小的事件。这些事件可以是真实发生的，也可以是虚拟的，但无论是真实的还是虚拟的，这些事都是具体的。所谓的理是隐藏于事的底部和背后的东西，是一些规律，也是一些法则。中国古代哲人用一个字表达了它，那就是“道”。“理”是无形的，它永远是一种只能用语言加以提示，而不能显形的东西。事与理都是客观存在的，因为人类有呈现存在的愿望，或者说人类有想了解更多存在的欲望，所以开始了对存在的描述。文学在进行它的基本工作的时候，要求作者必须放弃说明与判断的欲望和念头，它的最佳状态被看作“说事，而不论事”。文学将说事变成了一种艺术，文学使我们看到的事与理具有同等的意义和美感。阅读文学，无疑有助于培养我们的说事能力。从另一个角度来看，阅读文学作品是人们对母语的另一种感受方式，是另一种接受母语熏陶的方式。这一方式可以培养学生的说事能力，很好地提升他们的生命质量。

四、文学的艺术特点

广义的文学指一切口头或书面语言行为艺术和作品的统称。与用颜色和造型的美术不同，也与用时间节律塑造的音乐不同，文学是用形象化的语言文字来反映作者对自然和社会生活的审美感受，以及展现心灵世界的艺术形式。文学与科学虽然都用文字描述，但科学表述是无感情色彩和抽象的，而文学描写则是生动形象和具体可感的。文学用语言塑造的艺术形象，与直接呈现在读者面前的绘画和舞蹈不一样，文学形象只有通过文字引发读者的想象，并使其联想其自己的生活经验才有可能被感知。因此文学艺术形象具有间接性的特点。正是基于这一特点，文学作品所塑造的艺术形象不受客观事物、真实时空和自身经验等主客观条件的限制，梦、神话传说、科幻虚构等任何奇特的想象和个人私密的体验都可以成为文学作品的内容。从人性的塑造与语言的关系来看，人类是唯一会书写符号的动物，也是唯一经语言教育从自然个体完成社会化的高级动物，因此，文字产生之后，文学就往往成为其他艺术创作的思想基础，与随时间流逝的音乐作品和占据一定空间的美术作品相比，文学作品所反映的历史纵深感和社会领域的广泛性，以及其所表达思想的完整性和深刻性都远远胜过其他艺术形式。一部洋洋洒洒数万字的小说或者说一首史诗可以纵横历史数十年，反映丰富多彩的文化风俗，揭示众多人物复杂的个性和细腻的情感世界，如但丁的《神曲》一诗从“地狱”“炼狱”写到“天堂”，讨论了人类的好色、饕餮、贪婪、愤怒、强暴、欺诈、背叛与傲慢、忌妒、懒惰、贪财、贪食等“罪行”，其寓意之深，跨度之大，内容之广是其他艺术形式不可比拟的。正如黑格尔所评价的那样：“语言的艺术在内容上和表现形式上比起其他艺术都远较广阔，每一种内容、一切精神事物和自然事物、事件、行动、情节、内在的和外在的情况都可以纳入诗，由诗加以形象化。”相比美术和音乐，文学比其他艺术形式更具有认知态度、情绪情感的色彩。因此，在这种意义上，文学是一种更加具有鲜明意识形态的艺术。

文学艺术的特点可以概括如下。

第一，语言文字是塑造艺术形象的媒介和材料。只有掌握一种语言才能创作文学作品，只有听懂或认识一种语言才能阅读和欣赏相应的文学作品，文学艺术的审美和文学治疗必然依赖于对语言的理解和掌握。

第二，文学塑造的艺术形象具有非直接性。雕塑、绘画和舞蹈可以将艺术形象作用于人的视觉或触觉，音乐则可以模仿各种天籁之音作用于听觉，相比而言，文学用语字塑造的艺术形象不可能直接地呈现在人的感官面前，只能通过读者基于自己的生活经验进行想象和联想，才有可能感知文学作品中的艺术形象。因此，这也就是说，文学语言只有与人过去的经验、回忆和表象相联系，才能使文学艺术形象实现具体可感性。

第三，文学所塑造的艺术形象只存在于读者的想象世界中。例如，中国古代神话小说《西游记》中能七十二变的孙悟空、武侠小说中用轻功一跃登上屋顶的武林高手、《聊斋志异》中的各种鬼魅、科幻小说中的巨人或外星人在现实世界中是根本不存在的。文学所塑造的故事情节和内容几乎不受时间和空间、主观和客观条件的限制，从这种意义上说，文学是一种最彻底的虚构的艺术。

第四，文学可以直接表达人的各种意识状况和非常个性化的想法，而其他艺术大多只能表现人的外显行为和形象，如意识流小说仅仅描写一个人或几个人内心世界的自我对白就可能成为一部名著，如《尤利西斯》就是爱尔兰作家詹姆斯·乔伊斯以一个都柏林小市民一昼夜的经历和内心意识活动为题材而构想的意识流小说，至今深受读者喜爱。

第二节　文学语言与文化

一、相关概念界定

（一）文学的定义

根据马克思在《政治经济学批判》导言中的论述可知，“艺术的方式”是人类掌握世界的四种方式之一。具体来说，当人们将自己的情绪投入意识中的表象与意象，并通过语言来进行传达时，满足精神需求的文学艺术作品就产生了。可见，文学是人们构建自己精神家园的一种精神活动方式。很多学者都对文学的定义表达过自己的看法，下面是一些代表性观点。韦勒克和沃伦认为：“文学是创造性的，是一种艺术。”[1]高尔基认为：“文学是社会诸阶级和集团的意识形态——感情、意见、企图和希望——之形象化的表现。”[2]格里菲斯认为：“文学即是语言。”[3]

文学是一种语言艺术，是话语形式。文学以不同的形式即体裁，表现内心情感，再现一定时期和一定地域的社会生活。作为学科门类被理解的文

---

❶ 韦勒克，沃伦．文学原理 [M]. 北京：生活·读书·新知三联书店，1984:1.

❷ 高尔基．俄国文学史 [M]. 上海：上海文艺出版社，1959:1.

❸ Griffith, Kelly.Writing Essays about Literature: A Guide and Style Sheet [M]. Beijing: Beijing University Press, 2006:13.

学，包括中国语言文学、外国语言文学及新闻传播学。文学是属于人文学科的学科分类之一，与哲学、宗教、法律、政治并驾于社会建筑上层。它起源于人类的思维活动。最先出现的是口头文学，一般是可以与音乐联结进行演唱的抒情诗歌。最早形成书面文学的中国的文学是语言文字的艺术，是社会文化的一种重要表现形式，是对美的体现。文学作品是作家用独特的语言艺术表现其独特的心灵世界的作品，离开了这两个极具个性的独特性，就没有真正的文学作品。一个杰出的文学家就是一个民族心灵世界的英雄。文学代表一个民族的艺术和智慧。文学，是一种将语言文字用于表达社会生活和心理活动的学科，属于社会意识形态范畴。

（二）语言的定义

语言是人类特有的，是作为人类交际工具的音义结合的符号系统。每个符号单位都由音义结合组成。音义的结合是任意的，正是这种任意性，才使得人们能够用有限数量的音根据一定的规则进行组合，来表达和反映人类环境，以及他们各种各样的经历和情感。语言系统具有层次性，这种层次性使得它具有无限的灵活性，能够不断改变和调整自身结构，以便适应外界交际环境的变化。不同的环境有不同的语言，不同的语言有不同的文化。语言是文化的一部分，并对文化起着重要作用。语言反映一个民族的特征，它不仅包含着该民族的历史和文化背景，而且蕴藏着该民族对人生的看法、生活方式和思维方式。

（三）文化的定义

从广义上说，文化指人类社会历史实践过程中创造的物质财富和精神财富的总和，包括文学、艺术、宗教、哲学等社会科学及各种自然科学的成果，集中反映了人类的精神文明和物质文明。狭义的文化指社会的意识形态，以及与之相适应的制度和组织结构，有时也特指教育、文学、艺术等方面的精神财富，以与政治、经济、军事等方面的知识与设施相区别。文化是一种历史现象，每个社会都有与之相适应的文化，并随着社会物质生产的发展而发展。文化不仅包括城市、组织、学校等物质的东西，而且包括思想、传统、家庭模式、语言等非物质的东西。简单地说，文化指的是一个社会的整个生活方式，一个民族的全部活动方式。

文化是一个非常宽泛的概念，有着各种各样的表现形态。《现代汉语词典》给“文化”一词所下的定义是：“人类在社会历史发展过程中所创造的物质财富和精神财富的总和，特指精神财富，如文学、艺术、教育、科学等。”文学文本是一种文化产品，它既是一种物质文化，又是一种精神文化。它是以艺术化的语言符号构成的，融汇着无限丰富的内涵。文学语言不仅传递着作者的创作观念、价值取向、审美品位，还映射出现实生活中的各种文化现象，承载着丰富多彩的文化意味。由于不同民族、不同时代、不同地域都有各自独特的文化现象，所以文学语言也就带上了民族、时代和地域的文化印记，也就成为一种文化现象。

二、文学语言与文化的关系

语言和文化是密不可分的，语言有丰富的文化内涵，不具备文化内涵的语言是不存在的。不同国家有着不同的语言、文化习俗，每种语言都反映着一种文化，因而任何形式的语言都具有某种文化的内涵。跨文化的语言交际往往会受到文化差异的干扰。因为语言对社会文化的发展十分敏感，任何变化都会在语言中有所反映。语言是文化的载体，文化又深深地植根于语言。语言既是文化的反应，又是掌握一种文化的直接有效的工具。而翻译与文化的关系密不可分，翻译中的文化因素十分复杂，具体情况千变万化，处理起来也无定规可循。不过，有两点值得我们注意，即翻译者熟练驾驭两种语言的能力及其对两种文化的理解程度。因此，翻译是无法实现准确性和真实性的。由于翻译受到文化差异的影响和制约，提示翻译者在翻译的过程中不仅要考虑语言的差异，还要密切关注文化的差异；在了解本民族文化的同时，还要深入了解外国的文化，并比较两种不同文化之间的差异，这样才能达到翻译的最佳效果，实现文化交流的最终目的。可以说，在现代国家中，绝对不受外来影响的固有文化是不存在的。跨文化的交流又必须通过翻译，没有翻译就没有跨文化交流。各国、各民族之间的文化交流，既促进了各国、各民族自身文化的繁荣，也丰富了世界文化，促进了世界文明的发展。可见，翻译与语言、文化息息相关，密不可分。

语言是文化的一部分，并且是极其重要的一部分，可以说，文化是语言活动的大环境。文化既反映在语言文字中，又存在于使用该语言文字民族的知识结构中。语言中的文化因素与人们头脑中的文化意识相互作用，由此完成人际交流的任务。原有的文化环境一旦改变或失去，或文化得以寄托的语言系统发生变化，文化和语言的联系就要中断。仅靠语言本身的概念意义，交流的任务可能难以完成，甚至失败。语言是文化的一部分，同时又是文化的载体，人类的各种文化只有通过语言才能得以传播、交流、发展、延续。所以各种文化因素都能在语言中找到根据，语言文字中处处都打着文化的烙印，语言活动过程中时时可见文化的踪迹。

（一）由功利性、现实性认知到审美感动

接受者对文学语言的理解，直接关系到后者的价值实现。在文学语言发展过程中，接受者可按其对语言的不同理解，分为合拍甚至超前的接受者和滞后接受者。前者从审美角度充分理解创新文学语言的成就，甚至具有引导其进一步发展的思路，他们是推动文学语言发展的重要力量；滞后的接受者则常以陈旧的接受标准固执地批评文学语言的创新，主要体现为其以现实所指衡量、揣摩文学语言的内容，以功利标准评价其意义（二者是儒家文学语言观念的两个紧密联系的重要方面），他们是文学语言发展的阻碍力量。

文学语言在其发展的初始阶段，由于缺乏对描写对象的有效超越而与现实较为接近，《左传·襄公二十九年》对吴国公子季札在鲁国观乐的记载，是流传至今最早的关于读者接受方面的资料，季札通过各国诗乐特征推测其政治兴衰，这对《诗经》来说，是大致可行的。以后《诗大序》对《诗经》语言于现实生活的实录性作了更片面的强调，并因《诗经》被尊崇为经典而产生广泛影响，以至于在文学语言有所发展时，一些接受者仍滞后地批判文学语言之与现实的内容不符，如王充批评汉赋“不能处定是非，辩然否之实”(《论衡·定贤篇》)，批评“短书”小说、神话故事之“浮妄虚伪，没夺正是”(《论衡·对作篇》)。与此类滞后的接受方式并存的，是一些合拍的接受方式，如桓谭即对汉赋的华丽辞章持肯定态度，对小说的价值亦有所认同。与以事实为标准衡量作品内容之是非真假相关，一些读者还常以现实道德标准衡量作品善恶，如苏轼责备李后主“最是仓皇辞庙日，教坊犹奏别离歌，挥泪对宫娥”与“后主既为樊若水所卖，举国与人，故当恸哭于九庙之外，谢其民而后行。顾乃挥泪宫娥，听教坊离曲哉！”而在以后接受了西方文学理论熏陶的王国维眼中，后主之词则为“以血书者”“俨有释迦、基督担荷人类罪恶之意”(《人间词话》)，以动人、表现人类普遍情感为价值标准，显示了其较高的接受水平。

以功利标准衡量语言意义，是和以现实所指揣摩语言内容相辅相成的另一种滞后性接受方式。儒家对《诗经》的功利性阐释是此种接受方式之源头，如其认为“正得失，动天地，感鬼神，莫近于诗。先王以是经夫妇，成

孝敬，厚人伦，美教化，移风俗”（《诗大序》）。这种接受方式在以后衍化出指责汉赋缺乏讽谏效用的批评力量，扬雄指出赋“劝而不止”（《汉书》本传），王充认为司马相如之作《大人赋》、扬雄之作《甘泉赋》，“令两帝惑而不悟”（《论衡·遣告篇》），都属对于赋之语言发展的滞后性评价。另外，非功利的接受方式也同时存在，如傅毅《舞赋》就假托宋玉之口，回护辞赋之侈丽，认为“郑卫之乐，所以娱密坐，接欢欣也。余日怡荡，非以风民也，其何害哉”。此类不同接受方式一直延续到以后的文学历史中。如上所述的不同接受方式，它们的此起彼伏，以及由功利性、现实性认知而逐渐走向审美感动的大势，构成了文学语言观念发展的重要方面。

（二）由被动承载到主动建构

文学语言作为记载描写对象的工具，显示出其对于现有文化的附属关系，是文化的传声筒和见证者；文学语言越是在意义的丰富性和个性化层次上达到对描写对象的重构，就越能达成对于现有文化的超越，从而建构出新的文化素质，达到对现有文化的丰富甚至颠覆。而文学语言对于文化的主动建构功能，其本质是为了满足人性的超越需求（这是比食欲、性欲等现实需求更高等级的人性需求），通过文学语言的造型和赋予意义，能够开拓出一条通向人性丰富完整的精神航道。

儒家载道的文学观念就是对文学语言依循于主流文化的角色特征的强调，这在唐宋古文家的思想主张中较为突出的体现，如韩愈认为，“气盛则言之短长与声之高下者皆宜”（《答李翊书》），这里的“气”主要指道德、学识、修养等方面的内容，语言存在的唯一目的就是承载现有的道德等内容。欧阳修对此作了进一步地阐述，认为“大抵道胜者文不难而自至”（《答吴充秀才书》），如果说，“气”的外延还相对广泛，“道”的所指则更为明确，就是指正统儒家道义，语言完全受其所承载的道义水准的制约，而缺乏独立意义。将文学语言视为主流文化的承载工具，这种观念的严格程度是当时思想统治严酷及文学语言缺乏独立表现空间的反映。在这样的文化环境中，文学语言的发展是受压制的。但在文化统治相对松动的时候，文学语言对于文化的主动建构功能就变得活跃起来。文学语言的文化建构功能的实现往往与其本体特征的体认紧密关联，南朝对文学之“文”特征的强调，就包含了不再以伦理道德作为文学语言必须承载的内容的意思。梁元帝《金楼子·立言篇》即将“文”与“儒”“学”“笔”区分开来，在这样的基础上，

“文”无须承载圣人之道，而以“情灵摇荡”为目的，并有“绮分披，宫徵靡曼，唇吻道会”的美的形式追求，文学本体特征受到充分重现。其时文学语言对现有文化秩序的超越在宫体诗中就有体现，从来自卫道者的不断批判，可以看到宫体诗与主流文化的悖反。只是这种悖反并不是因其“止乎衽席之间”“思极闺闱之内”的题材选择，而在于其“清辞巧制”“雕琢蔓藻”的语言组织所达到的情感内容表现之精细、曲折和深妙，这种情感内容对人性发展水平的体现是不可替代的。人们常常从南朝诗歌题材中体会其文化内涵，有关佛教与南朝诗歌关系的研究就典型地体现了这一点，这背后其实隐含着对于南朝诗歌语言重构题材而对文学性内容表现的漠视。事实上，南朝诗歌的文学性内容与佛教的关系更值得深思。例如，可以研究南朝诗歌语言得以表现的内容之深细精微，与南朝佛教之概念精确、分析深细幽微之间的关系这一类问题。内容的精细深微才是南朝诗歌最具文化干预性和建设性的内容，这种内容正是由其进行精致的文学语言经营而得以表现的，此类审美情感内容对于当时的文化具有无可替代的建构意义。

第三节　文学与语言教学

一、文学的文化性

在谈到文学与语言的关系时，李斌宁教授曾说过：“文学是最好的语言，如果我们想要学习并掌握最好的语言，就必须学习文学。”文学可以作为传播文化的有效手段，作为一种语言分享的载体将人们深刻的思想与丰富的情感呈现出来。文学的发展有着悠久的历史，古人学习“四书五经”，是希望使自己的语言精练犀利、富于思想。人们在使用语言、运用语言的过程中，推动了文学的发展，其本身蕴含的文化性对于人类精神素养的提升有着积极的促进作用。

（一）文化教学的目标与内涵

文化教学致力于传授人们交际或与外语教学有关的文化知识，也就是研究两种社会文化的相同和不同之处，使学生对文化差异有较高层次的敏感性，并能把它用于交际中，从而达到交际成功的目的。学生文化意识和跨文化交际能力的培养需要教师的帮助和引导，需要在英语课堂教学过程中，把文化教学融入语言教学的长期努力。传统意义上的文化教学是教授目的语国家的历史、地理、国家机构、文学艺术及影响文学作品理解的背景知识。文化教学不仅仅是讲授不同国家的文化现象或者传授给学生文化事实，还要培养他们的跨文化交际能力。如果学生只是死记硬背文化事实，往往会造成其在跨文化交际过程中因循守旧、不擅变通。因为文化不是一成不变的，只有真正掌握跨文化交际的原理和技巧，才能以不变应万变，达到得心应手地进行跨文化交际的目的，这才是文化教学的真正内涵。

（二）文化在语言教学中的重要性

外语学习由几部分组成，包括语法能力、交际能力、语言的准确性和对本族文化及其他文化的态度转变。无论对于研究者还是普通外语学习者而言，文化能力，即有关风俗、习惯、信仰和意义系统的知识，毋庸置疑地应该成为其外语学习不可分割的一部分，许多教师已经把文化教学作为一个教学目标融入语言课程中。在过去十年中已经受到足够重视的交际能力，强调的是“语境”的作用，认为在不同情境中，交际者应该得体地运用语言。语境中蕴含着文化规则，发生在具体语境中的交际行为受文化的限制，所以要实现有效、得体的交际要求交际者既了解语言的语法知识（语法能力），又能够解读语境中暗含的文化意义（交际能力或文化能力），两种能力相互补充形成交际能力。把语言仅仅当作一种符号，只学习语法规则无疑是一种错误的观念。在某种程度上，如果只对与语言有关的社会动态给予关注，而不能对社会和文化的结构有深远的洞察力，也可能导致其在跨文化交际中产生误解。所以外语学习就是外国文化的学习，在外语课堂中应该涉及文化，这是毫无疑问的。值得争论的是“文化”的含义是什么，怎样才能将文化融入语言教学中。

文化语用失误比单纯的语言错误更容易在跨文化交际过程中造成不良影响。因为收听者很容易发现表面的语言错误，如语法错误、语音不准确等，这种错误一旦被发现，收听者会认为说话者缺乏足够的语言知识，但可以谅解，甚至会对说话人敢于交谈的勇气表示钦佩。而对于文化方面的语用失误，收听者却不会像语法错误那样看待。如果一个能说一口流利外语的人出现语用失误，他很可能被认为不礼貌或不友好。他在交际中的失误便不会被归咎于语言能力的缺乏，而会被看作粗鲁或敌意。所以，外语学习者在学习一门语言时不应忽视目的语文化。随着文化在语言习得中的重要性逐渐被肯定，语言教学研究者和工作者开始进一步探讨如何能够有效地在外语教学过程中渗透文化知识，于是就产生了“文化教学”这一概念。第二语言教学的目的主要是培养学生把语言作为交际工具来掌握的习惯。寓语言教学于文化背景的目的之一是发现并排除干扰语言交际的因素。不同文化层上的语用失误贯穿于英语学习和使用的每个阶段，因此，不同阶段的语言教学应与不同层次的文化教学有机地结合起来，从而建立一个相应的文化认知系统，以使学生英语水平得到全面提高。

二、文学与语言教学的关系

语言教学根据教学环境和对象的不同，可以分为母语教学、二语教学和外语教学。这三类教学模式既遵循共同的语言教学规律，又因其各自的教学对象和教学目的的不同而必须遵循其特有的规律。在我国的基础教育中，语言教学主要有母语教学和外语教学。在这里，简单地阐述下母语教学和外语教学的有关内容。母语通常指的是一个民族的本族语。汉语为我国的母语，其教学通过“语文”这门学科来体现。所谓“语文”，就是语言和文学的结合体。语文教材中的文章一般最能体现语言的、文章的或文学的一般规律。外语是指为了与外国人交流沟通而使用和学习的非本族语。外语教学的目的是帮助学生掌握一种能争取个人充分发展的工具。基础教育阶段中，我国的外语教学主要是英语教学。张正东认为，外语学习者不具备二语学习者所有的目的、条件、动力，所以教学内容应该侧重其语言的规范性和高频率的使用，应该选取规范、典型的生成力强的“种子”语言，以便学生尽快了解外语的特征。威多森认为，外语教学内容应反该映教室外的“真实世界”，但也应该考虑学生感兴趣的学科与非学科内容。

不管是哪种教学，都应该反映出目的语的语言特征和规律，还应该考虑学习者感兴趣的、与学习者生活相关的语言材料。文体学曾使语言学和文学走到了一起，而在外语教学中，文学和语言教学应该相互结合、相互促进。在英语教学中，为了让学生能尽快掌握英语语言特征，使其能在英语语言环境中准确和得体的运用语言进行交际，就更应该重视文学在语言教学中的作用。只有文学融入英语语言教学中，教学才能更符合语言学习规律，才能真正实现提高学生交际能力和综合素质的目标。文学是语言教学的肥沃土壤，离开了文学，语言教学就会黯然失色。文学是一种语言行为，奠定了语言教学和实践的基础。它为语言教学提供了丰富的语言材料、丰富的文化知识和真实的语言情景。因此，文学和语言教学密切相关，文学和语言教学应该有效地结合起来。

三、文学和语言教学的反思

文学教学不能脱离语言教学，而学习文学能加深学习者对语言的学习。在开展文学教学时应注意语言教学，使学生在学习文学的同时，在语言学习方面也有收获。例如，在教15世纪前后广泛流传于英格兰和苏格兰群众中的民谣《罗宾汉和埃林阿代尔》时，教师结合其中出现的“Come tell me without any fail”这样的句子，说明“Come tell”这种形式早在15、16世纪的英语中就出现了。在教莎士比亚的著名喜剧《威尼斯商人》时，结合说明莎士比亚戏剧语言既不是古英语或中世纪英语，也不是近代英语，而是一种早期近代英语。其特点之一就是简练。在《威尼斯商人》中就出现“You may as well go stand upon the beach”中“go stand”这种简略形式。还有诸如“Why sweat they under burdens?”“ Came you from Padua，from Bellariot”等省略助动词的现象。此外，莎士比亚早就使用了现代英美作家常常使用的兼有介词、形容词和副词特点的“near”及其比较级“nearer”、最高级“nearest”，而不用“ near to”，以求表达简练。

文学家往往也是语言大师。他们善于根据典型环境，通过恰到好处地词与句来表现典型人物的言行，从而达到刻画典型人物性格的目的。狄更斯萨克雷、爱米丽、爱略特、哈代等著名英国小说家都能笔下生辉。他们的力作中有许多活色生辉的章句。马克·吐温、詹姆斯、刘易斯、海明威、福克纳、密勒等著名美国小说家、剧作家也都以各自的文风对具有美国民族特色的英语产生了影响。如能在文学教学中加以结合运用，既可陶冶学生的情操，又能让学生学习作家们在遣词炼句方面匠心独运、矫然不群的功力。文学教学牵涉面较广，其中包括文学基础理论知识的讲授。我们在教学中的另一点体会就是要处理好理论知识讲解与技术培养的关系。必要的理论知识要讲，比如教诗歌就可以根据诗歌题材和体裁的不同，介绍英语诗歌中的类格律诗的特点；教戏剧可以结合戏剧种类的介绍和戏剧结构特点；教小说则可以介绍小说类型及意识流、象征手法、弗洛伊德潜意识性心理描写等英美现、当代小说技巧及有关理论知识。在教学中还应结合介绍相关文学术语并指导学生运用马克思主义文艺观点正确对待西方作品。这样，学生在学习作品的同时也增长了必要的文学知识。但是，文学理论知识的讲授要适当，不能满堂。要注意理论知识学习与技巧技能训练的关系。为了改革学生跟着教师转、教师跟着书本转的封闭式教学，我们不采用单独开文学史的方法，而是把文学史结合到作品选读中去讲。把纵（即年代、时期讲文学史）和横（讲各时期的代表作家和代表作）穿插起来，以文带史，重点在作品。例如，讲乔叟的《坎特伯雷故事集》时，就介绍中世纪文学；讲莎士比亚的《威尼斯商人》，就介绍文艺复兴时期的文学。各个时期还必须有所侧重。其余部分让学生自己去看书。

课堂教学的主要时间则应放在作品本身的分析与鉴赏上。不同作品、不同体裁、不同作家有不同特点，有的长于细致的心理刻画，有的好用人物独白，有的善用象征手法，有的喜用意识流。教学方法也应因其而异，防止千篇一律。例如，在分析"《黄墙纸》中'疯女人'的重生历程"时，可以从"被禁锢的'疯女人'""奋力解除禁锢的'疯女人'""'疯女人'的重生"进行分析。[1]与此同时，还要注意调动学生的主观能动性，培养他们分析问题和解决问题的能力。"在以学生为中心的大学英语教学体系中，学生的个别因素已经越来越不可忽视，其中情感因素的重要地位已经受到越来越多教师及研究者的注意。"[2]为了改变上文学课学生不动脑、不开口的现状，我们每教一篇新作时都在课前事先布置几道思考题，要求学生带着这些问题去预习。此外，我们还布置学生查找适当的有关作家、作品的情景材料或某些文学术语的作业，培养学生使用英美文学百科全书等工具书的能力。课上教师通过提问或小测检查学生预习的情况。每教完一篇作品，除不适合者外，都布置讨论题，要求学生事先写好发言提纲，开展课堂讨论。讨论题必须是启发性的，有利于学生从思想内容和表现手法等方面去分析鉴别作品，有利于提高学生理解能力和口笔头表达能力。讨论可以以小组进行，可以在小组讨论的基础上推选代表在班上发言，也可以让全班进行大组讨论。教师则可以借机作启发性或总结性发言。课堂教学毕竟是十分有限的。为了增加阅读量，改变普遍存在的学生阅读能力比较薄弱的问题，我们在学年初就开出书单，要求学生在一学年中阅读完指定的英美文学著作。为了检查学生课外阅读的情况，我们不定期举行多项选择测试。此外，还可以要求学生经常写读书报告、心得体会或评论文章，但要求语言规范，言之有物。写得好的或有特色、有创见的文章经过教师批阅之后编成专刊，供学生观摩交演。互相学习文学是一种特殊

[1] 毛春华.《黄色糊墙纸》中"疯女人"的失语与顿悟[J].沈阳工程学院学报（社会科学版）,2012,8(03):363-365.

[2] 毛春华.大学生英语课堂发言的焦虑及应对措施[J].青年文学家,2014,(2):192-193.

的社会现象，文学教学必须根据文学创作的规律性，合理地组织教学，切实地了解教学对象，科学地安排数学方法，努力使学生通过学习文学扩大视野、增长知识，初步学会如何分析鉴赏文学作品，还可以使学生口头、笔头表达能力得到进一步锻炼和提高。总之，文学教学要打破封闭式的教学思想和教学方法，处理好文学和语言的关系、理论知识和技能技巧的关系。

四、文学文本的特点

文学语言形式丰富多彩，可以说几乎调动了一种语言所有的语言手段和语言结构，目的在于塑造人物形象、展示人物心理和个性、渲染气氛、展开情节等。不同的文学体裁的文学语言特点有明显差别，但也有着共同的基本特点。这些特点主要表现在七个方面：形象性、抒情性、含蓄性、象征性、幽默性、讽刺性、韵律感。

（一）形象性

形象性是文学语言的一个显著特点。无论是小说、散文、戏剧还是诗歌，都力图以各种语言手段塑造出生动鲜明的形象，以达到表情达意的效果。例如：

He lay at his ease in a rough chariot.As dogs this terrible man treated.In person he was cadaverous and blackavised

His eyes were of the blue of the forget-me-not…（J.M.Barrie：*Peter Pan*）

胡克船长很安逸地躺在一辆破旧大车里……这个凶悍的家伙把他们当狗一样……他面容铁青……他的蓝眼睛蓝得像勿忘我的花……

本例选自詹姆斯·巴里的《彼得·潘》。其中作者使用了大量的比喻来描述胡克船长出场时的场景，如将他的手下比作狗，将他的发卷比作黑蜡烛，将他平静时的蓝眼睛比作勿忘我，将他发怒时的眼睛比作燃烧的火焰。通过这些形象的比喻和描写，胡克船长的形象仿佛就在读者眼前，令人读后印象深刻。

An English Spring

Even in winter the coppices are beautiful to the eye, while they comfort the mind with the idea of shelter and warmth.In months, which is about the lime from the first appearance of delicate ; eaves of the birch to the full expansion of those, of the ash; and even before the leaves come at all to intercept the view, what in the vegetable creation is so delightful to behold as the bed of a coppice bespangled with primroses and bluebells? The opening of the birch leaves is the signal for the pheasant to begin to crow for the blackbird to whistle, and the thrush to sing; and just when the oak- buds begin to look reddish, and not a day before, the whole tribe of finches burst forth in songs from every bough, while the lark, imitating them all, carries the joyous sound to the sky. (William Cobbett: *Rural Rides*)

本例是威廉·考伯特的散文集《骑马乡行记》中的一篇。文中的语言形象地再现了英国农村的春天，将春天来临的喜悦与新鲜之感描述得生动鲜活，跃然纸上。

（二）抒情性

为了渲染气氛、衬托心情，文学作品中经常使用抒情性的语言来感染读者。这种特点在诗歌、小说、散文中均有大量体现。例如：

Shall I compare thee to a summers day?
Thou art more lovely and more temperate:
…
So long as men can breath or eyes can see,
So long lives this, and this gives life to thee.
(William Shakespeare: *Sonnet 18*)

是否能将你比作夏日？
你比夏日更加可爱、温柔：
……
只要一息尚存、双目可见，
这首诗便与你长存。

本例是莎士比亚著名的十四行诗的第十八首。诗中将 thee（你）比作夏日，并通过热情澎湃的抒情，表达了诗人对美的热爱。再如，美国作家华盛顿·欧文在《平安夜》(*Christmas Eve*）中描写了这样一段场景：我正准备上床睡觉，一串音乐声好似就在我的窗户下面响起。我听出是一个乐队在演奏，认定是邻村的圣诞乐队。乐队围着屋子走，一边走一边在窗下奏乐。我拉开窗帘想听得更清楚。月光透过窗扉上部，照亮这间旧屋子的一部分。乐声随着远去变得愈发轻飘，好似与周围的宁静还有月光相伴。我听着听着，乐声越来越微弱、越来越遥远，逐渐消失。我的头落于枕上睡去了。

在这段话中，作者用抒情的笔法描绘了轻柔的音乐和静谧的月光。通过这些描写及“我”对这音乐的侧耳倾听，可以看出“我”宁静、愉快的心情，也让读者感到舒服。这种情景结合的写作手法在抒情中使用得十分频繁。又如，英国著名作家奥斯卡·瓦尔德在小说《道林·格雷的画像》(*The Picture of Dorian Gray*)中描绘了这样一个场景：风吹落了树上的一些花瓣(blossoms)，星星一样(clustering stars)的丁香小花朵团在一起，沉甸甸的，在慵懒的空气(languid air)里摇曳着。墙边的一只蚂蚱唧唧(chirrup)地叫了起来，一只细长的蜻蜓展开薄翼如同一根蓝色的线飘然而过(floated past)。亨利勋爵觉得似乎听得到巴希尔·霍尔沃德的心跳，他想知道霍尔沃德下面要说什么。在原文中，作者用了 blossoms，clustering stars，languid air，chirrup，floated past 等词语对当时的场景进行了细致入微的描写，也烘托了作者当时的心情。

（三）含蓄性

文学作品中常常用含蓄的语言来表达情感，以留给读者足够的空间去思考、想象和回味，从而加深文学作品的意味。因此，含蓄性是文学语言的一大特点。例如，奥斯卡·瓦尔德在《道林·格雷的画像》的末尾处描写了这样一个场景：人们进到屋里以后看到墙上挂着一副画像，画里的男主人绝代风华、年轻英俊。而地上躺着一位枯瘦如柴、满脸皱纹、面目可憎的死者，胸口还插着一把刀。人们直到看到死者手上的戒指才认出死者是谁。

在描述这一场景时，作者并没有用太多笔墨去对比道林·格雷生前死后相貌上由美到丑的剧变，也没有描写人们对此剧变的惊诧和议论，更没有对此发表任何评论，而是采用了一种就事论事的口吻来叙述，而正是这种就事论事的笔触最能引发读者深思于是，当人们看到“It was not till they had examined the that they recognized who it was.”这句话时，即使作者没有明说，读者自己也可以想象道林·格雷死的时候究竟变得如何丑恶，以至于那些与他朝夕相处的仆人们需要通过戒指才能辨认出他。这种含蓄的表达无疑给读者留下了充足的想象空间，这比煞费苦心的描写带给读者的震撼要更强烈。

（四）象征性

文学作品中经常利用一些象征性的表面事物、现象来呈现一种深层含义，其作用就在于能够通过简单的象征物传达微妙的、深刻的思想情感，不失含蓄。例如：

Involuntarily I glanced seaward and distinguished nothing except a single green light, minute and far away, that might have been the end of a dock.（F Scott Fitzgerald: The Great Gatsby）

我也不自觉地望向大海——除了一盏绿灯什么都看不清楚。这盏绿灯又小又远，可能是某个码头的尽头。

本例选自菲茨杰拉德的著名小说《了不起的盖茨比》。“green light”（绿灯）在整部小说中是一个贯穿始终的重要线索，它象征了盖茨比一生追逐的梦想。他为了找回年轻时因贫穷而失去的黛西，历尽艰辛最后用不可告人的方式进入了上流社会。因此，当绿灯第一次出现时，盖茨比朝着那盏绿灯的方向“把两只胳膊伸了出去”。然而最终也是这盏绿灯，昭示盖茨比梦想的幻灭。

（五）幽默性

幽默是文学作品用以吸引读者眼球，促进读者理解和接受作品情感、观点的一种有效方法。例如，亚历山大的《破案神速》（Quick Work）讲述了这样一个故事：泰德·鲁滨孙上周二收到了警局的一封信。他不知道警局为什么找他，因而为此焦虑了一个星期。昨天他去了警局，一位警察微笑着告诉他，他二十年前被偷的那辆自行车找到了。阅读这个故事时，读者很容易被泰德·鲁滨孙焦虑、紧张的情绪带动，而当他们读到“… he was told that his bicycle, which was stolen twenty years ago when Ted was a boy of fifteen, had been found.”一句时，故事前后的反差极大，警察们低下的办事效果也令人觉得十分可笑。再如，华盛顿·欧文在《平安夜》中这样描写了一位军官：“他身材修长，面容英俊，像近年来大多数年轻的英国军官一样，在欧洲大陆学到了各种各样的细巧（small）的才能：他能讲法语和意大利语，会画风景画，歌唱得也不错，舞跳得神乎其神，而最重要的是他在滑铁卢战场上受过伤，哪一个熟读诗歌和爱情故事的十七岁少女能抗拒这样一个英勇完美的化身呢？”

原文介绍军官从欧洲大陆学到了各种才能时用了“small”一词，看似不妥，但当读者读到后文时发现，这些“才能”不过是用来讨上流社会的女性开心的，并无很大的意义，就会发觉“small”一词不仅十分恰当，而且增加了原文了的幽默、诙谐之感。另外，年轻的军官曾在战争中负伤这件事竟然让他成为情窦初开的少女心目中的英雄，这也不禁令读者感到好笑。

（六）讽刺性

讽刺性和幽默性在文学作品中经常结合在一起，其目的在于揭露一种社会现象，批判一些社会习惯。运用讽刺可以使文字更加生动有活力，使主题得到深化，从而给读者留下深刻的印象。例如，奥斯卡·瓦尔德在《忠实的朋友》(*The Devoted Friend*) 中描述了磨坊主和他妻子的对话。磨坊主对他的妻子说道："冬天去小汉斯那里没有用，当人有困难的时候，我们应该让他们自己待着，不要去打扰他们。这就是我对友谊的看法，而且我认为我的看法是对的。所以等到春天我再去看他，到时候他就会给我一大束樱草花，这样他就会觉得很开心。"他的妻子说："你太为别人着想了，听你谈论友谊很愉快。我相信即使牧师也不能像你这样说出如此的道理，虽然他们住着三层的小楼，小指带着金戒指。"原文中的这段话并没有使用讽刺、批判磨坊主的词语，而是将磨坊主与其妻子的对话，直观地呈现出来，通过这段对话读者很快就会发现他们的自私冷酷、唯利是图，那么作者的讽刺意图就达到了。

再如，英国著名女作家简·奥斯汀在《傲慢与偏见》(*Pride and Prejudice*) 中写了这么一段话：一位富有的单身汉必然需要一个妻子，这条公认的真理深深植根于人们的大脑中，以至当有这样的男士出现时，他的邻居们就会将其视为自己某一个女儿的合法财产，根本不管女儿们对这位男士的情感、想法了解得有多少。这段话用一种略带幽默的口吻讽刺了当时社会崇拜金钱、权力的社会现象，这种世俗态度在原文中表现得十分明显，读者很容易体会到作者的写作意图。

（七）韵律感

文学语言普遍具有音美、形美、格调美的特点。其中的音美就主要体现在文学语言的韵律和节奏上。例如：

The fair breeze blew, the white foam flew:
The furrow followed free.
We were the first that ever burst.
Into that silent sea.
(Samuel Taylor Coleridge: *The Rime of the Ancient Mariner*)

和风吹荡，水花飞溅，
船儿破浪前进，

驶入那沉寂的海洋领域，

我们是第一群人。

再如，约翰·史科普斯在《震惊世界的审判》（*The Trial That Rocked the World*）中这样写道：我们后退到16世纪那个“辉煌的”年代。那时候若谁敢为人类带来智慧、启蒙和文化，他就会被那些偏执的基督徒们（bigots）捆在柴堆（faggots）上活活烧死。在这段话中，作者利用“bigots”（顽固的基督徒）与“faggots”（柴捆）押/o/韵，将这些偏执的基督徒和冷酷残忍联系在一起，反映了欧洲中世纪宗教的黑暗。

五、文学文本解读的方法

不同的哲学、语言学和文学理论派别对文学文本解读的方法会有不同的主张和见解。下面从实用的角度介绍两种主要的解读方法：一是新批评的方法，二是阐释学的方法。

（一）新批评的方法

“新批评”理论于20世纪20年代至60年代在文艺理论界曾红极一时，它极其重视文学文本本身，从文本出发来理解和获得文本意义。美国当代著名文学理论家艾布拉姆斯其著作《镜与灯》（*The Mirror and the Lamp: Romantic Theory and the Critical Tradition*）的开篇里设计了一个文学批评的图示，其中包含了文学评论的几个必要因素，作家（artist）、作品（work）、读者（audience）和宇宙（universe）。其中，作品位于核心地位。在新批评理论体系中，最为核心的概念就是细读（close reading）。20世纪40年代，新批评学派出版了实践其理论的“指南”，一系列著名教材《理解诗歌》（*Understanding Poetry*）、《理解小说》（*Understanding Fiction*）、《理解戏剧》（*Understanding Drama*）等。这些著作中所包含的新批评基本思想和精神至今仍然具有普遍意义。新批评的基本思想和主要原则包括以下四点。

第一，强调文本。

第二，新批评的原则基本上是针对语言方面的。

第三，新批评者要做的事情就是细读（close reading），阐释作品中语言和修辞成分的关系。

第四，作品是意义的结构。意义是主题意象和象征行动之间的互动。

这些基本精神有助于人们对文学文本的理解。下面以17世纪英国诗人安德鲁·马维尔的名作《致羞涩的情人》(*To His Coy Mistress*)的部分文段为例，来看看如何运用新批评的文本细读法来解读诗歌和评论诗歌。

Now therefore, while the youthful hue
Sits on thy skin like morning dew
And while thy willing soul transpires
At every pore with instant fires,
Now let us sport us while we may:
And now, like amorous birds of prey
Rather at once our time devour
Than languish in his slow-chapp d power
Let us roil all our strength and all
Our sweetness up into one ball;
And tear our pleasures with rough strife
Thorough the iron gates of life.
Thus, though we cannot make our sun
Stand still, yet we will make him run.
因此啊，趁那青春的光彩还留驻
在你的玉肤，像清晨的露珠
趁你的灵魂从你全身的毛孔
还肯于喷吐热情、像烈火的涌，
让我们趁此良辰美景释放吧，
像一对食肉的猛禽一样周身发烫，
与其受时间慢吞吞地咀嚼而枯凋，
不如把我们的时间立刻吞掉。
让我们把我们全身的气力，把所有
我们的甜蜜的爱情揉成一团，
通过粗暴的厮打让我们的欢乐
从生活的两扇铁门中间扯过。
这样，我们虽不能使我们的太阳
停止不动，却能让它奔忙。

运用新批评的基本原则，可以从以下四个方面来解读此诗。第一，诗歌是一种强调形式的艺术，这首诗基本上是用四音步抑扬格（tetrameter iambic）写成，一直使用“aabbcc”式。但有少数诗行例外，这些变异使全诗在节律整齐之余富于变化。第二，在用词方面，选用了朴素但略带庄严的词汇，无口头用语，清楚、直接。第三，从结构和意象来看，该诗分为三个部分。第一部分的主调是无限的时间，诗人故意用夸张的设想表现戏谑的情调；第二部分则是对人生短促的意识；第三部分充满了暴力和行动意象，与前两个部分有很大反差。第四，从主题来看，表面上这是一首爱情诗，可是最后两行“Thus，though we cannot make our sun I Stand still，yet we will make him run.”却在暗示死亡，点明时间控制着人的生命。今生短暂，这是及时行乐的理由。所以，诗的主题不仅仅是爱，也包含着“Carpe dien”的主题。因此，可以得出以下结论。

（1）这是一首传统的格律诗。

（2）第一、二部分节奏韵律规则而沉静，第三部分气势凶猛。

（3）从整体上说，这首诗是悲观中带有些许的乐观情调。

（二）阐释学的方法

阐释学（Hermeneutics）这个词来自赫耳墨斯（Hermes），古希腊众神的信使，负责传达主神宙斯的旨意。在把神旨传达到人间，或把神界语言翻译、转换为人间语言时，需要做些解释工作，到中世纪阐释学变成对《圣经》经文进行阐释的学问。从10世纪到20世纪初，经过施莱尔马赫和狄尔泰的发展，该学科发展成为浪漫主义阐释学。到了20世纪60年代，阐释学思潮在德国又催生了一个新的美学派别，即接受美学。传统阐释学通常是指关于语法和心理学解释技艺的阐释学理论，又叫作“一般阐释学”。一般阐释学主要关注以下四个方面：

（1）原作者灌注于文本中的意义。

（2）基本任务是恢复或重建隐藏于原文本中的意义。

（3）阐释的目的是排除误解，消除解释者的偏见并获得客观的知识。

（4）把解释者中立化，排除解释者所受的时代和历史性解释活动的影响。

德国哲学家伽达默尔在传统阐释学的基础上，建立了“视域融合”（fusion of horizons）学说。在伽达默尔看来，理解活动不仅仅是技术和方法，更应该是对话式的，超越主体的历史事件。理解的每一步行动，都是文本流传的结果，或是作品与阐释者之间的对话。伽达默尔把这个活动和过程称为“视域融合”。视域融合理论的基本内容是：文本是由原作者的意向性构成的事件，具有原初的“视域”，称“初始视域”；解释者的“前理解”（prejudice）的“先行结构”，以及现今时代所形成的特殊的视域，称“现今视域”。这二者之间总是存在各种差距，这些差距由时间和历史情景的变迁引起，任何理解者都无法消除。在理解过程中，既不是“现今视域”消除“初始视域”，也不是相反，而是两种视域的融合，从而使理解者的视域和文本的视域都超越各自原来的界限，达到一种全新的视域。在这个基础上，形成了伽达默尔所谓的共同观点——意义。视域融合理论把理解过程的重心放到了读者身上，改变了新批评的封闭式阅读，结束了作为作家和作品的历史的文学史的时代，启发了接受美学的产生。德国学者姚斯的期待视域理论，几乎照搬了伽达默尔的视域融合说。

总之，阐释学的解读方法揭示了文本理解的主观性、动态性，文本的初始视域是新的理解的基础。传统阐释学的目的是找到文本的客观意义，避免误读或过度阐释，增添读者自己的意义。因此，首要任务是解读文学文本从形式到内容等多方面的意义。视域融合理论认为，不能把文本表达有意或无意地固定在某点上。否则，时代性过强的东西会渐渐落伍。因此，要追求长效性语言和表达，比迎合俗流更有意义。这当中，最理想的是保持一种平衡：不仅当代的人要喜闻乐见，将来的人也要愿意读才可以。

第四节 中西方英语文学教学

一、我国的英语文学教学

在中华人民共和国成立之前，英语教学一直以教授文学作品为主。从辛亥革命到中华人民共和国期间，我国英语教学处于一种长期的畸形发达时期。这一时期出版的英语教材很复杂，很多以文学读本为主。1918 年教育部召开全国中学校长会议，会议提出了有关外国语科的教授方法：“……文法宜与读本联络，并注重记诵，以期捷径；提倡课外读书阅报”（李良佑、刘犁，1988）。当时的中学外语课的教学目的是：“使学生练习运用切于实用之普通英语；使学生略见近代英文文学作品之一斑。”中共十一届三中全会以来，英语教育朝着正确的轨道上健康发展。改革开放后，我国的英语教学进入了繁荣发展的阶段，并为今后的飞速发展奠定了良好的基础。这一时期选编的教材体现了浓郁的文学特色，学校里的英语教学也以文学作品的学习为主。然而，随着交际法的出现，我国外语教学又发生了巨大变化。80年代中期，交际法开始在我国风靡，对我国外语教学产生巨大的影响。再加上进入90年代后，我国对外开放的实行，不同的英语教材和读物进入人们的生活使得教学可供选择的资源非常丰富。这样，外语教材中引入了大量的日常生活题材，替代了传统的文学材料，文学课文在教材中占的比例明显减少。后来，在一切以高考为中心的前提下，在实用功利主义的影响下，一些教学者忽视了语言文学性一面，一度认为文学教学属于语文教学的事情。就连教材中出现的少之又少的几篇文学作品也只是作为教师教授语言知识和语言技能的材料，文学失去了它应有的面目。如今，我国外语界又开始意识到"语言与文学无法分家"。不少文章的发表都不约而同地讨论了文学在英语教学中的潜在作用。许多学者认为文学教学是应该的也是必需的，继而又开始研究文学作品在外语教学中的地位和作用。研究的问题主要涉及以下几个方面：文学作品同语言学习者的兴趣爱好之间的关系；什么样的文学作品适合于外语教学；文学作品在文化传播方面的作用；外语教学中文学作品的改写和删减；文学作品是否应该局限于纯文学的范围之内。

林宇在其《论文学在外语教学中的作用》中说："文学可为学习者提供丰富多彩的语言材料，文学的价值在于它有助于学习者自然习得目的语，内化（internalize）新的语言规则。"刘辰诞提出，在篇章语言学的理论框架内学习文学作品可以"帮助学生认识目的语中篇章类型与语言组织之间的关系"，并且可以"促进对学生有用的以学习者为中心的语言活动"。白锡汉研究了英美文学教学与语言能力之间的关系，认为"大量的阅读对学生的语言能力的提高会起到潜移默化的作用，也可以提高其文学修养，并且能把不同文学进行比较。比较的过程也是语言能力，特别是语篇、语用、文化知识和能力提高的过程"。胡文仲指出"在外语教学中，文学作品往往能够提供最生动、具体、深入、全面的能提高学生文化素养的材料，从这个角度看，可以说没有其他任何材料可以替代文学作品"。

陈红认为那些割裂文学和语言关系的教学方法"在很大程度上忽视了学生阅读文学文本时可能获得的深层次的知识和技能"，她认为"文学是对系列有限的语言结构的生产性的应用。不管是口头文学还是书面文学，其语言体系的核心是相同的，文学在本质上并非有别于其他的语言行为"。王新春、鲜文森也认为文学在外语教学中受到冷遇是"极不正常的"，因为"文学的作用不可忽视，它不仅是语言的最高形式，而且是一个国家、民族文化精华的集中体现”，“对于一个学习语言的学生，不仅仅是学习语音词汇和语法这些语言结构方面的内容，而且必须同时学习有关国家或民族的历史文化传统和社会习俗，这样才能真正掌握这门语言的精髓，也才能真正理解和灵活运用这门语言”。综上观之，国内外学者对于英语文学教学所做的大量研究主要集中在两个方面：一是阐述英语文学课对外语学习者的作用和意义；二是针对提高英语文学教学效率而提出的教学方法和手段的改进。另外，有许多中国学者针对目前国内英语文学课程师资不够、课程设置及教材编写不合理等问题提出了自己的见解。同时，可以看出，赞成文学作品进入外语教材的论点主要集中在以下几个方面：文学作品对于激发外语学习者的学习兴趣有着不可替代的作用；文学作品对于引起外语学习者的感情上的共鸣有着不容忽视的作用；文学作品对于帮助外语学习者掌握文化背景知识有着潜移默化的作用；文学作品对于提高外语学习者的语言知识和技能有着独特的作用。

二、国外英语文学教学

在国外，传统外语教学的目标是去训练学生通过阅读、学习目标语文学作品和使用目标语的能力。对于文学作品在外语教学中的地位和作用，国外的代表性著作是 1978 年马克沃德和 1986 年布伦特和卡特的，这两本书都是从英语作为外语教学的角度出发进行阐述的。另外，亚瑟，查尔斯沃思和麦凯等研究者都强调了文学教学的重要性。查尔斯华斯指出：“轻视文学是一种普遍的现象，也是一种不合理的现象。在语言课程中排除文学这一基本组成部分就等于剥夺了第二语言学生们的一大资源，其结果是使学生失去对语言的一种宾至如归的温暖感，从而产生陌生感。”

19 世纪，语言教学只是为文学学习做准备。因此，非常重视正式语言的学习，尤其是书面语。桑德拉·莫凯则从三个方面论述了在英语作为外语的教学中文学教材的地位，他认为“采用文学教材可取之处颇多，一个是可用来讲授语法、词汇及其应用；其次，由于学生容易与文学作品产生共鸣，他们阅读文学作品的积极性高，其结果必然是学生的阅读能力的提高；此外，阅读文学作品还有利于加深学生对另一文化的理解。”苏珊·斯特恩也认为“文学对英语作为第二语言（ESL）或英语作为外语（EFED）的教学有着巨大的潜在作用”，他认为从语言、文化、审美三个方面来讲，文学作品都发挥着独特的作用，除此之外，他还认为，文学为语言学习提供了特有的深度，“语言学习应有更深刻的意义，不应像现在这样把学习的重点停留在表面的交际或交际能力上”，而“能为语言学习提供资源的是文学”。麦凯提到，英语课堂教学借助文学作品能给学生带来三方面益处。首先，它展现了作者为了取得特定的交际目标对语言形式选择的重要性；其次，它是语言综合运用能力的理想资源；最后，它能提高跨文化意识和培养语感。他在*Literature and Language Teaching*一书中重点论述了文学作品在二语习得中的作用和使用。他总结了文学的三点功能：一是，有助于学习者语言知识的积累；二是，能提高学习者与文本交流的兴趣，实现作者与读者的互动，从而提高阅读效率；三是，能增加学习者对目标语所在国文化的了解。他还讨论了文学作品的选择和使用问题，指出应选择简易读物或较简单的作品。

上述的这些专家和学者都分别从不同方面阐述和强调了文学作品在外语教学中的重要性，在当时的研究中比较具有代表性。美国1999年公布出版了主要针对中小学外语教学的《21世纪外语学习目标》，将外语教育归纳为五个以字母C开头的单词命名的教育形式，即“5C”教育，它们是Communication（交际）、Cultures（文化）、Connections（连贯）、Comparisons（比较）和Communities（社区）。说得具体些，就是运用外语交际、体认多元文化、贯连其他学科、比较语言文化特性、应用于国外多元社区。其中在文化内容（Culture Content）方面明确规定，学生必须接触该语言丰富的文化内涵，阅读具有重要意义的文艺作品。在今天，外语教学主要是以获取交际能力为目的，语言的社会文化成分备受重视，口语的流利也被强调。但是，其教学仍然没有忽视文学在实现这一目的中所发挥的作用，其一直保持着教授文学作品的传统。

第四章　英语文学作品概述

在对英语文学作品进行阐述的过程中，首先应对文学有一个清晰的认识。然而，要给文学下个确切的定义，却并不容易。综合中外论者对文学一词的阐释，我们知道文学具有以下主要特性：文学是语言的艺术，是用语言来反映生活、反映现实、表达思想、抒发情感的，是“emotion-centered”；它具有审美价值，其语篇功能主要是用艺术的语言叙事、状物、言情，达到感染人、愉悦人、教育人的目的。文学的这些特性也是它有别于其他文体的地方。要说清楚文学是什么虽然不易，但人们却能很容易地告诉你：小说、诗歌、散文、戏剧、影视等是文学。如此说来，文学语言就该是这些文学作品的语言，文学文体也就该是小说文体诗歌文体、散文文体和戏剧影视文体的总和。尽管小说、诗歌、散文、戏剧、影视中又能分出各种流派、各种风格的作家作品，正所谓体中有体、类中有类，但我们的注意力主要集中在英语各体类之间的文学共性的东西，即小说、诗歌、散文、戏剧、影视的语言特征及其翻译。

第一节　散文体裁

一、散文概念

（一）体裁概念

散文与诗歌、小说、戏剧并称四大文学体裁，而散文体裁的概念却远远没有另外三种明确，要界定什么是“散文”，绝非易事。不论在中国还是在西方文学史上，散文的范畴一直游走在时宽时狭、或宽或狭的变幻不定中，故而散文被称为文学体裁中的“吉普赛人”。汉语散文大体分为古代散文和现代散文两大发展阶段，总的说来，古代散文比现代散文的范畴更宽泛。南北朝时，刘勰在《文心雕龙》中提出“今之常言，有文有笔，以为无韵者笔也，有韵者文也”，又将“文”“笔”统称为“文”，所谓“文”，今称“古文”，是最宽泛的古代散文概念。古代散文概念的另一说法是“散行文字”，即非韵非骈的文体，“不受一切句调声律之羁束而散行以达意的文章”，或称散体文章，即不包括韵文，这个范畴同样十分宽泛，包含极广泛的文体。康熙年间编选的中国古代散文集《古文观止》选文极其丰富，被视为用作品串成的中国古代散文史，所选古文上自东周，下迄明末，“不仅收有政论、史论、文论、人物传论、经济科技散论及调查札记，还收有谏书、诏书、檄文这样的政治性应用文”，充分说明了古代汉语散文的宽泛性。

从古代散文到现代散文，汉语散文概念经历了重大裂变，这个裂变的分水岭是五四新文化运动。五四运动开创了我国近代文化思想的新时期，学术分工的意识也很明确，对于文学、哲学、史学和伦理学的研究也逐步展开，在西方近代文艺科学的影响下，文学体裁分为小说、散文、诗歌、戏剧四类。这里所述“散文”则是“狭义散文”了。这种散文被称作“现代散文”。“中国散文由古代散文到现代散文，由文章系统的广义散文到文学范畴的狭义散文，有着质的变化。”在确立了散文与小说、诗歌、戏剧四分天下的局面之后，散文范畴仍在经历一次次的转变，使得现代汉语散文中也存在广义散文和狭义散文的概念，并且分类方法形式多样，总的说来，“狭义散文侧重抒情融合形象的叙事与精辟的议论；广义散文则侧重议论或叙事，在不同程度上融合抒情性”。“从历史的角度看，我国从古至今，随着散文的发展，散文的概念与分类，也一直在不断变化，总的趋势是散文概念的广义与狭义，以及分类的繁杂与单纯，总是波浪式地交替出现的。”散文体裁概念的模糊性同样存在于英语文学中。“散文”一词在英语中的对应语有“essay”和“prose”两个。《大英百科全书》给它们下的定义分别是：

essay：“an analytic，interpretative，or critical literary composition usually much shorter and less systematic and formal than a dissertation or thesis and usually dealing with its subject from a limited and often personal point of view”.[1]

---

[1] http://www.britannica.com/eb/article-9033044/essay

prose："Literary medium distinguished from poetry especially by its greater irregularity and variety of rhythm and its closer correspondence to the patterns of everyday speech.Though it is readily distinguishable from poetry in that it does not treat a line as a formal unit, the significant differences between prose and poetry are of tone, pace, and sometimes subject matter."❶

从这两个定义看，"prose"接近汉语古代散文中"散行文字"的概念，是相对于韵文而言的广义散文；而"essay"范围则狭窄得多，是随笔一类的狭义散文。不论是" prose"还是"essay"，究竟应包罗哪些文体没有统一的看法。倾向于纯粹的，严格地坚持散文应该专指随笔、小品文和抒情文等；倾向于宽泛的，则将随笔、小品文、抒情文、议论文、叙事文、科学文章、报刊文等都一网打尽，如王佐良先生的散文学专著《英国散文的流变》一书，就囊括了上述多种文体，甚至将达尔文的《物种起源》、BBC广播节目《美国来信》、电视节目艺术史讲座《文化》等也列为散文研究的对象，散文体裁涉及范围之广由此可见一斑。

综上所述，散文是最宽泛、最多样、最模糊、最灵活的体裁。英国作家亚瑟·克里斯托夫·本森在 *The Art of he Essayist* 一文中说："the Essay in literature is a thing which simply stands outside classification, like argon among the elements, of which the only thing which can be predicated is that it is there? Or like Justice in Plato s *Republic*, a thing which the talkers set out to define, and which ends by being the one thing left in a state when the definable qualities are taken away?"（随笔，在文学中简直找不到自己的类别。那么，难道它就像化学元素中的氩似的，我们能说得出的仅仅是它在世界上的存在吗？或者，像柏拉图《理想国》里的正义似的，谈论者本来想给它加以界说，可是把一切可以界说的特点都说完以后，事情本身还是留在那里悬而未决呢？）

（二）文本概念

散文的体裁宽泛，造成其边界模糊，但这并不是说散文没有本质特征。散文，尤其是文学性散文，其文本特征还是十分鲜明的。方道在《散文学综论》中总结出散文的四大特点：

1.表现自我的主观性

散文是最能"充分表现作者个性、感情、思想和精神的"。散文所表现

❶ http://www.britannica.com/ebc/article-9376004

的，主要是作者的感受或感物之情，或所感之物，都离不开“感受”二字。感受，即情也。写景、写人、写事，其目的还是在于抒发自己的主观情感；发挥思想，议论道理，也是抒情的一法，归根结底，思想、道理也是“情”，只不过是一种理智化、规范化、条理化了的“情”。至于纪实类散文，作者似乎只是一个“笔述者”，然而那文字之中，也无不浸润着“感情的分子”。“情”是主观性的，而散文通常都是第一人称的，表达的是作者自己的思想感情。

2. 排斥虚假的真实性

在所有文学体裁中，散文最忌讳虚假。尽管“虚构”是文学的通用手法，散文却强调真实，作者时时刻刻以真我示人。“散文大约是最真态的文体了。小说家的心，常常躲在人物和情节浓重的云霓后面，诗人的心又多少被文字精致地装饰着。”

3. 运笔如风的自在性

既然散文是表现自我，直抒胸臆的，尽可以从心所欲，自在轻松地道来。但古人说得好，“从心所欲不逾矩”，自在不等于没有章法。“散文的‘自在性’，不仅展现出作者袒露自己心灵、人格的直率，也展现出作者对待读者如知己、知音的诚思；它不仅需要作者有摆脱一切精神束缚、压迫而解剖自己、透视自己的勇气，也需要作者有摆脱‘语言的痛苦’而心手相应、意到笔随的写作修养。”因此散文的自在是心灵释放的洒脱，也是得心应手的自如。

4. 文情并茂的精美性

散文的精美性既表现在形与神两个方面，更体现在形与神的对立统一关系中；散文形神之间的“自然和精巧、挥洒自如和细针密线、信手拈来和刻意追求、信笔所至和别具匠心之间的辩证统一关系”就是散文精美性的一个注脚。散文精美性的三个具体表现是：要求短小精悍；要求谋篇精巧；要求语言优美。散文是作者有感而发所写的文字，“情”当然最重要，但仅仅有情还不足以成就散文的艺术价值，如何表达此“情”一样重要。“文章之高下，固系于情感之有无；但是有了情感，尚不是区别高下之最终标准。高下所分，最终的标准，还在于意趣。”所以文情并茂是优秀散文的本质特征之一。

（三）题材概念

散文体裁的宽泛性和包容性使得散文既能正襟危坐，也能嬉笑怒骂，又能含情脉脉，更能促膝闲谈，散文的题材包罗万象，上至浩瀚星空，下至一芥草籽，大至治国安邦，小至鸡毛蒜皮。可以说，凡是可以成文的，皆可以成为散文的题材。亚瑟·克里斯托夫·本森这样形容散文题材的多样性：“This is the essayist's material; he may choose the scene, he may select the sort of life he is interested in, whether it is the street or the countryside or the sea-beach or the picture-gallery; but once there, whatever he may be, he must devote himself to seeing and realizing and getting it all by heart.”（这些，正是随笔作家的素材。他可以任意挑选场景，随兴之所至，选择任何种类生活来写：街头，乡间，海滨，画馆，无所不可；只是一旦身处其境，就要对那里的一切拿出全副身心进行观察了解，并且将它牢记在心。）散文的题材不仅具有广泛性，而且具有片段性，这是散文的一大优势。小说和戏剧要求情节完整，有头有尾，而散文则可以是片刻的一点感受、刹那的一丝变化、物体的某个侧面、事件的某个细节，也可以将若干看似不相干的点滴连缀成文，仿佛电影的蒙太奇，灵动变幻。

散文作者题材的选择往往能体现作者的胸襟和志趣。例如，中国古代文人以修身、齐家、治国、平天下为己任，体现在文章选题上也大都严肃庄重；偶尔也有闲人雅士，点缀些许寄情山水、风花雪月的文字，但终究不能成为正统主流。英语古代散文情况也如此。翻开英语随笔开山鼻祖弗朗西斯·培根的散文集《随笔》（*Esas*），全书共58篇半（其中一篇为残篇），从选题就明显可以看出他的政治抱负。培根的这部散文集“是写给帝王看的，至少是写给公卿大臣、贵族诸侯看的。它还是治安策，是平乱疏，是尊王篇，是《资治通鉴》、《齐民要术》、列国春秋，是可供帝王明治乱、考兴衰的王室必备书。这部书是否是这样，只需检阅一下文集中的篇名便不难看出。篇名显然与王室有关，比如帝统、霸业、王位、治国、征伐、平乱等，便占了一个不低的比例。至于间接零星涉及这类问题的地方就更是触目皆是。有些只看题目似乎与此无关，比如《说友谊》这篇吧，您看了标题也许会认为是一篇泛论友谊关系的文章，但一读之下必将发现，原来这篇文章谈的并非一般人的友谊，而主要是帝王的友谊——当皇帝的如何如何、与谁交朋友，以及这事的利弊后果等”。随着散文的发展，现代散文的选题日渐丰富，国家政治、生活琐事、风景旅游、男女饮食、植物动物、宗教信仰、文艺科技、情感思想，凡此种种，皆可入题，使现代散文成为巍然可观的艺术大观园。

（四）文体概念

散文体裁概念游离不定，与其他文学体裁的边界模糊，这直接导致散文体裁内部分类的繁杂、重叠、错乱、含混的局面，而且这种局面从古至今由来已久。刘勰《文心雕龙》对古代散文有自己的分类体系，他将古文分为“文”“笔”两大类，“文”指有韵文，“笔”指无韵文，又各细分为十种。

1. 论文十篇——有韵文

（1）明诗　有韵文以诗为最早，又《诗经》是经，故居首。

（2）乐府　诗的合乐者，故居二。

（3）诗赋　是诗的流变，故居三。

（4）颂赞　是诗的流变，但不如赋重要，故居四。

（5）祝盟　颂本告神，祝盟也是告神的，故居五。

（6）铭箴　铭是勒功，箴是刺过，生人之事，次于告神，故居六。

（7）诔碑　死人之事，次于生人之事，故居七。

（8）哀吊　哀夭折，吊灾祸，与死丧有关，故居八。

（9）杂文　文体之散杂者，不足以分立各体，总称杂文，故居九。

（10）谐隐　譬九流之有小说，不成为家数，有轻视意，故居末。

2. 叙笔十篇——无韵文

（1）无韵　之文以史传为最早，故居首。

（2）诸子　散文后于史，故居二。

（3）论说　博明万事为子，适辨一理为论，故居三。

（4）诏策　帝王号令，为应用文之首，故居四。

（5）檄移　檄主军事，移主教民，国之大事，次于王命，故居五。

（6）封禅　帝王登泰山祭天为大典礼，故居六。

（7）章表　臣下之辞，次于帝王之事，故居七。

（8）奏启　奏以按劾，次于陈情之表，故居八。

（9）议对　议以执异，次于按劾，故居九。

（10）书记　杂记众事，故居于末。

从《文心雕龙》所列的分类体系不难发现，刘勰的古文分类和排序与现代文体分类方法差别很大，并存在分类标准不统一的问题，或按年代先后（如因诗歌出现早，所以列第一），或依文体重要程度（如告神的重要，排前），或参社会地位高低（如帝王地位最高，排应用文之首），等等，这种重此忽彼的分类标准缺乏一定的科学性。就文学分类的标准，叶圣陶曾指出："分类有三端必须注意：一要包举，二要对等，三要正确。包举是要所分各类能够包含该事物的全部分，没有遗漏；对等是要所分各类性质上彼此平等，决不能以此涵彼；正确是要所分各类有互排性，决不能彼此含混。"刘勰的散文分类显然不符合上述"包举""对等"和"正确"的要求，当然这也不能全然归咎于刘勰，散文体裁的庞杂和游移是导致其分类困难的根本原因。现代散文如何分类，各家各持己见，众说纷纭。大多数主张按照功能将散文分成抒情、议论和叙述三种。也有一种分类方案将"抒情"视为所有散文共有的功能，如表显生认为可以将文学散文分为"叙事型散文""状物型散文""议论型散文"。这种分类认为抒情是散文的基调，而叙事、状物和议论是抒情方式的差异。"散文理论是世界性的贫困"，甚至连散文的文体分类还处于莫衷一是的局面。散文位居四大文学体裁之一，而且由于诗歌、小说的日渐散文化，散文甚至被称为"元文学"。散文的文学地位如此之高，而对散文的研究却少之又少，显得严重失衡，这是需要文学界达人志士关注的问题。

二、散文的历史

散文和诗歌一样有着悠久的历史，一般谈论中国古代的散体文，都追溯到商代的卜辞，当然，"这只算是些句子"，实际上还未成为"文"。《尚书》中包括《盘庚》在内的商、周两代官方文书，大多是最高统治者就国家重大事件发表的言论。这些言论虽然还保留着说话的语气，但文字显然是经过一定程度的整理的，因此它的意思能够表述得有层次而且比较完整。这些文书构成了中国古代最早的、成篇的散体文章。春秋战国时代，私人讲学之风渐盛，学派林立，而各家的意见颇多相左甚至针锋相对，碰到一起难免发生口舌之争。在孔子讲学的年代，这种争论大概还不多，所以在其门生追记其言论编写的《论语》中，大抵是片段的语录。而《孟子》则已经以善辩著称了。到《墨子》和《庄子》有了进一步的发展，就是单纯围绕一个问题做书面的论述，这样就有了脱离言辞记录的文章。而到了战国末年的《荀子》《韩非子》，则可以看到篇幅宏大、结构严整、逻辑性很强的论文了。另一方面，对历史事件的记叙，也由简略逐渐趋于详明，如春秋时代记录鲁国历史的《春秋》，只是纲要式的历史大事记，文字十分简单，前后不相连贯，严格说来不能称之为"文"。而产生于战国初年的《左传》，虽然记叙的历史阶段与前者大致相同，但比较具体地描述了历史事件的发展过程和有关人物的言行。因此在前者只用一句话就说完的事情，在后者往往铺展成相当长的篇幅，不少部分还描写得颇为生动。后来的《战国策》对有些历史事件（包括历史传说）的描写，较之《左传》又更为具体和细致。这些史书既保留了许多古人的言辞，又使记叙文获得了很大的发展。

秦以后，散体文经历了长期的发展变化。在记叙文方面，《史记》把《左传》《战国策》的传统大大推进了一步，它不仅善于刻画人物，而且这种刻画中还蕴涵了激情。战国纵横家夸饰风格的文字与楚辞的传统相结合，形成了汉赋。这种特殊的文体可以算是中国最早的“美文”，因为它虽然也以儒家的大道理做掩饰，其实质却是追求文辞的美及发挥人的想象力。而赋的盛行促进了散文的骈偶化，到了南北朝，散体文章在形式上出现了一个崭新的变化，骈词俪句成为文章的主要形式，对偶日工，以至出现了整齐固定的四六之体，其声势显赫，成为南北朝、隋朝的主要文章体式。骈文可以说是中国历史上最精致的一种文体，讲究对偶、藻饰、用典、声律，形式华丽，一般偏重抒情。到了唐代，骈文仍然盛行，但反对的声音多了起来。进入中唐，引发了由韩愈倡导的“古文运动”。他们反对当时流行的“时文”即骈文，提倡复兴古文，韩愈他们所指的古文是指先秦两汉时不重骈偶的散体文。这种“古文”句子散而不整，奇而不偶，长短错落，自然成文，既不雕饰辞藻，也无固定韵律，更不刻意追求引事用典，以古朴平淡取胜。其用意一在复兴儒学，二在解放文体。这种复兴“古文”传统又为宋代欧阳修等人所继承。唐宋“古文”在过去常被视为文章的典范，“唐宋八大家”也成为最为人们所熟知的散文大家。明清时代，唐宋“古文”被推崇为文的正统。但由于程朱理学的影响，这时候的“古文”已经沾染了浓厚的道学家气味，重“道”而轻“文”的倾向越发强烈。而偏离这一正统的，则以明朝晚期所谓“小品文”为代表。代表作家有张岱、公安派的袁宏道及桐城派的姚鼐等人，他们以“独抒性灵，不拘格套”为标榜。这种小品文的出现与当时中国东南城市工商业经济发展的背景下产生的个性解放思潮有密切关系，其风格以轻灵活泼、自由抒发为主要特点，这被一些研究者认为其在某些方面已向现代散文靠拢。它不仅在清代持续产生一定影响，还在某种程度上影响了五四时期及后来的白话散文的创作。

三、散文的类别

以体裁、内容、基本表达等因素为标准，散文主要包括以下几种。

（一）抒情性散文

抒情散文在内容上强调主观感情的抒发，注重表现作者的思想感受，抒发其思想情感。在表现手法上则以抒情为主，并辅之以描写、记叙或议论。这类散文的写作目的就是让读者走进作者营造的情境中产生不由自主的感动，当然其他类型的散文也是为了写情，情感是散文的基础。在散文作者的笔下，都是情化的世界。抒情散文和其他散文的区别就在于情感是抒情散文构成的主体。它更加突出情感的激越与强烈，诗情洋溢，与诗歌接近。抒情性散文是对具体事情的记叙与描绘，但一般没有贯穿全篇的情节，以表达或披露作者的主观情感为主。这种散文一般将寄寓感情的人、情、景、物和生活片段作为情感依托，将作者的情感具象化，以达到更为鲜明、充分的抒情效果。与其他类型的散文相比，抒情性散文蕴含的情感更为浓烈，想象也更加丰富，语言更富有文采，极具诗意。这种散文会采用不同的抒情方式。有些散文会用间接的方式抒发感情，如借景抒情、托物言志等；有些直抒胸臆，即不借助外物而将心中的情感直接表达出来。作为一种散文表达的方式，抒情性散文的语言更具有情感性。抒情性散文的情感性主要体现在其具有以情动人的力量。不管是直接抒情还是间接抒情，这种散文都应该是作者有感而发的，必须真切。只有真情实意的表达，才能使读者产生情感的共鸣，从而达到以情动人的效果。要想让抒情性散文语言具有情感性，作者就必须有一定的修养，做到真、美、高尚。这是因为抒情的表达方式所传达的思想与情感是起主导作用的，语言的情感力量来自作者的真实情感，只有作者具有健康、高尚的情感，其文章才能更具有感染力。

（二）记叙性散文

记叙散文是指以记叙为主要表达方式，以人物、事件为主要表达对象，借记人记事抒情写意的散文。其中记人散文以记述作者所熟悉的人物为主，通过记述与人物有关的事迹来展现这个人物，表达作者对所记人物的情感、看法、意向等。而叙事散文则是以事件的过程和情景为中心，以事件的发生、发展为线索组织行文的散文。当然记人叙事是紧密联系、相依相伴的，人靠事来显现，事是人之所为，这两点还真难截然两分，何况无论是记人为主，还是以叙事为主，都是为了抒情写意。如果再详细些，记叙性散文可以分为如下三种：以写人为主的记叙性散文、以记事为主的记叙性散文、以写景为主的记叙性散文。一些小说以散文化的语言来表现，或者通过散文、诗歌、小说的交叉的方式来表现，这就给读者辨析散文带来了一定的障碍。散文和小说的区别主要体现在以下四个方面。

第一，散文的语言自然且流畅，主观性较强，但小说语言更具客观性，其必须忠实于特定环境中的人、事，不具有强烈的主观色彩。

第二，小说特别注重情节的设置安排，有着前后的因果联系。也就是说，散文的取材并不需要完整的故事情节，一般将作者的情感作为纽带，截取生活中的几个片段，将各种材料串联在一起。记叙性散文在写人时一般较为简练概括，并且不需要塑造人物的性格，仅突出人的某一个侧面。通常用白描的方法对人物的神态进行大致的勾勒，而重点是抒写作者对人、事的感受与体验，抒发其情感。

第三，散文中的“我”就是作者本人，通常都是主观书写，无法虚构，所以散文被人们看成无法伪装的艺术；但是小说对人物的褒贬是通过故事和情节来表现的，所以适合做客观的抒写，小说中的“我”仅为作者虚构的人物。

第四，记叙性散文讲述的是真人真事，属于写实；而小说中的人物和事件都是虚构的，整个小说就是虚拟的世界。因此，散文中有人物、有故事、有细节的环境描写，与小说创作仍存在本质上的区别。

（三）写景状物散文

写景状物散文是以描写为主要表达方式，辅之以记叙、抒情、议论、说明等手段，以表达人文环境、自然景观和特定事物为主要内容的散文。其中写景散文把自然山水、人工场景、民俗风貌等作为主要描写对象，写出它们的形声色味、情态特征，充分展示其风采魅力，以传递作者情意。这类散文最能体现散文的美质，最具美景美意，诗情画意。而状物散文则是以某一事物为表现主体，通过对该事物的描写刻画来为其传神写貌，从而达到托物寄意的写作目的。散文以“写感受”为核心。写物是托物言志，寄托志趣。写景是为了营造气氛，衬托心境，抒发情怀；写人是树立人的形象，表达对生活的感受和认识。描写性散文有着极强的抒情风格，语言具有形象性、直觉性和情感性的特点。相较于其他类散文，描写性散文的语言更加清新、饱含诗意。

（四）议论性散文

议论性散文是用来表现作者思维成果，展示一种理趣或哲思的散文。以论析事理、辨别是非为主。在表现方法和语言上都有一定的文学性。在中国古代散文中，议论性散文是最早取得繁荣的一类文体。古人所说“左史记言，右史记事”，“言”的绝大多数便是论说文字。在众多古代议论性散文中，我们可将其分为四类：政论、理论、史论、文论。我国古代的哲人，一般也是文学家；我国古代的文学家，一般也是哲人。所以哲理文字中有着鲜明的文学性，文学性的文字里蕴涵着深刻的哲理。所谓议论性散文，是指以明事理、发表议论为主的散文。议论性散文主要借助事例进行阐述，用形象的描述进行说理。从这一点可以看出，议论性散文不会像杂文那样尖刻辛辣，也不会像一般的议论文那样用严密的逻辑进行推理。议论性散文与一些议论成分较重的抒情散文很相似，但抒情性散文更注重抒情。议论性散文更注重发表意见、讲道理，尽管其很富于抒情，但更侧重在议论中的爱憎感情与理想意愿的流露。❶

四、散文的特点

（一）散文语言的特点

散文作者在抒情、叙事、议论的过程中，通常把本意情感做了艺术化的处理才形成含蓄美，往往采取以下几种手法。

寓情于景，景之神乃作者之情；托物言情，借物言志；运用象征或调动多种修辞方法将真意婉转表述；虚实相生，借助设想、想象，曲折地表达好恶与爱憎。因此，散文的语言特点主要表现在：散中见整，清新自然，言为心声，文如其人，文章是作者思想认识水平和人格修养的体现。不同的作者，生活在各自的时代和社会环境中，他们的先天禀赋有别，后天阅历不同，因此才识、性情、气质就有高低、深浅、刚柔、雅俗、文野、曲直等区别。写出来的文章自然就形成了不同的风格特点。语言表达的特色就是这种风格特点的一个重要标志。首先，散文语言简练、畅达。简练的散文语言既可以充分传达作者所要表达的内容，又能高效地传达作者对人对物的情感与态度。这不是作者刻意雕琢的结果，而是作者朴实、真实感情的自然流露。畅达的散文语言既指作者措辞用语的挥洒自如，又指其情感表达的自由自在。总之，散文语言的简练和畅达是相辅相成的，它们是构成散文语言艺术的重要生命线。其次，散文语言整齐、顺畅。众所周知，散文的节奏感很

❶ 郑遨，郭久麟．文学写作[M]．天津：天津大学出版社，2009:93-95.

强，这主要体现在其声调和抑扬的合理分配上。散文的节奏整齐还体现在其句式的整散交错，长短结合。正是因为散文的节奏整齐，所以会使读者读来感觉很顺畅，朗朗上口。[1]最后，散文语言有着明显的口语化、文采化特点。散文作者会根据自己的姿态、声音、风格等下笔，向读者倾诉，与读者恳谈，充分展示其说话的风格和个性。因此，散文的口语化更加浓重。散文的口语化特征，并不是说其失去了文采或是不讲究文采，而是有“至巧近拙”的文采。

（二）散文的艺术特点

1.篇幅短小，立意深远

散文相对于小说、戏剧等文学体裁来说具有篇幅短小的特点，但“山不在高，有仙则名；水不在深，有龙则灵”。在散文家笔下，小花小草，有情则灵；一木一石，有意则神。正所谓“一粒沙中见世界，半瓣花上说人情”，好的散文虽然篇幅短小，但立意深远。散文是非常看重立意的，散文是立意的艺术，散文的题材散，如果没有意，就会是一盘散沙，好的散文具有超乎寻常的审美价值与灵性立意，能给读者一种强烈的审美效应，让人犹如观胜景、品美酒，神清气爽，轻松愉快，甚至超越时空局限，产生一种永恒的艺术魅力。短短几百字抑或千余字，就可以把人带入他熟悉或不熟悉的特定时空，欣赏其想见而又未曾见过的景致，叙述其或许见过但未曾细想过的人和事，聊其想说而又未曾说出的话题，让其觉得舒心惬意而又受益匪浅，如周敦颐的《爱莲说》全篇一百一十九个字，由陶渊明爱菊、唐人爱牡丹，写到自己独爱莲花。然后着力描写莲花可爱之处：“出淤泥而不染，濯清涟而不妖，中通外直，不蔓不枝，香远益清，亭亭净植，可远观而不可亵玩焉。”这与其说周敦颐描摹的是莲花，不如说其吐露的是自己的志向，其借歌咏莲花既表达了自己的心志，又暗讽了追求富贵利达之流。

2.取材广泛，营构自由

散文的表现对象可以不受任何局限，散文作者可以说是资源的富翁，“万物皆备于我”。首先，散文可以充分利用有形的物质材料，展示纷繁复杂的社会人生，不必拘泥于材料大小，可以描绘一叶、一花的美意情致。无论是虚象、幻象、心象均可入笔，也不必拘泥于时空，还可以不避重复，同样的事物，可以一写再写，你写我也写。天地万物之形，一旦与作者的心灵

---

[1] 张保红．文学翻译[M].北京：外语教学与研究出版社,2010:29-30.

交汇，形诸于文，便会出现奇迹。其次，散文可以利用无形的精神材料。一是指对千百年来人类理性思维成果的利用，二是指对人类现时创造的精神财富的利用。散文作者都生活在特定的人文时空中，他们各自对人世、人生、自然等所做的理性思考和感性体悟，以及他们所收集来的他人的智慧成果，都是宝贵的无形材料。散文是一种结构自由的文学样式，与小说、戏剧等较规范的程式相比，它的结构没有严格的限制和固定的模式，随物赋形。灵活、随意是它的长处。中国现代作家李广田指出："诗必须圆，小说必须严，而散文则比较散，若用比喻来说，那就是：诗必须像一颗珍珠那么圆满，小说就像一座建筑，无论大小，它必须结构严密，配合紧凑，至于散文，我以为很像一条河，它顺了壑谷避了丘陵，凡可流处它都流到，而流来流去还是归入大海，就像一个人随意散步一样，散完了，于是回到家里去。"这就是"散"的特色，这种散是形散而神不散，散而有序，先散而后凝。"形散"指散文取材广泛，指散文的营构自由，不羁成法。散文作家在平素的生活中有所感触，于是信手拈来，生发开去，时而勾勒描绘，时而倒叙联想，时而抒情言志，时而侃侃议论，手法十分灵活。例如，苏轼的《放鹤亭记》全文 490 字，共分五段，布局起笔直接交代："山人有二鹤，甚驯而善飞，旦则望西山之缺而放焉，纵其所如，或立于陂田，或翔于云表；暮则傃东山而归，故名之曰'放鹤亭'。"点明亭址，说明由来，是为叙事。次写："南面之君，虽清远闲放如鹤者，犹不得好，好之则亡其国；而山林遁世之士，虽荒惑败乱如酒者，犹不能为害，而况于鹤乎？"以国君好享受，隐士好酒作比，反称隐士之乐的可贵，这一层无疑是议论。末段写："鹤归来兮，东山之阴。其下有人兮，黄冠草屦，葛衣而鼓琴。"两段歌词，雅趣横生，当然是抒情。全文骈散并用，呈现出"随物赋形"的自由美。

3. 大实小虚，抒发自我感情

从艺术手法上看，"散文写实"在散文写作理论上曾引起一番争鸣。周立波曾说："描写真人真事，是散文的首要特征。"我国现当代文学阵地上的老作家秦牧、巴金、杨朔、冰心等都推崇散文的纪实性。对"散文写实"的理解，首先是内容的真实，态度的诚实，感情的真挚，即作者要有向读者"掏心"的诚实人格。然而，散文既然是艺术，就不能不通往艺术真实的天地，不得不有较多的艺术加工。事实上，散文写作在艺术手法上也并不是绝对地排斥虚构手法，例如杨朔的《雪浪花》中老泰山这个人物就是经过艺术加工了的，所以散文崇尚"大实小虚"。这一特性刚好把它同小说、戏剧等文学作品和新闻、史传等纪实文章区别开来。散文与其他文学样式不同的地方，就在于要表现主体自身的精神世界，强调主体意识，即在表现“自我”。“自我”世界的内涵集中在一个“情”字上。“忘我忘情”是散文的大忌。那种编造情节、“小实大虚”的“散文”，人们还是把它当作小说，当今称之为纪实小说。可以这样说，散文的写作主体与作品抒情主体更为贴近，甚至可以合二为一，如在那些写景、状物、抒情的散文中处处表现的是“真情的我”，回忆性散文从人到事都是纪实之作，表现的是“真实的我”，即使是那些抒情主人公不是作者本人的记人、叙事散文，如袁宏道的《徐文长传》写的是徐文长，作品中也有作者自己的鲜明形象，完全能感受到作者袁宏道脉搏的跳动，看得出他的思想、好恶、情感及个性。

4. 形式的多元化

散文中讲的“形”包括其反映在作品中的现实生活材料、语言材料、文学样式和手段、段落的构成和排列，直至标题、行款、标点符号运用等所有外化的、实体性的东西。而在一般人的概念中，“形”就是指文章的材料。散文中讲的“神”，主要指在作品中反映出的思想倾向、创作意向和思路倾向。在一般人的概念中，“神”就是文章的主题。我国传统散文理论强调“形散神聚”“形散神不散”“散而有序”，讲的都是形神关系中的一种情况。纵观古今中外做散文，散文中的形神关系事实上不止这一种，而呈现出多元的特性。例如，还有形凝神散（通过一事或一物一景写出多种意蕴），形神均凝（短小精悍的一事或一物一景一主题），形神均散（像王蒙的《春之声》式的意识流）等。在散文的形神关系中，“形散神不散”只是形神关系中的一种情况，但这种传统散文理论曾是一个范本，在相当长的一段时期内，起着指导散文创作和散文阅读欣赏的基础作用。一篇散文合不合体式，基本就看他是否做到“形散神不散”。这可以给初学者带来一个容易依赖和把握的方法，以方便初学者尽快入门。中华人民共和国成立以来到 20 世纪 80 年代之间的散文，大多是循着这个理论发展的。老一代散文家很看重这个模式。“形散神不散”实际上就是传统散文的创作方法。进行散文写作和欣赏的人一旦掌握了这个诀窍，很快即可登堂入室。在当代的散文家中，数秦牧的散文最具“形散神不散”的特点了。他在他著名的《土地》中，古今中外，广征博引，不说概括举例，具体详细的就用了十个例子。这么多的材料，如果没有一条内在的线穿起来，没有一个严谨而又不着痕迹的行文程序，势必结构松散，章法废弛，但秦牧有根红线在手：热爱土地，保卫土地，大地回到人民手中以后又如何热爱土地、保卫土地、发挥土地的巨大潜力。丰富的材料在秦牧的笔下各自都有自己的逻辑和情感顺序，紧紧围绕着“热爱土地，保卫土地”这一红线分成几种类型，以热情洋溢的议论抒情把它们贯穿起来，最后推向高峰，成为“形散神不散”的范例。

第二节　小说体裁

通俗小说诞生于宋元两代，成熟于明代。其发展的历程是两条腿走路：一是话本体小说的提高与发展，一是平话演化成为章回体小说。如上所述，话本体小说在南宋就已经诞生成型了。但是通俗小说体系的建成和文言小说体系的建成，不是走着同一条道路的。文言小说体系是由笔记体小说的演化之路发展成传奇体小说的；通俗小说体系中的话本体小说，则是经由通俗语言和适应大众喜闻乐见的艺术表现方法传授给了章回体小说的。所以，章回体小说的诞生，是由话本体小说中的讲史小说——平话的演化开始的。平话是说话人在勾栏瓦舍所说的具有连续性的故事，是备忘、传代用的底本，它和经过加工创作的话本体小说不同，文字比较粗疏、质朴，但平话自身的连续性，为章回体小说准备了蓝图。所以，元代的平话，在通俗小说前期的历史上，如同小说沙漠里的一片绿洲，为章回体小说的诞生作出了积极的贡献。约于明嘉靖、万历年间，洪楩编辑了一部话本体小说集《清平山堂话本》(又名《六十家小说》)。现当代学者较普遍地认为，《清平山堂本》是一部宋、元、明话本体小说的合集。据此看来，在一向被认为荒芜的明初小说园地里，也有话本体小说，只是这一时期的小说资料太少，我们还寻觅不到它在明初的足迹。《清平山堂话本》是忠于原著的一部作品选集，编者没有做大的删改，基本上保留着时代的面貌。但到了天启、崇祯年间，自冯梦龙编《古今小说》起，开始对宋元及明初的话本体小说进行整理和加工，产生了著名的话本体小说集“三言”(《警世通言》《喻世明言》《醒世恒言》)。稍后，凌濛初较冯梦龙更进了一步，在对宋、元、明话本体小说进行加工修改的基础上，增加了二重创作性质的作品和少量自创的作品，这便是“两拍”(《初刻拍案惊奇》和《二刻拍案惊奇》，应简称“两拍”，而不宜称“二拍”，“二拍”容易和《二刻拍案惊奇》相混淆)。再往后，出现了陆人龙创作的《型世言》。从此，话本体小说由整理加工阶段进入了文人创作的新时期。

在这一时期里，话本体小说的创作不仅相当活跃，而且篇幅也加大了，出现了两回、四回演一个故事的作品，开始改变其原来的面目。如《鼓掌绝尘》《石点头》《西湖一集》《西湖二集》《欢喜冤家》《鸳鸯针》《醉醒石》等小说集，虽然还保留着话本体小说的体态，但已经不同于“三言”“两拍”的风貌了。章回体小说的诞生，始于历史题材小说和神怪题材小说。这就是指《三国志平话》衍化为《三国演义》。依次是平话《大宋宣和遗事》衍化为《水浒传》；平话《大唐三藏取经记》衍化为《西游记》。此后，《王伐纣平话》《七国春秋平话》《秦并六国平话》等，都衍化成的章回体小说。这种由平话演化成章回体小说，标志着章回体小说的诞生和通俗小说体系的形成。《三国演义》《西游记》以后，章回体世情小说也开始迅速发展。

由于章回体小说始于历史题材，所以在作品的思想内容上，首先是章回体历史小说中浓重的民族气质。以《水浒传》为例，在《大宋宣和遗事》里，并没有梁山好汉为国家征辽之事，元明戏曲中也不见有水泊英雄征辽之事，但在《水游传》中却出现了。不只是一部《水浒传》而已，《大宋中兴通俗演义》和《南北宋志传》等历史演义小说也是如此。这一现象说明，章回体小说刚一诞生就紧贴着写世情人心的传统（由宋代说话传来的传统）发展着。明代中期，国势衰微，外患猖獗，正统年间，连一国之主的皇帝也被瓦剌掠去做了俘虏，何况边民百姓？其所受异国铁蹄的欺凌践踏可想而知，于是人心图强，现实中没有能够匡复国家的抗敌英雄，人心中生出了爱国英雄，小说家从水泊梁山调来了杀敌救民的英雄好汉。这种民心民意，在嘉靖、万历年间被写入小说之中，是完全可以理解的。历史小说中的这种浓厚的民族气息，在历史演义小说中更为突出，如《大宋中兴通俗演义》（又名《武穆王演义》）《武穆精忠传》《大宋中兴岳王传》《大宋中兴英烈传》），是小说作家兼编辑家熊大木，依据上述宋人说话和元明戏曲而撰著的，此书刊刻行世以后，不断有人进行修改、加工、补充，力图使这部弘扬民族气节的小说更好更完美，如万历年间的邹元标，崇祯年间的于华玉，都曾对这部小说进行过修删，直到清初方由钱彩和金丰两人改定为广为流传的《说岳全传》。关于杨家将的史话小说也是如此。万历年间首先出现了依据《五代史平话》编纂的《南北宋志传》，此书不知撰者是谁，可能出自余氏三台馆。稍后，又出现了《杨家府通俗演义》，署秦淮墨客编撰，可能是参照了《南北宋志传》，所以较《南北宋志传》更有可读性，把杨家将写得忠勇可钦。无论《水浒传》还是《大宋中兴通俗演义》《杨家府通俗演义》都是在褒扬民族英雄抗敌卫国的同时，猛烈地抨击误国害民的奸臣，即一种激烈的褒忠斥奸的思想倾向，这是研究明代历史小说的不可忽视的背景，不然，很多事是弄不清楚的。例如，《水浒传》中的征辽，有无必要？是否蛇足？这样的情况为什么自金圣叹“腰斩”以后，一直存在着争论？主要是因为其离开了历史来看历史作品。

加工改编历史平话，推动了写历史小说的浪潮章回体历史小说的兴起，开始改变了汇编话本、戏曲素材的创作方式，出现了以当时历史背景为素材的历史小说。最早的一部是万历十九年由杨明峰刊行的《皇明开运英武传》(又名《皇明英武传》《英烈传》)，叙述了明朝开国皇帝朱元璋反抗元朝统治，高举义旗灭元建立大明政权的故事。虽然是写朱元璋打天下建明朝之事，但书中的民族气味也相当浓郁。其后，于万历四十四丙辰年出现了据《皇明开运英武传》删节修改而成的《云合奇踪》(又名《洪武全传》《英烈传》)。在《英烈传》之后，有两部大约是出自万历年间的小说，很引人注目，这就是《承运传》和《续英烈传》，都是写“靖难之役”的，但褒贬不同。《承运传》，对永乐帝朱棣一片颂扬，把忠于建文帝的大臣黄子澄、铁铉写成奸臣。而《续英烈传》则褒扬建文帝如何仁爱，黄子澄等大臣多次建议他及早除掉北王朱棣以绝后患，但他不忍心对皇叔下毒手，此书多方为建文帝作了辩解。

这种对同一事以相反的立场进行写作的实例，反映了明代新的小说观。从小说创作史的角度看，这是一种进步的迹象。这种写现当代史的实例，以写太监魏忠贤的诸小说最有代表性。魏忠贤作恶多端，明毅亲朱由检刚登基，就下令将魏忠贤贬往凤阳，魏忠贤途中畏罪自杀，不到半年，暴露魏忠贤罪行的小说就刊刻问世了，这就是崇祯元年的《魏忠贤小说斥奸书》和《警世阴阳梦》。前四十四回，事例多据时事邸报，文字较为粗疏；后十卷四十四回，多取里巷传闻，叙述尚觉顺畅。其艺术质量及反映现实速度之快，直接影响晚清的时事政治小说。

第三节 诗歌体裁

一、对诗歌的理解

诗歌的出现是文学艺术繁荣的体现，它是一种古老的文学体裁。通过诗歌，人们可以进行生与死、爱与恨、喜与悲的感叹，也可以从日常微小的事物扩展到对社会或国家的感悟。关于诗歌的社会功用，我国杰出的思想家、教育家孔子曾总结："小子何莫学夫诗？诗可以兴，可以观，可以群，可以怨。迩之事父，远之事君，多识于鸟兽草木之名。"（论语·阳货）从上述孔子的言论中可以看出其对诗歌的高度赞扬。在这种思想的引导下，孔子开创了兴、观、群、怨的诗学理论，下面进行简要论述。

（一）兴

孔子所谓的"兴"指的是"起"，也就是激活自身的道德情感。从艺术创作的角度来说，诗歌与音乐是最需要激情的表达类型。因此，诗人和音乐家在作品创作中，时常会调动或者唤起过往的体验或情感，并试图将这种感情运用诗句或者韵律表达出来，最终引起读者或听众的共鸣。这就是"兴"，也就是移情。

（二）观

"观"是指"观察""考察"。孔子认为，诗歌不仅能体现个人的心理与情感，同时可以反映特定历史时期群众的心理、情感或者当时的社会风俗盛衰等情况。这就是孔子所认为的"诗可以观"。

（三）群

"群"在这里为动词，指的是"合"，也就是通过赋诗、赏诗等一系列活动，互相进行沟通与交流，最终促进人际关系的和谐发展。除此之外，诗歌的交流还能团结国家内部组织，甚至可以使国与国之间相互联合。这便是"诗可以群"的内涵。

（四）怨

"诗可以怨"指的是通过诗歌，诗人可以发泄怨恨、排除自身的忧愁。综上所述，从孔子的兴、观、群、怨的诗学理论与"诗言志，歌咏是对诗歌的功能进行的全面概括。"的意义出发，可以将诗歌的功能概括为："抒发诗人之情，言明骚人之志，教化平民百姓，洞察时世民情，反映民众意愿，怡悦读者身心。"[1]

---

[1] 周方珠．文学翻译论 [M]. 北京：中国对外翻译出版有限公司 ,2014.

中国是诗的国度，中国诗歌有着悠久的历史和优良传统。早在先秦时代《诗经》三百篇就奠定了中国诗歌发展的基础。而以屈原的诗歌为代表的《楚辞》则以其雄奇瑰丽的浪漫主义风格与《诗经》三百篇“饥者歌其食，劳者歌其事”的现实主义精神交相辉映，开创了我国浪漫主义文学的先河。继《诗经》三百篇，“感于哀乐，缘事而发”的两汉乐府民歌以其丰富的现实内容和朴素自然的艺术风格充分显示了中国古代劳动人民的艺术创造力。接着，以曹氏父子为首的建安文人第一次掀起了文人诗歌创作的高潮。志深笔长、悲凉慷慨的“建安风骨”，曲折隐忍、寄托遥深的“正始之音”，标志着一个自觉的文学时代已经到来。谢灵运富丽精工的山水长吟、陶渊明冲和淡泊的田园清唱则充分体现了魏晋南北朝士人对自我独立人格的追求。到了隋唐，中国古典诗歌进入了一个新的发展阶段。初唐的张若虚、刘希夷和“四杰”，已显示出与以往不同的、新的精神风貌。而“铁马秋风塞北”的边塞高歌则奏出了盛唐诗歌交响乐中的最强音；“杏花春雨江南”的山水田园诗篇也以其优美明朗、清新健康的浅吟低唱与阳刚雄健的边塞诗相映成趣，共同构成了“盛唐之音”。尤其是豪放飘逸的李白、沉郁顿挫的杜甫，更是达到了诗歌的高峰。诗仙、诗圣，就如日月双悬，朗照乾坤，光耀千古。中唐的新乐府运动是现实主义传统又一次大的发扬。白居易“唯歌生民病”的优秀篇章，为我们展现了一幅幅社会历史的真实画卷。晚唐的杜牧、李商隐却在忧时悯乱、身世感叹中吟唱着黯淡低沉的末世哀音，在“夕阳无限好，只是近黄昏”的社会背景下发出无可奈何的喟然长叹。

延续三百年之久的两宋词坛，诞生了一千三百多位词作家和两万余首作品，涌现出了柳永、苏轼、李清照、陆游、辛弃疾、姜白石等著名词人，留下了许许多多传唱千古的名篇佳作，使灿烂的中国古代文化增添了新的光辉。元蒙一代，诗词虽已衰退，但一种新的诗歌形式——散曲却从民间悄然兴起，转到文人手里后即大放异彩，使马致远、关汉卿、张养浩等杰出的文人士子谱出了一曲曲凄婉缠绵、令人柔肠百结的人生悲歌。明清两朝，是中国古典诗歌的集大成时期，诗人辈出，各种诗歌理论和流派纷纷涌现，诗歌创作在数量上卷帙浩繁，超出以前任何一个朝代。但这是一个以小说戏曲为代表的市民文学兴起的时代，诗歌的发展已是强弩之末，渐趋衰落。所以此时的诗歌创作在思想内容和艺术成就上都远逊前人。随着最后一个封建王朝的覆灭，作为封建时代正统文学的中国古典诗歌也就走完了它漫长的道路。

二、诗歌语言的特点

诗歌语言带有鲜明的自身特点，是诗歌艺术性的具体体现。下面就对诗歌的语言特点进行总结。

（一）语言的音韵美和节奏感

1. 押韵是诗体与其他文体最大的区别之一

押韵是语流中相同音素的重复和组合所引起的共鸣和呼应。英诗常用的韵有：头韵（alliteration），即词首音素的连续重复，与汉语的“双声”相似（如 Thomas Gray Elegy Written in a Country Churchyard 中的“The plowman homeward plods his weary way”一句，plowman 与 plods，weary 与 way 都形成头韵）；谐元音 / 腹韵（assonance），即词中重读元音的重复（如 sweet 与 sleep，cradle 与 grave）；尾韵（rhyme），即词尾相同音素的重复。诗歌除了音韵美之外，其有规律的轻重抑扬变化连同韵式的变化，一同构成了诗的节奏美。英语格律诗分为诗节（stanza），诗节又分为诗行，每一诗行又分为几个音步（foot）。音步是由一个重读音节和一个或数个非重读音节有规律地排列构成的，常见的有抑扬格五音步、扬抑格四音步、抑扬格七音步及扬抑抑格两音步、抑抑扬格三音步等。无韵诗（blank verse）虽然不讲究押韵，但传统的无韵诗仍十分讲究节奏，一般是以抑扬格五音步为一行，如莎士比亚的诗。至于当代诗人写的一些无韵自由诗（free verse）则完全不受韵式和音步的限制，完全听凭思想的自然流露和语言自然节奏的流动。

2. 破格与变异

诗人是语言运用最自由的人。格律对于那些优秀的诗人来说，好像并不构成多大限制，反而是他实现意美、音美、形美的好助手。诗人享有语言运用方面的一些特权（poetic license），即为了适应节奏格律的需要，诗人可以使用一些特殊的缩略形式，以减少音节数；还可以灵活调整词序、主谓倒置、动宾倒置及对修饰词与被修饰词进行换位。这些语言特权所带来的结果就是更具表现力的破格。如果说破格还是有限的自由的话，那么变异（deviation）就是无限的自由。变异是对语言常规的有意偏离，是诗人寻新求异的一种手法，是对语言的创造性使用。变异在诗歌创作中早已有之，在现代和当代更是被发挥到极致。变异可以发生在诗歌语言的各个层面上，如语音、拼写、词汇、语法、诗式等。诗在语音上的变异主要表现在单词的某些音节的省略、重音甚至整个发音的改变，如将 moan 读作 [moui] 而非 [moun]，以适应韵律的需要，便属于语音上的变异。拼写上的变异常表现在某些单词非常规的拼写上。如美国现代诗人卡明斯常把人称代词 I 写成 i，甚至把自己的名字也别出心裁地写作“e.e.cummings”。在词汇层上，变异多表现为临时造词、临时合成词，如 T.S.Eiot 在 The Waste Land Ⅲ 中写道：“And I Tiresias have foresuffered all.”其中的“foresuffered”超越了前缀“fore-”常规构词方式，因而是一种在词汇层面上的创新及变异。在语法层上，诗的变异则主要表现在词序的极度灵活及词语联立关系、语法规则的异化上，如 E.E.Cummings 的诗句“you pays your money and you doesn't take your choice”是对英语语法规则的大胆突破，是一种典型的语法变异，而这种变异则暗示着“花了钱却得不到中意的东西”之意。此外，在诗的形式上，诗人为了表达某种情绪或情感，常常有意强化诗的视觉形象，在诗行安排上别出心裁，结果造成其在诗的形式上的变异，值得注意。

3. 句的重复与修辞格的广泛运用

诗歌中常重复一些词句或诗行，用以抒发真挚深沉的情感，或用以渲染某种气氛（如回环往复的缠绵），或用以增强诗的歌唱性。诗歌中又大量运用修辞格，尤其是各种各样的明喻、暗喻、比拟用得最多。

4. 丰富的意象与象征

所谓意象，是指那些可以引起人的感官反应的具体形象和画面，分为视觉、听觉、嗅觉、触觉、味觉、动觉、通联等。这些意象不仅能唤起人们的某种体验，更常常具有鲜明或隐晦的象征意义，是许多优秀诗篇所具有的共性。

诗歌语言的首要特点在于其音韵的和谐性。这种押韵指的是在语流中，对表达中相同的音素进行重复与组合，最终产生一定的呼应与共鸣。例如：

On the idle hill of summer.
Sleepy with the flow of streams
Far I hear the steady drummer
Drumming like a noise in dreams.
Far and near and low and louder
On the roads of earth go by
Dear to friends and food for powder
Soldiers marching, all to die.
（A.E.Housman: *On the Idle Hill of Summer*）

对上述诗句展开分析可知其为四步抑扬格，带有节奏明快、音韵和谐的特点。这种表达能够使读者读来朗朗上口，达到和谐优美的效果。

（二）结构鲜明，节奏独特

韵律和节奏紧密相连，诗歌追求音韵的和谐，因此也要求节奏十分明快。可以说，没有节奏就不成诗歌。具体来说，诗歌的节奏主要体现在其音节的长短停顿及音调的轻重变化等方面。按照一般的标准，可以将英语诗歌分为格律诗与无韵诗两个类别。这两类诗歌都具有节奏明快的特点，体现出了格律诗的很强的节奏感。英语诗歌的类型中，格律诗带有最强的节奏感，可以分为诗节，诗节又可以分为诗行，诗行又可细分为若干音步。常见的音步主要有抑扬格（lambs）、扬抑格（trochee）、扬抑抑格（dacty）、抑抑扬格（anapest）。英语诗歌每行的音步数不同，主要有八种，即单音步（monometer）、双音步（dimeter）、三音步（trimeter）、四音步（tetrameter）、五音步（pentameter）、六音步（hexameter）、七音步（heptameter）和八音步（octameter）。当一首英文诗歌使用的是扬抑格，每行诗句含有两个音步，那么就可以称为“两步扬抑格”。无韵诗虽然不讲究押韵，但是也很重视节奏的明快性，通常以抑扬格五音步为一行。莎士比亚的诗歌就是无韵诗的典型代表。

和其他文学体裁相比，诗歌的节奏较为独特，这也是其区别于其他文学艺术的显著特征。在英语诗歌中，除了散文诗之外，都需要进行分行。其中，十四行诗、英雄双韵体等的表现形式十分固定。英语对音步与格律的严格要求也体现了其结构的独特性。所谓节奏，即某种声音相隔同等时间重复出现。对于音乐来说，节奏就是曲调的快慢节拍。诗歌的节奏指的是诗歌的语言在一定时间内有规律的间歇或停顿。如七言诗的节奏是“二、二、二、一”，五言诗的节奏是“二、二、一”，即每两个词为一组，一组就是一个节拍，最后一字加上尾音占一个节拍，从而形成这样的语言停顿，例如，朝辞——白帝——彩云——间，千里——江陵——一日还；空山——新雨——后，天气——晚来——秋。停顿体现为跳跃顿挫的节奏美，押韵则使诗歌产生一种回还往复、和谐流畅的音律美。节奏是停顿、是间断，而押韵是黏合、是连续。押韵把一行行语音上独立的诗句连接在一起，使读者诵之如清音绕梁，绵绵不绝，形成回还往复的音乐旋律。跳跃顿挫的节奏、回还往复的旋律、高低抑扬的声调，使一首诗在音律上“宫羽相变，低昂互节”，悠扬宛转，悦耳动听。诗人正是在语言的回还往复、抑扬顿挫之间，创造出音乐般的旋律与节奏，给人以优美的听觉享受。诗歌的韵律节奏离不开诗歌的内在情感，而高昂低回的诗情则成为诗歌内在的旋律。前面已经说过，诗表现情而情有不同，或苍凉悲壮，或凄婉缠绵，或自然平和。感情不同，诗歌的韵律节奏也就不同，有的如急管繁弦，铿锵短促；有的如哀丝豪竹，凄厉感人；有的如月夜笛声，清丽悠扬；有的如隔水洞箫，低诉慢吟，一唱三叹，如杜甫的《闻官军收河南河北》，表现的是诗人听到失地收复后的愉快心情，全诗节奏跳跃欢畅，七阳韵脚高昂嘹亮，使诗人欢欣狂喜的内心情感洋溢于纸面。而李清照的《声声慢》则押的几乎全是入声韵，音调急切短促、节奏缓慢凝滞，与诗中国破家亡的苦痛、寂寞孤独的愁思正好合拍。

（三）意象丰富

意象指的是“可以引起人的感官反应的具体形象和画面”。[1]从心理学角度来看，诗歌意象包括视觉的、听觉的、触觉的、嗅觉的、味觉的、动觉的及联想的意象。优秀的诗歌作品中都包含着丰富的意象，从而试图唤起读者的某些体验，起到诗歌与读者共鸣的作用。歌德曾把诗与绘画进行比较，并且说：“造型艺术对眼睛提出形象，诗却对想象力提出形象。”达·芬奇也说：“诗是有声画，画是无声诗。”这与我国古典诗论中“诗中有画”的美学原则不谋而合，都说明了诗歌绘画美的特点。陶渊明的“暧暧远人村，依依墟里烟。狗吠深巷中，鸡鸣桑树颠”：时已傍晚，天色朦胧，远处的几户农家在一片迷离的暮色里若隐若现，几缕炊烟袅袅上升，深巷中隐隐传来几声狗吠，几只雄鸡站立桑树枝头啼鸣，更给人宁静安谧之感。好一幅和平恬静的乡村生活图景！画面清新优美，色调平和，意境迷人，使读者如入其境，如闻其声，获得真切的形象感受。王维的“大漠孤烟直，长河落日圆”所描绘的则是塞外漠北壮丽的风光：茫茫一片大漠，空寂苍凉，唯见一缕孤烟连云直上，黄河从地平线的那端蜿蜒而来，一轮通红的落日悬挂在天边，把灿烂的余晖洒在地上，映在河里。多么新颖的构图，多么瑰丽的色彩！如果说陶渊明的诗是一幅清新淡远的水墨画，那么，王维的诗则是浓彩重抹的风景图。还有“忽如一夜春风来，千树万树梨花开”“落花寂寂啼山鸟，杨柳青青渡水人”“山桃红花满上头，蜀江春水拍山流”等，那大海冰原、带雪寒枝，那空山古渡、鸟语人声，那花态柳情、山容水意，莫不历历在目，画意盎然。而像“开畦分白水，间柳发红桃”“两个黄鹂鸣

[1] 马莉．翻译理论与实践[M]．北京：北京大学出版社，2010:20.

翠柳，一行白鹭上青天”则是应用对比手法在色彩的互相映衬中，使画面显得鲜明生动，真切感人。

由此可见，所谓意象，就是表意之象。它既有内在的主观之“意”，又有外在的客观之“象”，是抽象的“意”与具体的“象”的结合，是主观与客观的统一。就其客观方面而言，意象首先是“象”，即一定的客观事物的具体形象，它必须是具体的、生动可感的；就其主观方面而言，意象必须包含诗人的情感、意志和认识等内在的“意”。“意”是抽象的观念和情感，“象”是具体生动的形象，用具体的“象”来表现抽象的“意”，这正是诗歌美学的一般原则。意寓于象，象明乎意，二者不可分离。意离开象，就只剩下一堆抽象的概念、定义、口号，也许真实、正确，却不能给人以无限丰富的美感；象离开意，就成了没有任何现实内容的机械范本，同样不具有感化人心的艺术力量。烂漫春花，袅袅秋风，流云翠竹，丽日晴空，夕阳晚照，朝日初升，鸣雷闪电，怒涛狂风……它们都是美的自然，美的“象”，然而只有当它们进入诗人心灵眼睛的视界，被诗人跃动的诗情所捕捉，与诗人美的情感、美的思想、美的追求在美的语言中和情交融的时候，才能成为美的意象。意象，是构成诗美的原件，是牡丹、芍药的片片花瓣，是辉煌大厦的碧瓦琉砖，是晴空的流云，夏夜的星辰。诗之美，就在于意象之美。

第四节　戏剧体裁

一、戏剧的定义

什么是戏剧？关于戏剧本质的讨论一直以来都是一个众说纷纭的话题，至今仍没有达成共识。古希腊的亚里士多德提出了“戏剧是行动的艺术”这一观点，认为戏剧是一种模仿行为，而且是对人的行动的模仿。模式是促使戏剧生成的一种重要途径，而“行动”则是戏剧呈现的外部特征。与亚里士多德的观点相同，印度第一部戏剧理论著作《舞论》将戏剧的模仿方式界定为“语言和形体动作和内心的表演”。英国著名戏剧理论家马丁·艾思林在《戏剧剖析》中指出希腊语中“戏剧”（drama）一词，只是动作（action）的意思。戏剧之所以成为戏剧，恰好是由于其除言语以外那一部分，而这部分必须看作使作者的观念得到充分表现的动作（或行动）。[1]黑格尔认为，实际行动并非戏剧的主要对象，其主要对象是内心情欲的表现。中国学者王国维认为，戏剧的本质特征在于戏剧“合歌舞以演故事”。但这仅是对某一阶段中国传统戏曲外部形态的界定，并不能涵盖戏曲艺术以外的戏剧现象。关于戏剧定义的观点还有很多，如法国萨赛的“观众说”、英国阿契尔的“激变说”等。各家学说，见仁见智，至今也没有形成一个完整的定义。

总体而言，戏剧是一种重要的文学样式，也是一门综合艺术。作为一种文学样式，戏剧文学是指“剧本，它是一门语言艺术，它规定了戏剧的主题、人物、情节、语言和结构，是舞台演出的基础和依据”[2]。作为一门综合艺术，戏剧所包含的元素极为丰富，包括文学、舞美、音乐、演艺等，而且主要通过演员在舞台上的表演来展现艺术效果。作为一种文学艺术，戏剧有着与其他文学体裁相同的特点：同小说一样包含人物和情节，同诗歌一样需要读者阅读、聆听和欣赏。同时，戏剧又有着自身的独特性，戏剧在情境、冲突、结构语言等方面有明显的特征。就戏剧的分类而言，依据的标准不同，戏剧可分为不同的类型。根据审美效果来划分，戏剧可以分为悲剧、喜剧和正剧；根据作品题材来划分，戏剧可以分为现代剧、历史剧、童话剧；根据戏剧场次容量划分，戏剧可分为多幕剧、独幕剧等。

二、戏剧的本质

（一）戏剧语言推动动作

文学是语言的艺术，语言可以说是文学作品的第一要素。尽管角色的形象、演员的形体语言、舞台布置、音乐背景等因素十分重要，但最为重要的还是剧作家运用语言的本领。在戏剧艺术中，情节可以不要，布景可以不要，甚至舞台都可以没有，但唯独戏剧语言不可缺少。虽然小说、诗歌、散文和戏剧都是语言的艺术，但相较于其他三种文学样式，戏剧又体现出一种特殊性，这种特殊性首先就是其对语言的特殊要求。在小说中，环境的描写、事件的叙述、人物的介绍、人物心理活动的揭示等，往往都借助作者的语言来表达，而不用通过对话来完成。但是在戏剧中，这所有的一切都要通过人物的台词来完成，剧作家不能出面通过语言来提示读者如何理解人物，

---

[1] 康保成．戏剧的本质及其审美特征[J]．阅读与写作，2004(4):12.

[2] 陈文忠．文学理论[M]．合肥：安徽大学出版社，2002:125.

而只能依靠人物自身的语言来塑造人物，所以人物语言在戏剧中有着特殊的作用和地位。在戏剧中，语言有以下几个方面的作用：表明各种关系，推动情节发展，塑造人物形象，抒发人物的思想情感，表明戏剧主体等。此外，在阅读小说时，如果有难以理解之处可以重复阅读，甚至可以停下来思考，但是戏剧演出一顺而过，无法停顿，因此这就要求戏剧语言必须明确、利落、准确地交代出故事情景。也正因为语言之于戏剧的重要性，所以戏剧台词必须通俗浅近、言简意赅，便于演员阅读，也要易于观众接受。

（二）戏剧反映现实生活

戏剧情境是“促使戏剧冲突爆发、发展的契机，是使人物产生特有动作的条件”[1]。戏剧情节取材于生活并反映现实生活，这样才能使观众产生共鸣，获得观众的广泛认可。戏剧作品主要用于舞台表演，但舞台演出的时间和空间总是有限的，表演者必须在有限的时间和空间内将丰富、深刻的社会生活内容淋漓尽致地表现出来，并且始终能够吸引观众的注意力，这就对戏剧本身的浓缩性有极高的要求。剧作家必须把戏剧情节写得高度凝练和集中，并借助较少的人物、较简约的场景及较单纯的事件，概括、浓缩地将生活内容再现在舞台上。

（三）戏剧结构严密紧凑

结构是一部文学作品的骨骼，是作家思想的集合点，也是表现作品思想主题、推动情节发展的重要因素。任何文学形式都有对组织结构的要求，但相较于其他文学形式，结构之于戏剧更为重要。因为戏剧的组织结构、情节的叙述直接关系戏剧的成败。戏剧不同于小说，小说可长可短，在纸面上发挥的空间很大。但戏剧无法脱离舞台，戏剧必须根据有限的篇幅在有限的时空中表演故事、塑造人物、反映生活，而这就要求戏剧必须有严密紧凑的艺术结构。

（四）戏剧冲突紧张激烈

戏剧冲突和戏剧情境紧密相连。一直以来，戏剧论著中常会重复一句话——“没有冲突就没有戏剧”。可以说，戏剧冲突是戏剧情节的基础和动力，是戏剧的灵魂所在，每部作品都必须构建出戏剧冲突。戏剧冲突也就是

[1] 谭霈生．论戏剧性 [M]. 北京：北京大学出版社 ,1981:98.

戏剧作品中的矛盾与斗争，这种冲突可以表现为人物内心的冲突，也可以表现为人物与环境（社会的和自然的）之间的冲突。戏剧冲突的特点往往表现为紧张激烈、扣人心弦、引人入胜，这是因为戏剧艺术的直观性和舞台性决定了戏剧必须依靠“紧张激烈的矛盾冲突的提出、展开、突变和解决”[1]，才能在短时间内塑造出鲜明的人物形象，清楚地表达思想主题，取得良好的戏剧效果，也只有这样才能吸引观众的注意力，使观众融入情境中。同戏剧情境一样，戏剧冲突也源于生活，并反映着现实生活。剧作家们将这些冲突加以提炼，并再现冲突，推动冲突的发展，这种源于现实生活的因素能使戏剧拥有更高的艺术价值。

三、戏剧语言的特点

通过上述内容便能了解戏剧语言的特殊性。戏剧语言也就是台词，主要是指人物语言。戏剧台词有对白、独白和旁白三种形式，每一种台词都有各自的效用。对白是指人物与人物之间的对话，是剧作家用以推展情节、塑造形象的主要手段；独白是指人物的自言自语，是剧作家向受众揭示人物内心深处复杂情感和思想的重要方式；旁白就是剧作家越过剧中人物向受众交代的剧本的主体和剧情的发展。当剧本要表现人物内心的激烈活动时，常会采用独白和旁白的形式。由此可见，语言在戏剧中占据着重要的地位，因此本节就重点对戏剧的语言特点进行分析和说明。

（一）口语化特点

戏剧既有文学的普遍特征，又有自己的独特风格。就语言构成要素而言，人物对话占据了戏剧的大部分篇幅。就交流方式而言，大部分文学作品是通过作者的阅读来实现与读者的交流的，虽然剧本也是以书面形式呈现的，但最终要脱离文本，借助演员之口实现与观众的交流。可见，戏剧是一种“说”的艺术，有着极强的口语化特点。而戏剧语言的口语化特点反过来又对戏剧台词提出了特别的要求。戏剧台词不仅仅是写给读者看的，更重要的是通过演员读给观众听的，因此戏剧台词必须讲究韵律节奏，让演员念着朗朗上口、饱满有力，让观众听着有抑扬顿挫、平仄谐调之感。也就是说，戏剧语言要让演员讲起来易于“上口”，要让观众听起来易于“入戏”。戏

[1] 陈文忠．文学理论[M]．合肥：安徽大学出版社，2002:126.

剧语言的口语化特点也要求戏剧台词在选词时要做到“贵浅不贵深”。[1]李渔曾言：“古来填词之家，未尝不引古事，未尝不用人名，未尝不书现成之句，而所引、所用，与所书者则有别焉。其事不取幽深，其人不搜隐僻，其句则采街谈巷议，即有时偶涉诗、书，亦系耳根听熟之语，舌端调惯之文，虽出诗、书，实与街谈巷议无别者。总而言之，传奇不比文章。文章做与读书人看，故不怪其深；戏文做与读书人与不读书人同看，又与不读书的妇女小儿同看，故贵浅不贵深。”戏剧是通过舞台让观众听和看的，面向的受众有着不同的教育背景，身处不同的社会阶层，所以戏剧语言应尽量做到表意明朗和雅俗共赏，避免晦涩难懂。

（二）诗意化点

语言运用的精妙是一部戏剧成功的基础和首要条件。由于戏剧艺术本身的性质，戏剧语言与诗歌往往有着不解之缘。戏剧需要“激情”，而“激情”正是所有诗歌所不能缺少的因素，别林斯基甚至将戏剧认定为“诗歌发展的最高阶段和艺术的冠冕”。剧作家通过形象这一媒介与观众进行交流，所以剧作家必须用激情来塑造形象，这样才能更具审美价值，才能吸引观众的注意力，引发观众的共鸣。

剧本要抒写人的情感，同时要在一定的时间和空间内通过舞台表演完成创作任务。诗歌这一语言艺术有着浓厚的抒情性和感情色彩，同时语言精练，结构感极强，而且易于朗读。诗歌的这种诗意性正是戏剧对话的必要条件，所以戏剧是离不开诗的。老舍曾指出：“剧作者有责任挖掘语言的全部奥秘，不但在思想性上要有‘语不惊人死不休’的雄心，而且在语言之美上也不甘居诗人之下。”[2]老舍主张要以写诗的态度来写戏剧对话，因为富有诗意的语言所表达出的弦外之音更耐人寻味，而且能留给观众更多的思考空间，能让观众的思维打开，想到舞台之外的一些东西。剧作家创作的剧本源于对生活思想的挖掘，但在表达这种思想时要避免理性说教，而要饱含激情。也就是说，戏剧不仅要有戏剧性，也要有抒情性，这样才能对观众产生强大的感染力。

---

[1] 李渔，闲情偶记[A].中国古典戏曲论著集成（第七册）[C].北京：中国戏剧出版社，1959:2-23.

[2] 王行之．老舍论剧[M]北京：中国戏剧出版社，1981:11.

（三）个性化特点

通过上述内容可以了解到，小说、散文可以通过多种手段来展开情节、构筑人物，但戏剧只能通过一种手段来展开情节、塑造人物形象、刻画人物性格，那就是台词。老舍的“一句台词勾画一个人物”深刻地说明了台词之于戏剧人物塑造的重要性。戏剧语言的个性化要求每个人物的语言都要与其身份、职业、性别和年龄等相符合，而且重要人物的语言要能体现该人物的性格特征，反映该人物的思想情感，也就是让人听到这一人物的语言，就能大致了解此人的性格，由此也就能了解到什么是戏剧语言的个性化了，即什么样的人说什么样的话，什么样的话反映人什么样的性格。但真正做到老舍所提出的标准“剧作者须在人物头一次开口，便显出他的性格来，这很不容易。剧作者必须知道他的人物的全部生活，才能三言五语便使人物站立起来，闻其声，知其人”[1]。一般化和雷同化是戏剧台词最忌讳的，而应该“说一人肖人，勿使雷同，弗使浮泛”。戏剧中的人物丰富多样，所受教育程度不同，所处社会阶层不同，所以剧作家在设计不同人物的语言时，应尽量体现人物的独特性格与不同身份，并通过语言来展现人物的外在形象与揭示人物的内心世界。

（四）动作性精点

在戏剧中，语言和动作密不可分，动作是剧作家创造行动着的人的重要手段。“语言动作”这一术语很好地说明了戏剧语言与戏剧动作之间的关系，也说明了戏剧语言本身的性质。在戏剧艺术中，台词说明着动作的内容，台词本身也是动作，台词不仅对动作进行注释，也和人物的形体动作融为一体，表现着人物的行动意义，揭示着人物的内心状态。这说明，作为推动戏剧情节、塑造人物形象的重要条件，戏剧语言必须具有动作性。如果戏剧台词的动作性不强，那么即使其语言富有装饰性，也是没有价值的。戏剧艺术中，富有动作性的语言具有以下作用：首先，它可以表现人物激烈的外部形体动作，揭示人物的心理活动；其次，它可以刺激对方产生相应的动作。这样一来，对话双方就能相互影响和作用，进而推动情节的发展。正是因为动作性的语言，人物的语言与自身的情感才能相符合，才能显示人物之间的关系，才能使戏剧冲突的产生有了可能。

---

[1] 王行之，老舍论剧[M].北京：中国戏剧出版社，1981:5.

（五）修辞性点

戏剧语言主要源自真实生活，但不是对日常生活语言的简单重复。老舍指出："剧本的语言应是语言的精华，不是日常生活中你一言我一语的录音。"戏剧主要依靠语言来吸引观众，所以戏剧台词都是剧作家对日常语言的精心提炼和加工。在剧本创作过程中，剧作家常会采用各种修辞手法，以使语言新鲜活泼，富有艺术韵味，更具有感染力和说服力，进而给读者留下深刻难忘的印象。此外，戏剧常揭示现实生活，探索人类生活的本质，这也是戏剧的迷人之处，因此富有哲理性的语言常常在戏剧中被用到。这些富有哲理性的语言流传甚广，有的被人们运用于日常生活中，有的则成了人们口中的警句格言。

1. 双关

双关是指通过文字上的同音异义或同形异义使某个表达内容同时具有两种不同的含义。戏剧作品中经常出现双关这一修辞手法。

2. 夸张

夸张是一种言过其实的修辞方法，目的是取得特殊的表达效果。夸张的使用能够突出事物的特征，使语言更具感染力，同时还能激发读者的想象力。为了制造更加激烈的戏剧冲突，戏剧作品中常常出现夸张这一修辞手法。

3. 叠言

机械地进行重复是语言表达的一大忌讳，但在某些特定的情境下，重复使用同一词组有时也会起到强有力的作用。通过重复使用同一词、同一句，往往能有效地强化语气，揭示主题思想，突出情感，加深读者或听者的印象。

4. 反语

所谓反语，是指说的话和想要说的话的意思正好相反，可以是正话反说，也可以是反话正说。戏剧中在表示嘲讽、批评和贬责时常采用这一修辞手法。

（六）高度集中性特点

剧本必须适合舞台演出，剧本的结构必须遵循空间和时间高度集中的原则，凝练地反映现实生活。戏剧表演由于受到表演时间、空间的制约，形成了自己特有的时空观念。剧本中的戏剧冲突和戏剧情节，都应当在高度集中的场面和场景中展开，情节结构也应相对单纯集中，要在有限的时空中表现丰富的内容。由于各种文学作品都要表现社会的矛盾冲突，而对戏剧则要求其在有限的空间和时间里反映的矛盾冲突更加尖锐突出。因为戏剧这种文学形式是为了集中反映现实生活中的矛盾冲突而产生的，所以说，没有矛盾冲突就没有戏剧。又因为剧本受篇幅和演出时间的限制，所以在剧情中反映的现实生活必须凝缩在适合舞台演出的矛盾冲突中。与此同时，人物语言具有个性化、口语化、动作性和文学性的特征，并富于潜台词。个性化，即既能鲜明地表现出人物特定的年龄、经历、教养、情趣等，又能揭示出人物在特定环境下的心理状态；口语化，即与人们生活的语言接近，易说、易懂，富于生活色彩；动作性，亦称行动性，指能够与演出时人物的行动相配合，能够暗示和引起角色的动作反应，能够推动戏剧情节的发展；文学性，即指戏剧文学中的人物语言虽然是口语化的，但决不芜杂鄙陋，而是经得起揣摩和咀嚼的；富于潜台词，指戏剧文学中的人物语言除了表面的意义外，它还包含着更深一层的意义。

第五章　英语文学作品阅读教学

英美文学作品阅读对英语学习非常重要，它可以激发学生的学习兴趣、扩大学生的词汇量、提高学生的阅读理解能力、提升学生的英语写作水平、让学生积累文化背景知识以及提高跨文化交际的能力等。在英语教学中，可以通过读书报告法、讨论教学法、诗歌朗诵背诵和演唱法、翻译对比法和歌曲听写法等多种教学方法，将英美文学作品阅读与英语教学结合起来，使之相互促进、相得益彰，进而为广大英语学习者提供更有效、更持久的英语学习路径。本章针对英语文学阅读教学动机的培养、英语文学体验阅读教学模式等内容进行了分析，全面提升学生灵活运用语言的能力和跨文化交际的能力，从而提高学生的英语综合水平。

第一节　英语文学阅读教学动机的培养

一、阅读动机的内涵

（一）阅读动机的概念

迄今为止，阅读动机还没有统一的定义，国内外学者界定其的视角不同，所以存在较大的差异。国外学者对阅读动机的界定，多从微观视角考虑，Chapman，Tunmer[1]，Wigfield，Guthrie 等都认为阅读动机是一个多维度的系统结构，多因其研究的需要而分为不同的维度。Guthrie，Wigfield[2] 将阅读动机的界定为个体在阅读期望、信心和目标的指引和推动下，自觉地参与阅读行为，与阅读文本互动，并通过阅读进行学习的冲动，是阅读行为产生的一种驱动力。Kristin Conradi Bong Gee Jang，Michael C.Mckenna[3] 在一篇关于阅读动机的相关概念及研究进展的综述文章中，在梳理了 2003 年至 2013 年这十年的权威研究成果的基础上，给阅读动机作了一个较明确的界定：阅读动机是由个体对自身阅读能力的效能或信念、阅读态度和阅读目标等所驱动的综合动力，包括内部动机和外部动机两个维度。

国内学者对阅读动机的界定，多数较为宏观，大多是从阅读需要出发，结合心理学动机的含义对阅读动机进行的阐释。黄葵、俞立君[4] 认为阅读动机是在阅读需要的刺激下，直接推动人们进行阅读的动因，它是在阅读期望调节过程中对阅读认知过程起重要支配和调节作用的心理过程。宋伟琦[5] 等也认为阅读动机是基于阅读需要的，由与（网络）阅读有关的目标所引导、激发和维持的个体（网络）阅读活动的内在心理过程和内部动力过程。简言之，阅读动机就是激起和引导个体行为指向阅读目标的力量。

综上可知，要对阅读动机做一个普适性的界定，有较大的难度。阅读动机产生于个体的内在阅读需要和外界刺激需要，是一个多维度的系统结构，由个体对自身阅读的自我效能、信念、期望、价值等内部目标和个体希望通过阅读而获得奖励或认同等外部目标所激发、引导和维持的综合内驱力。外部因素的持续刺激，会发挥潜移默化的作用，使其内化为个体的内部动机。关于阅读动机的标准维度，也因研究领域的不同而不同。阅读动机在阅读活动中有着重要的作用，能激发读者的阅读行为，提高读者阅读的自觉性和积极性，使读者的注意力更集中，推动其阅读行为向某一目标进行，并提高阅读效果。

---

❶ Chapman J.W, Tunmer W.E.. Development of young children reading self-concepts: An examination of emerging subcomponents and their relationship with reading achievementjoumal of Educational Psychology,1995(87):154-167.

❷ Guthrie, Wigfield, A How mo ivan ts in o a science of reain ntific Studies of Reading, 1999(3):119-205.

❸ Kristin Conradi, Bong Gee Jang, Michael C.Mckenna.Motivation terminology in reading research: A conceptual review[J].Educ Psychol Rev, 2014(26): 127-16.

❹ 黄葵，俞君立．阅读学基础 [M]．武汉：武汉大学出版社，1996:96.

❺ 宋伟琦．阅读动机培养的教学因素及策略研究 [D]．首都师范大学，2002:5.

（二）阅读动机的种类

国内学者习惯于对阅读动机进行分类研究。有从需求层次和需求心理角度进行划分的，如孙伟[1]指出阅读动机有专业型、研究型、消遣娱乐型和生活常识型四种类型。曹艺[2]专门针对大学生的阅读动机做了分类，认为大学生阅读动机主要有五类：求知、猎奇、兴趣、被动的阅读动机和隐秘的阅读动机，这五种分类之间存在分类标准不统一的问题。有从动机产生的原因进行划分的，如曾祥芹[3]将阅读动机分为主动阅读动机和被动阅读动机。主动阅读动机是出于个体的崇高理想、求知欲望、审美趣味等内心要求，在没有明显外在压力的情况下产生的阅读动机。主动阅读动机具有自觉性和持久性的特点。被动阅读动机是个体为考试、为竞赛、为赚钱、为晋级，在外部压力的支配下产生的阅读动机。被动阅读动机具有功利性、短暂性的特点。

对阅读动机分类较为全面的是黄葵，俞立君[4]，他们依据不同的分类标准，对阅读动机进行了分类：据阅读动机的社会意义，划分为正确的与错误的阅读动机，高境界的与低境界的阅读动机；据阅读动机所持续的时间，划分为近景性阅读动机与远景性阅读动机；据动机产生的条件，划分为外在阅读动机和内在阅读动机；据阅读动机所追求的不同目标，阅读动机可划分为求知、求美、理想阅读动机等。国内学者对阅读动机的种类，依据不同的研究需要和标准，从不同侧面进行了划分。总的来看，对阅读动机种类的划分存在着一些弊端，表现有三：一是分类标准的确定不能反映阅读动机的本质属性或特征，致使以上类别杂陈、众说纷纭；二是划分的各类阅读动机之间存在着交叉部分，界限不分明，如学习知识、完成学业、科学研究三种分类之间明显存在杂糅；三是对阅读动机的分类不是在一个分类标准下进行的，如被动阅读动机、兴趣阅读动机、隐秘阅读动机的划分明显不是一个标准。因此，对阅读动机进行科学的分类，形成较为统一的分类标准和类别，有利于研究的规范与深入。总的来说，从“阅读动机的结构和维度”去研究，比对阅读动机进行分类研究更科学，也更有研究意义，更能反映阅读动机的本质。

---

[1] 孙伟．论读者的阅读动机[J]．图书馆学研究，1992(4):41-42.

[2] 曹艺．信息时代高校学生阅读心理研究及对策[J]．图书馆工作与研究，1998(3):41-42.

[3] 曾祥芹．阅读学新论[M]．北京：语文出版社，2000:131.

[4] 黄葵，俞立君．阅读学基础[M]．武汉：武汉大学出版社，1996:100-103.

（三）阅读动机的构成

1.阅读的自我效能感

班杜拉，Eccles，Nicholls 集中研究了学生对学生自己的效能感觉和能力信任。能力信任是学生对他们在不同领域中能力的估计。阅读中的自我效能信任就是指个体对自己在阅读活动中的能力信任，如果学生相信自己在阅读中是有效能的，那么，他们就更有可能去阅读。许多研究表明，自我效能感能够影响学生对活动的选择及其所付出的努力程度。如果对自己从事某种活动的能力有高的估计，那么个体会选择那些需要付出努力才能完成的任务，所以人们把挑战也纳入自我效能中来，阅读中的挑战指的是掌握或吸收文本中复杂观点的满足感。阅读中，读者需要自己判断自己是否有能力胜任工作，能否完成阅读任务，并在这些判断的基础上来决定自己的行为。

2.内外动机及学习目标

自我效能信任是推动人行动的一个重要因素，但是假如一个人相信自己有能力做某事，但他没有什么目的去做，其也不会去行动。许多研究表明，儿童对成就的评价、内外动机及成就目标都会影响到他是否会采取行动。内部动机指人因为自身的原因去选择从事某活动，而不是由于外部原因。由内部动机激发的个体会全身心投入到活动中去。我们认为读者的阅读活动如果是被内部动机所激发的，那么就会促进阅读活动。对儿重来说，他们会对那些让他们感兴趣的东西产生了解的愿望，人们称之为好奇心。同时，当对某一文字或信息文本产生了愉快的体验时，儿童就会参与到阅读活动中去，这时他们的注意力高度集中，甚至忘记了自身的存在，我们称这种状态为阅读卷入。另外，根据对儿童主观任务价值的研究得知，如果儿童认为文本会让自己快乐时也会促进儿童卷入，我们称之为阅读重要性。根据动机的观点，人们总有趋利避害的倾向。霍普早在 20 世纪 30 年代，就提出来有两种目标定向，即追求成功和避免失败。避免失败就意味着行为由一个消极的或不需要的事件来发起或引导，具体到阅读中就表现为不喜欢去读书，就会尽量避免阅读活动。根据对成就目标的研究，有两类目标体系，一为掌握目标，一为成绩目标。具有成绩目标定向的儿童总想使他们对能力的积极评价最大化而使他们对能力的消极评价最小化。因此，竞争、表扬、分数对成绩目标定向的儿童来说就显得很重要。在阅读中竞争指让自己在阅读中比其他人做得好；表扬指想通过成功阅读而获得，并使个体感知为满意的评价；分数指让教师做积极评价的愿望。在活动中总是有外部的诱因来吸引着个体的活动，使个体朝着某个方向前进，而内部总有许多原因推动着个体活动，这个时候就需要给予个体帮助来促使个体朝着既定的方向前进。

3. 阅读的社会性动机

根据 Wentzl（1996）的研究发现，高成就者和低成就者的成就目标不同，高成就者会在学校中把社会和学习目标联合起来，而低成就者更多的关注于社会目标研究，还发现趋向社会目标的和在班级中负有社会性责任的儿童比没有社会目标的学生表现得好。我们也认为阅读也有社会性的一面。例如，与家人朋友一起去分析阅读过程的意义过程，这就是阅读的社会性原因。我们认为顺从也是阅读社会性中的一个方面，在阅读的时候，个体有与伙伴保持一致的趋向。人是社会性的动物，因此人的活动总是受到他人的影响，如果在学生之间建立良好的互动关系，那么就可以促进学生的各种活动，并使活动开展得更好。在前人研究的基础上，我们知道了阅读动机的种类，涉及自我效能感、内部动机、外部动机及社会性动机的方方面面。阅读活动本身充满了各种原因，动机促进了人的阅读活动。人在阅读过程中整合了认知、社会性原因的各个方面。同时，读者在阅读过程中是具有动机的、策略的、知识丰富的并与社会发生互动的个体。进行阅读的读者是因受到不同目的的激励而去阅读的，他们使用以前所获得的经验，经过同化顺应形成新的理解，同时参与到有意义的社会交往活动中去。教师可以从不同的角度创设条件，影响学生阅读动机的诸多方面，培养其良好的阅读动机。

（四）阅读动机培养的相关理论

1. 成就动机的目标理论

成就目标理论的研究是当今成就动机研究的前沿。成就目标源于 尼科尔斯的能力理论，成型于德韦克等人的发展。德韦克在能力归因的基础上提出来成就目标理论，他们认为个体对能力的看法有两种固有的观点。一种是能力实体观（an entity theory of intelligence），持这种观点的个体认为能力是固定的不可控的特质，他们关心的是如何获得高成绩，以证明自己的能力，同时避免低能力评价，这是属于成绩目标定向（performance goal）；另一种是能力增长观（an increase mental theory of intelligence），这种观点认为个体的能力是一种不稳定的、可提高的、可通过努力得到增长的东西，因此持这种观点的个体把情境看作是提高自身能力的机会。他们把对任务的掌握和自身能力的发展作为追求的目标，是一种学习目标定向（learning goal）。具有成绩目标定向的儿童总追求使他们对能力的积极评价最大化，而使他们对能力的消极评价最小化。因此，在阅读中，竞争、表扬、分数对成绩目标定向的儿童来说就显得很重要。多伊奇通过对目标本身的研究，提出了目标结构理论，他界定了三种目标结构：合作性结构、个体目标结构、竞争性目标结构。合作性目标结构中，个体目标指向性的努力有利于他人的目标达成。从动机主义者的观点来看，合作性目标结构创设了一种只有通过小组成功，小组成员才能达到个人目标的情境。从理论上我们可以看出，当学生把提高能力作为目标或者以合作性的目标为导向时，可以更好地促进学生的动机产生。有理由相信，培养学生的阅读动机要充分注意到目标定向的作用。

2. 自我决定理论

美国心理学家 Deci 和 Ryan 提出了自我决定理论，该理论是建立在机体能动的观点基础之上的，认为人是主动的、有意志力的，有机体具有内部需要和生理驱力，这些内部需要给有机体提供了在环境中活动的能量，同时也把有机体的生理驱力和情感方面展现出来。自我决定理论强调内部动机、能力和自主。自我决定意味着人们体验到了选择。自我决定强调选择的能力和获得选择机会的能力。另外，自我决定不仅仅是一种能力，同时也是一种需要，他与内部动力行为是一致的。自我决定理论也主张学生自主。同时，自我决定也不否认环境的影响。内部动机指由于自身的原因去选择或从事某活动，而不是由于外部原因，它是由个体内在需要而引起的动机。由内部动机激发的个体会全身心投入到活动中去。我们认为读者的阅读活动如果是被内部动机所激发，那么就会促进其进行阅读活动。对儿童来说，他们对那些让他们感兴趣的东西会产生了解的欲望。同时，当对某一文字或信息文本产生了愉快的体验时，儿童就会参与到阅读活动中去，这时他们的注意力高度集中，甚至忘记了自身的存在。另外，根据对儿童主观任务价值的研究，如果儿童认为文本会让自己快乐时也会促进儿童参与。能力是联结挑战、反馈及乐趣的基本结构。阅读中如果学生相信自己在阅读中是有效能的，那么他们就更有可能去阅读。自我效能感能够影响学生对活动的选择及其所付出的努力程度。如果对自己从事某种活动的能力有较高的估价，那么个体会选择那些需要付出努力才能完成的任务，太难或者太容易的任务都不会让学生有阅读的意向。只有那些对读者本身有挑战性的读本才能激发学生去阅读，这样的读本会让学生掌握或吸收文本中复杂观点有一种满足感。学生需要有能力的感觉，需要投入到活动中去，需要自己决定从事自己的事情，这样，学生才会有更大的动力去做自己的事情。因此，阅读动机培养应当充分发挥学生自我决定的作用。

3. 群体动力学理论

群体动力学研究的是团体生活的动力方面。群体动力学理论最初是由勒温于 1939 年提出的，是以勒温场论为基础的。勒温场论的基本概念是生活空间，包括人与环境。勒温认为人的行为是受人和环境的影响的，其表述公式是 B=f（P×E）。B 代表了人的行为，P 代表了人，E 代表了环境。勒温认为，人就是一个场，心理场主要是由个体需要和他的心理环境相互作用关系构成的，包括有可能影响个人的过去、现在和将来的一切事件。团体动力学突出整体动力观，认为团体并非简单的个体集合，而是一个具有整体意义的完形，整体意义才是团体的根本意义。

团体的本质在于团体的成员间的动力依存关系。团体动力学强调团体成员参与决策及团体内合作气氛的意义，并且认为个体不是孤立的个别属性的机械相加，而是在一定的生活空间里组织成为一个完整的系统的。一般来说，要改变个体，首先应使其团体发生变化。班级授课制使得学生的阅读活动不可能完全脱离团体，在与团体成员相互影响、相互作用的过程中，阅读活动自然也就不可避免地受到了团体成员的影响。团体的力量是不可忽视的，团体成员间的相互影响、相互作用会促使学生以更大的热情投入到活动中去。在阅读教学活动中，积极创设情境使学生合作互动肯定有利于其阅读动机的培养。

4. 建构主义理论

当今的建构主义是由皮亚杰、维果茨基等人的思想发展而来的。皮亚杰认为，儿童的认知结构就是通过同化和顺应过程逐步建构起来的，并在“平衡—不平衡—新的平衡”的循环中得到不断的丰富、提高和发展。建构主义理论强调以学生为中心，正如维果茨基所言：从心理学观点出发，教师是教育环境的组织者，是教育环境与受教育者相互作用的调节者和控制者。社会环境是教育过程真正的杠杆，而教师的全部作用可归结为对这一杠杆的掌控。在教学中，建构主义强调情境教学和协作学习。建构主义认为学习总是与一定的社会文化背景，即“情境”相联系的，在实际情境下进行学习，可以使学习者能利用自己原有的认知结构中有关的经验去同化和索引学到的新知识，从而赋予新知识以某种意义，若不能去同化，则会引起“顺应”过程，即对原有认知结构进行改造和重组。因此应创设生动性，丰富性的实际情境来进行教学。

通过协作学习，学习者群体的思维与智慧就会被整个群体所共享。我们也认为阅读作为学校教学中的一个方面，必然也有其社会性的一面。例如，与家人朋友一起去分享阅读过程中的意义过程，与伙伴保持一致的趋向等。个体的活动在真实情境下更自由、更开放，把个体放入到社会当中去，可以使他们有认知的动力，更加付出努力。建构主义学习理论为我们提供了这样的启示：注重阅读与真实世界的联系，重视阅读活动中的合作学习是培养阅读动机的重要因素。此外，动机认知理论直接揭示了动机与认知技能策略之间的密切关系。加涅对人类五种学习结果[1]的分析也证实了态度、动机与认知的统一性。

二、英语文学阅读教学动机的培养策略

（一）目标定向的教学策略

教学是帮助学习者有目的、有计划、有步骤地进行学习的过程。在阅读教学中，教师必须依据学生的发展需要和课程教学目标，明确阅读的目标及范围，使阅读有一定的指向。如果让学生在一个完全开放的阅读体系中，在一开始就去让他们自由选择阅读范围、确定阅读目的，学生更会感到无所适从，或被动盲从于外部环境因素。自始至终让学生自由地漫无目的、去阅读，最终将使教学成为低效或无效劳动。教师在阅读教学中根据阅读能力发展及教学要求，确定阅读学习的目标，还要教会学生根据自己的需要及课程的要求选择阅读的范围和方向。尽量扩大学生的阅读量或提供有大量文本的阅读环境；教师要以各种方式向学生推荐各种书目；订阅刊物、在班级中建立班级图书库，传阅书刊；提供各种阅读途径，如网络、媒体、电影、电视剧等；举办系列鉴赏课；举办各种形式的活动，让学生为这些活动做准备来阅读；举办各种形式的比赛，让学生参加如演讲、辩论、朗诵竞赛等；举办各种评比活动如阅读博士评比、讲故事能手评比、口语最佳评比；让学生展示读过的书；以写作为目的促进其阅读；让学生写读书报告、科学论文；摘抄、美文集锦、些读书笔记等；仿写、续写、发表文章；建立班级作文本。为解决实际问题而阅读，带着问题阅读，让学生评论文章或书，给学生讲解阅读与成才的关系。

[1] 人类五种学习的结果：智慧技能、认知策略、言语信息、动作技能、态度。加涅著，皮连生译，《学习的条件和教学论》，华东师范大学出版社，1999年。

（二）自我导向的教学策略

在阅读教学过程中，教师应当充分尊重学生作为阅读主体的自我决定、自我管理的权利。教师如果给予学生选择的机会，那么学生的动机也会得到提高。格罗尼克里安报告指出，那些把课堂看作是自主支持的学生更可能被激发起学习的内部动力，而那些不把课堂看作是自主支持的学生的内部动力则会差一些。在实验研究中，学习任务的选择对内部动机也有影响，如果给予学生选择的权利，那么他们在活动中更会参与、更具坚持性、更乐于从事。把课堂建构成自主支持性的，可以使学生作出更宽泛的选择，以展示他们的能力。有的学者从阅读语感的角度谈到了给予学生自主权利的重要性，他们认为学生阅读语感绝非通过教师滔滔不绝的分析、讲授或热闹的回答问题训练出来的，而是学生通过自主阅读中的丰富体验获得的。徐振维认为教师要启发学生的参与意识，要充分调动学生的主动性，使他们真正成为学习的主人。齐莫曼认为，当学生在元认知、动机、行为三方面都是一个积极的参与者时，其学习就是自主的。在行为方面，自主学习的学生能够选择、组织、创设能使学习达到最佳效果的环境。自主学习的动机是内在的或自我激发的。提供学生自由选择读物的机会；自己找资料解决自己的问题；把学生带到图书馆或书店让他们自由活动；让学生在充分的时间和空间环境中阅读；提供其自由表现的机会；让学生评论书或文章；让学生当教师、鼓励学生质疑课文；组织相应的学生自主性活动；办班刊；进行读后感交流；办阅读角。

（三）合作学习的教学策略

课堂教学本身是一个集体活动，教师与学生间、学生与学生间都在课堂上有着不同方向、不同程度的交流与联系。而阅读活动本身就是读者和作者之间的交流。因此，阅读不是一个个体行为，它涉及人与人交际的问题。课堂中的互相联系首先是教师和学生之间的联系，Skinner&Belmont 论述了教师的卷入，照顾到学生的福利及对学生学习进程的关心与学生的认知活动有关（如自我感知能力、努力、学校活动的坚持性）。在我国也有许多研究论说或实验证明了教师的期望、言语及眼神等对学生有相当大的影响。另一方面，学生间的相互作用也更为重要，学生之间的影响有时远远大于教师的影响，尤其是在初中阶段。但这种学生间的相互作用在实际的教学工作中，并未引起足够的重视。教师总是强调学生在课堂上应注意听课、独立完成作业，而压抑和禁止课堂上学生之间发生联系，甚至把学生间有益的联系看成是其有意的破坏行为。事实上，除了师生的相互作用外，教师的一切课堂行为都发生在学生群体中，发生在同伴的共同情感、态度和相互关系所构成的环境中。教师支持学生之间的工作以促进学生们交流对主题的理解，获得认知、策略及学习如何在群体中进行有效的交流，有利于学生对课题的理解，有利于学生交流技能的提高。

（四）策略支持的教学策略

在现代学习理论中，认知策略是一种“控制过程”，是学生赖以选择和调整他们的注意、学习、记忆、思维的内部过程。[1]认知策略在信息加工过程中具有特殊性，策略也可以支持信息加工的其他阶段，我们认为，策略是习得的能力，是教学的结果，它和学生的动机水平密切相关。优秀的学习者在学习过程中可自发地获得学习策略，他们也往往具有较高的学习动机。中等的学习者可以在教师的指导下获得学习策略，而学习落后者不仅需要通过教学获得学习策略，同时需要他人教会他们如何根据不同学习情景，选择合适的学习策略，不同策略掌握水平的学习者明显表现出不同的动机水平，因此，通过教学途径大面积提高学习能力与动机水平，成为学习策略研究的一个重要部分。

明确施行的阅读策略指导：办各种学习方法讲座；渗透在平时学习过程中的阅读策略指导；在各种练习中渗透阅读方法；让学生对其所读过的读物做比较，教给其比较阅读的方法。

（五）与真实世界联系的教学策略

心理研究表明，与真实世界的相互作用对阅读动机的激发有重要意义。事实证明，在把阅读和学生的生活实际相联系时，学生往往表现出较高的热情。我们在调查研究中发现，教师比较重视与真实世界相联系对于激发学生阅读动机有重要作用，而且在这方面已积累了比较多的经验。我们从理论上及前人的教学实践中总结了阅读动机教学的因素，这些因素对于学生阅读动机的激发都有重要的意义，都有利于促进学生的阅读活动。如何整合这些因素，使得这些因素能够最大限度地发挥合力作用，最大限度地促进学生阅读活动的开展，就成为我们亟须解决的问题。利用古代故事及流行话题与真实

[1] 加涅.《教学设计原理》[M].武汉：华东师范大学出版社，1999年.

世界相联系：轶闻趣事、名人故事；把热点问题、时事问题引入英语课堂；引入其他学科知识，如把文史结合起来；捕捉读本与实际生活的直接联系：欣赏历史人文景观；体现阅读在实际生活中的众多作用的例子；唤起人的情感体验，引起学生共鸣，以吸引学生阅读；教师以自身感悟带动学生的感悟；激发学生的英语阅读兴趣。

第二节　英语文学体验阅读教学模式

一、文学体验阅读

（一）体验与体验学习的含义

根据《辞海》了解到，“体验”一词始于《淮南子·汜论训》：“故圣人以身体之。”《荀子·修身》：“好法而行，士也；笃志而体，君子也。”而《现代汉语词典》中对“体验”的解释是“通过实践认识周围的事物；亲身经历”。“体验”在不同领域有不同的内涵，其丰富的内涵不仅显现于哲学领域，而且广泛运用于心理学领域、教育学领域、美学领域等。在哲学领域中，狄尔泰、海德格尔、伽达默尔等人都对“体验”有深入的阐释。他们给予体验以生命本原的意义，认为“体验”是将主客体相联系的有效方式。狄尔泰认为“体验”是一种发自内心的，即内在的，与生命存在联系的、着独特的行为方式，是感受生命存在的一种直接方法，是人对生命、生活、人生的有感而发，而不是一种仅存于外在的、形式上的东西。狄尔泰的观点强调了“体验”与“独特个体”的结合。海德格尔认为体验即“领会”，领会既是认识的开始，也是把握生命存在的深处意义的中介，而且领会是生命存在的拓展形式。领会始终贯穿于认识世界的整个过程。海德格尔则重视“人生”与“体验”相互联系的过程。伽达默尔认为若想充分感知理解体验，可以从剖析个人经历及其内涵意义来入手。某人经历了某件事还不足以称之为体验，只有从中获得了深切的感受、体会了意义、得到了感悟才是有体验的经历；不然，就只是单纯的经历罢了。伽达默尔区分了“经历”与“体验”的本质上的不同。

鲁枢元、童庆炳指出“体验”在心理学领域中的意义大致有以下两种解释：个人努力改变内心世界，并根据现实来改变心理情境的过程就是体验的过程，这是一个内部的过程。潘新和认为体验是一种心理活动。在体验中，个人的直觉、想象、态度、情感、理解、体悟等心理因素与体验的形式互相融合。在体验中，首先要主动地认知，进而将所认知的事物与自身的背景知识、自身的情感价值相关联，最后获得感悟。在教育学领域，"体验"的概念一直没有得到统一，存在多方言论。张华提出"体验课程"。张天宝主张"教育过程是一种体验"。朱小蔓认为"体验，是人的生存方式，也是人追求生命意义的方式"。不管专家学者们提出何种观点，他们的共同点是都把体验当作具有重要教育意义的活动。而从活动的构成上来看，每一个活动都包含三个基本要素：一是活动目的；二是活动过程；三是活动结果。由此，我们认为"体验"有三层含义：一是把体验看作一种有效的学习方式的是活动方式的体验；二是囊括直觉、发现、感受、反思、体悟、理解、综合和构建等认知情感功能的是活动目的和活动结果的体验；三是注重创设情境与亲身经历的过程，有"过程与方法"的含义，是活动过程的体验。之后，辛继湘将教育学领域关于体验的含义分三层概括，即体验是达到教育目的的手段和方式；体验自身就是教育所追求和应要达到的目的；体验是教育过程的本质所在。在美学中，体验即欣赏美的体验，欣赏美的体验是对生命、生活更为基础和直接的体味和感知。它是通过调动全身的感官来全方位的感受、体会目标物的，它与生活、生命相互联系。伽达默尔这样阐释艺术和体验的关系："一是指艺术来自体验，二是指艺术必须在接受者的审美体验中完成。"也就是说，艺术是在体验中进行并完成的。

（二）体验与体验学习的特征

辛继湘将"体验"的基本特征概括为以下几点：体验是与生命共生共存的，与生命有着密不可分的联系，即体验的本原性；体验的生成性，即体验是伴有情感反应的意义生成活动；体验虽不是单一的情感活动，但往往带有浓重的情感色彩，这便是体验的情感性：体验作为一种与生活、生命紧密结合的行为，总与主体本身的经验相关，即体验的亲历性；体验基于个体已有的情感认知，个人全身心投入，整体把握体验对象，即体验的整体性；因为体验是与个体生命密切联系的而个体的生命都是特有的，是不可反复、无法代替的，即体验的个体性；体验的自主性，即体验是主体自己去体验。在英语文学体验教学中，要求学生将自身与文本结合，做到全身心投入阅读；能够将自身情感与文本内容融合，做到情感认同。库伯认为体验学习有以下特征：第一，体验学习是以辩解证方式解决矛盾的过程。第二，体验学习是与外在世界相适应的完全过程。第三，体验学习是环境与个体间进行持续的相互作用的过程。第四，体验学习是一个学习的过程，而非结果。传统的教育方法及行为主义的教育方法只重视学习结果，而体验学习更关注学习过程。第五，体验学习是以体验为前提的连续过程。学习本身就是一个连续性的活动，而“体验”则更加突出了时间的延续感。第六，体验学习是一个创新过程。体验学习的过程涉及的不仅仅是学习材料本身的知识，也融合了读者自身的知识结构和知识储备及其情感投入，是新知识与旧知识的同化和顺应的过程。库伯对体验学习的特征的阐述更加证实了上文对体验含义的表达，并在此基础上强调学生与文本的创造性互动及学生在阅读过程中逻辑思维的培养。

（三）文学体验阅读的内涵

人们通常所说的文学一般指代的是文学作品，包括小说、散文、诗歌、歌剧和传记等。胡春洞认为文学作品中使用的是文学语言，是语言的精品，其特点是不仅符意，而且传神；既有深刻的哲学教育意义，又有轻松幽默的特点；不仅有感情的饱满呈现，也有思想的精炼与升华；既能让读者想象悬念，又能使其感受意境；既有令人触动的喜怒哀乐，又有令人感慨的悲欢离合；不仅有作者的表达与呼喊，更有角色的伸张与召唤。文学体验阅读，泛泛而言是突出“体验”这一特点的阅读方式，将体验融入文学作品的阅读过程中。它重视读者在阅读中的全身心投入与感受，是一种“以身体之，以心验之”的阅读过程，强调读者最真实的阅读感悟。库伯认为体验即学习体验的源泉。然而，乔丹则认为体验学习不等同于学习体验，前者侧重于体验而后者更强调学习。沈建认为体验是主体内在历时性的知、情、意、行的亲历、体认和验证。因而英语文学体验阅读教学模式，简单来说，就是一种以英语文学作品作为阅读材料，在真实的课堂上营造相对轻松舒适的阅读氛围，让学生以体验的方式适应阅读的教学模式。英语文学体验阅读教学模式包括“体验—分享—总结—评价—运用”五个环节，可具化为体验阅读课、分享讨论课和阅读展示课三种类型。该教学模式以教师为主导、学生为主体，使学生在轻松体验阅读的过程中，通过阅读英语文学作品，不仅能获得美好的阅读体验，还能够在阅读中积累知识，提高其阅读能力并提升其阅读兴趣。

（四）英语文学对体验阅读教学模式的影响

英语文学对英语教学的影响可以通过英语文学对英语学习效果的影响来表现，文学融入语言学习，通过文学内容对英语学习语境的烘托，使学生在对英语文学进行赏析的过程中培养良好的语感，有助于学生在对英语的实际应用如对话、写作与阅读过程中，灵活使用文学作品中地道的表达方式；英语文学所呈现的跨文化民俗风情、历史背景丰富了学生学习的内容，培养了学生对英文学习的兴趣，有利于调动学生学习的积极性，使其克服语言学习过程的枯燥，达到英文学习的效果。总的来看，英语文学对英语学习大有裨益，而将文学赏析融入英语教学，就使传统的课堂式知识类教学模式，为了适应英语文学的融入而发生一定的改变，如在课堂中集中进行文学赏析需要增强学生的参与度，采取体验教学模式。英语文学体验教学有多种不同模式，如圈读式、持续默度式，对于大学英语学习来说，这两种方式都是当前常见的英语文学体验教学模式，简要介绍如下：阅读式体验教学，实际上就是分组阅读，并通过提问分享阅读的体会，每组的在阅读活动开始前首先进行了任务的分配，有的放矢地进行阅读并相互进行讨论。圈读式英文文学的赏析，对于阅读能力较强的大学生来说，这是比较适合的模式，但是这种方式往往更注重的是文学内容本身，即其是为了解析某篇文学名著而采取的教学模式，默认学生已经具备了较强的英语自学能力，试图通过交互讨论提高对凝结了外国跨文化文学著作的深度理解。持续默读式英语文学体验，流程是“阅读—笔记—讨论—监控—检测”，实际上是将集中阅读转变为分散阅读，指定与文学名篇相关的参考或引读文献，在课后先让学生进行系统的阅读与研究，通过笔记记录其阅读过程中的重难点，并以课堂为集中式讨论的空间，让学生经历“预习—研究—整理反馈”体验过程，既进行了必要的英文阅读训练，也对英文文学进行了细致而广泛的研究，并且还通过过程监督与自测，实现了其对英语文学与语言学习效果的反馈，是非常适合已经形成成熟阅读技巧的语言深层学习学生群的提高式学习。

如果说圈读式英语文学的体验式教学，是集中于课堂上的文学赏析，通过良好的集体体验实现对学生语言学习的积极性的提高；持续默读式英语文学体验，则是通过课后的大量阅读，为集体讨论准备了充分的资料，而体验式阅读反馈则加强了对英文文学与语言学习相结合的教学效果。例如，在

“解读艾丽丝·门罗的《女孩和女人们的生活》中边缘女性的抗争”[1]时，小说中的人物以在弗莱茨路生活的女性为主，通过对边缘女性的解读，分析边缘女性为了实现自我独立所进行的抗争，揭示现代社会中女性抗争的必要性。可见，不同体验模式即为英文文学融入英语教学的方式不同，对于高年级研究型的英文学习来说持续默读式对其更为适合，了解体验教学的理论，将对理解英文文学如何融入英语教学进行进一步的掌握。

二、英语文学体验教学模式的理论

（一）教学模式的理论

教学模式的应用具体体现在流程设计之上，而采取何种模式则是由教学理论所决定，或者说是由多种教学理论组合而成的，了解英语文学体验教学模式的理论，将实现对英语文学体验教学框架的充分理解。

1. 阅读式教学理论

读是语言学习中最重要的有机组成，同时也是语言学习的价值所在。无论在语言学习过程中或者学习活动本身，阅读都是最为主要的学习活动。以阅读为主的教学理论强调了阅读的重要性，而阅读本身是有不同层次的种类的，对知识或信息的获取而进行的阅读，具有明确的目的性，被称为功能性阅读，如果英文文学体验式教学的目的放在对文学名篇内容的了解上，这是功能性阅读体验式教学；如果英文文学体验式教学的目的是通过阅读文学作品掌握读的技巧，如遇到未学过的词汇通过上下文阅读进行词义猜测估计，或者通过对文学作品经典段落的结构掌握复杂句式的写作方法，这是以拓展阅读能力为目的的阅读，称之为阅读能力发阅读。无论是圈读还是默读，通常是融合了两类阅读种类的阅读，对于高年级的研究型语言学习来说，往往会偏重于功能性阅读，且功能性阅读已经成为检验其发展性阅读能力的手段，即具有较高水平英语阅读能力的学生，经常就英语文学进行深层次的讨论，讨论的主题是英文文学作品，讨论得越深入越能体现其英语阅读水平。

2. 体验式教学理论

体验式教学，实际上有促使学生主动参与之意。语言教学将文学作品

[1] 本论文系基金项目：辽东学院青年项目（编号：2016QN039）；项目名称：艾丽丝·门罗和莫言乡土情怀对比的研究阶段性研究成果；作者简介：毛春华（1979 —　），女，辽宁丹东人，辽东学院，讲师，从事英美文学研究。

的内容作为教学对象，学生参与其中，发挥学生对英语文学作品学习的能动性，教师只是作为节奏调节方与教学活动的组织者，使学生在文学作品的研读中发挥充分的积极主动性，调动学生的兴趣，营造集体参与的氛围，最终提高学生英语学习的效率。英语文学的体验式阅读、讨论与反馈，关键之处在于学生进入了语言学习最为重要的语境，而后由学生在阅读过程中去感受语言的表达、语言的规则，反则是体验教学过程的特别之处，即相互交流讨论读的重难点及自身的感悟。对于语言学习效果反映为总结与评价，这是从思维上再次梳理文学作品的过程将深层次地探索增强学生发展性阅读能力。体验式教学充分体现了人的感知与知识的结合状况，英语文学体验式教学，则充分调动了学生学习的感知能力与英语文学内容之间的联结。学生通过阅读进入文学意境、发现英语表达规则，再通过交流反馈阅读过程中发现的问题或是疑惑，通过自我评价或讨论评价阅读小组成员之间存在的问题，最后经过思考在大脑中对文学内容或只进行搜索整理与再记忆，成形后对自己的阅读过程进行审视。体验式教学能够充分发现英语教学的关键点，以及学生学习的瓶颈，并通过不断的反馈—修正机制对存在的学习问题进行修正。

3. 创新教学理论

教学进程的推进，是教学内容的传授与学习，更是教学模式不断推陈出新的过程。语言学习的过程是一个渐进的过程，对语言学习过程中各项能力的“发展”，必然会面对着语言学习进程缓慢的枯燥过程，教师对教学过程进行摸索与优化，将极大地促进教学成果形成。英文文学体验教学模式的存在，就是语言学习模式不断探索与发展的创新过程。如果说，语言学习与文学之间具有天然的联系，语言学习的教学方式却是在后天探索过程中进入多元化发展时代的。当下，使用丰富多彩的技术手段，实现对英语文学作品的展现，如用影视方式展现文学经典名著，圈读体验可以发展为视听体验，增强文学作品的形象化表现，提升学生语言学习的听说能力；多媒体教学手段在默读式体验过程中，用于呈现学生课后阅读关注的重难点内容，以及总结学生对文学内容的讨论热点，教师通过多媒体技术引导学生进行文学内容的研读，将极大地优化教学方式，提高教学效率。创新是英文文学体验教学模式的本质特点，体验教学模式不断发展与优化的过程就是教学方式创新的过程，创新的理念需要一直保持下去，才能成为英语教学水平不断提高的内在动因。

（二）教学设计系统与英语文学阅读教学

近三十多年来，在发展经济和推崇实用的社会大潮下，外语专业在全国迅速铺开。其中，英语专业已成为国内本科院校开设最多的专业。而作为英语专业传统核心课程的文学类课程的地位，却在专业规模的扩张中日益受到贬低。在实际教学中，外语学科（尤其是英语学科）中对于人文精神的呼唤和思辨能力的培养，与就业市场和社会观念中看重的实用技能之间存在着不小的冲突。在不少高校，文学阅读类课程的课时一再被压缩，让位于各种实用类、跨专业类课程，造成了外语专业人文通识教育培养目标的空心化。如今，在数字技术革命和快餐文化的夹击下，如何坚守外语专业的人文性和学术性，如何改进和优化文学阅读类课程，已经成为广大外语专业师生无法回避的紧迫问题。近些年来，国内外语界学者和教师对文学教学的现状、面临的挑战和改革的方向积极地进行了探讨。虽然加入这场教学讨论的不乏外语界著名学者，但总的看来，这些探讨外语学科文学教学的论文大部分都发表在非核心期刊上。从某种程度上来看，这种状况揭示了外语文学教学研究在国内学术界（主要指在外国文学研究、外语教学研究界）的边缘地位。从讨论的问题来看，有学者呼唤文学教学要回到文学的本质上，有学者主张在文学阅读教学中渗透文学理论（如读者反应、生态批评、叙事学、文化研究、互文性等），有学者讨论了文学阅读与文体学、文学阅读教学与外语语言能力、文学阅读与文学史之间的关系，有学者探讨了语料库、互联网和新媒体环境下的文学阅读教学。当然，还有个别学者专门撰文论述文学阅读教学模式的建构。这些讨论对我们重新认识和反思高等学校外语学科的文学教学，无疑具有非常重要的启示和现实指导意义。

什么是教学？自20世纪初以来，行为主义心理学（巴普洛夫、斯金纳、桑代克）、认知主义心理学（布鲁纳、奥苏泊尔、加涅）、建构主义学习理论（皮亚杰、维果茨基）三大理论流派分别对该问题给出了不同的答案。教学设计理论指出“教学过程本身可视为一个系统”，因此应该采用系统方法来设计和组织教学。第二次世界大战期间，由于军事培训的迫切需要，教育专家创设了一套教学分析、设计、评估的流程和方法。军事培训方面的成功极大地促进了教学设计方面的研究，最终形成了教学设计系统（Instructional Design System）。教学设计系统是由“教学设计模型及它们所代表的过程”组成的。

1975年，佛罗里达州立大学教育技术中心为美国空军学员培训设计了一个ADDIE模型。这个模型后来不仅被美国空军普遍采用，还成为教学设计系统领域的一个最重要的模型，被课程设计师、教师、培训界广泛应用，也催生了很多变体模型。ADDIE 模型将学习视为一个既是分步骤的又是贯通始终的过程，具体包括分析（analysis）、设计（design）、开发（development）、实施（implementation）、评价（evaluation）五个步骤。这个 ADDIE 模型对文学阅读教学也具有重要的启示意义。首先，完整的文学阅读教学过程应始于分析，而非开发（备课）。在实际教学中，我们是否在设计课程之前认真、有效地进行了分析，尤其是对学生的需求的分析？例如，学生喜欢读什么作品、他们现有的英语水平如何、他们之前读过哪些英语文学作品、他们的学习风格有何特点等，这些问题从某种程度上说直接决定了后面的教学效果和质量。在课程设计之前，要对学生的一般特征（主要包括个人背景、年龄特征、动机水平、学习风格等）、起点能力、学习条件等几个方面进行细致的分析。在以往的教学中，教师更多的是依据学科专业知识，甚至是个人的偏好来确定学习内容。但在“以学习者为中心”的理念下，学习者在学习内容的选择上也应该有一定的发言权。

其次，好的课程都是设计出来的，文学阅读教学更需要设计。在设计阶段，要求教师根据在进行了需求分析的基础上，确定明确的学习目标、具体的评价方案、有针对性的学习内容、丰富有效的媒介资料。

最后，评价不仅仅是教学过程的最后一个环节，还应参与并体现在之前的各个环节当中。在 ADDIE 模型中，一方面，分析、设计、开发、实施和评价之间呈现着线性结构（用实线箭头标出），评价是整个教学过程的最后一个环节；另一方面，评价与分析、设计、开发、实施之间存在着交互关系（用虚线箭头标出），实则参与了之前的各个环节，并对其进行了修正。这个模型深刻地揭示出教学过程中蕴含的线性结构和交互关系。如此看来，教学活动不是教室里台上教师讲授台下学生倾听，也不仅限于课堂上的师生互动。师生互动不是一个环节，而是一种思维方式。所以基于学生需求分析设计的课堂本身就是一种互动。

在高校环境中，外语文学课教师通常自己编写课程大纲、撰写教学方案、开发教学材料，最后实施教学，兼任教学的设计者、开发者、教学者这三个角色。教师应该秉持教学设计系统的理念，用系统方法和思维来看待文学阅读教学的过程。例如，通过调查，研究者发现“教师制订计划时，花在钻研学习者特征上的时间（平均 43%），比花在其他任何方面的时间都要多”。因此，我们可以在开课之前、之初和教学过程中通过问卷、访谈、考试、测试等方式对学生的需求和能力进行分析，不断调整教学内容、进度和要求。

（三）英语文学阅读教学的目标与评价

学习目标是学习活动的出发点，也是归宿，它是对学习者通过教学达到何种结果的一种具体的、明确的表述。在教学设计过程中，“最为关键的工作或许就是确定教学目标”。不难发现，学习目标的制定具有指导评价、指导教学策略选择、指导学生学习、促进教学过程中的师生交流四大功能。美国教育学家本杰明·布鲁姆曾指出：“有效的教学始于准确地知道希望达到的目标是什么，教师所期望的学生的变化，便是教学目标。”他于 1942 年获得芝加哥大学心理学博士学位，留任芝加哥大学考试委员会。1948 年，他在美国心理学会大会上组织与会的学院和大学考试委员召开了一次非正式会议，讨论设计一种共同的教学目标分类标准的可能性。1956 年，布鲁姆出版了《教育目标分类学，第一分册：认知领域》（*The Taxonomy of Educational Objectives, The Classification of Educational Goals, Hand bookI: The Cognitive Domain*）一书，该书被认为是 20 世纪教育心理学领域影响最大的四本著作之一。20 世纪 60 年代以后，这些教育目标分类被学术界称为“布鲁姆分类学”。按照以布鲁姆为首的委员会的设计，完整的教育目标分类包括三个部分：即认知领域（Cognitive Domain）、情感领域（AffectiveDomain）和动作技能领域（Psychomotor Domain）。认知领域主要指的是大脑的技能，即知识；情感领域指的是感情和情绪方面的成长，即态度或自我；动作技能领域指的是体力或身体技能，即技能。这三者构成了完整的教育活动或学习活动。后来的研究者一般用“KSA”（即知识、技能、态度）来讨论教育目标的三个领域。

布鲁姆将其毕生精力投入认知领域的教育目标分类研究当中，因为这是当时测验编制研究中最关键的领域。他将认知领域的教育目标从低到高依次分为：知识、领域、运用、分析、综合、评价（布鲁姆《教育目标分类学，第一分册：认知领域》1986）。用动词来表述这六个层级就是记忆、理解、运用、分析、评价、创造。后来，安德森等八位学者对布鲁姆的分类学进行了修改和补充，在 2001 年出版了《学习、教学和评估的分类学：布鲁姆教育目标分类学修订版》（*A Taxonomy for Learning, Teaching, and Assessing: A Revision of Blooms Taxonomy of Educational Objectives*）。按照认知过程和知识两者的相互关系，安德森等人将知识分为“事实性知识、概念性知识、程序性知识、反省认知知识”四种。

继认知领域后，布鲁姆又与克拉斯沃尔、米希亚于 1964 年出版了《教育目标分类学，第一分册：认知领域》。将情感领域的目标分为接受、反应、价值的评价、组织、性格化。布鲁姆在主持第一分册（认知领域）、参与第二分册（情感领域）的编写之后，并没有参与第三分册（动作技能领域）的撰写。哈罗和辛普森两位学者后来分别进行了动作与技能领域的教育目标分类的撰写工作。那么，文学阅读课程的学习目标如何确定呢？在外语院系里用外语进行文学教育和训练，我们认为其目标应该包括但不限于如下方面：激发学生对文学的兴趣和热情；通过阅读文学作品，提高学生英语综合运用的能力（尤其是积累词汇、提高阅读理解、增进书面和口头表达能力等）；拓宽学生的人文知识面和视野，培养学生的批判性思维能力；提高学生的审美素养；提高学生解读文学作品的能力，培养初步学生的学术研究能力。上述这些教学目标既包含认知领域、情感领域，也包括动作技能领域。如何对这三类不同领域的教学目标进行区分，并在此基础上合理地确定各个领域教育目标的层次（难度）？一般而言，对于文学阅读课程我们可以把认知领域的目标定为“应用”、情感领域的目标定为“价值的评价”。在明确了教学目标之后，可以根据教学目标、教学活动、评估的一致性原则，综合设计和使用形成性和总结性评估，对学生的文学阅读学习进行诊断和评价。

三、英语文学体验教学模式的流程

以持续默读教学模式的流程分析为例，说明英语文学体验教学的过程，为高校英语教学创建科学合理的体验式教学模式奠定了基础。因为持续默读教学流程是“阅读—笔记—讨论—监控—检测”，阅读是持续默读的开始，笔记是阅读初步成果的展现，讨论是将阅读成果予以体现，监控实质上是阅读与文学作品研习的反馈，检测则是进一步的教学模式成效评价。具体来看，教师指导下的阅读任务目标与任务分工，首先从英语学习的兴趣出发，制定了一份参与方都同意的阶段性阅读任务分配计划。学生课按要求后进行英语文学名著与相关书籍的阅读，并且要按照任务分配表的阅读任务对文学名著进行阅读，在阅读过程中发现的问题需要通过笔记记录。阅读能力已经养成的大学学生，通常会使用多媒体技术整理对应的笔记，便于在讨论过程中实现向其他人进行展示及在相互讨论过程中有的放矢地提出问题，大学生阅读量要翻倍其撰写，引阅读个问题的系列文章并编写对应的概述，如介绍小说篇目与作者信息，简介创作背景与作品内容，简述作品人物、故事脉络、文本结构或写作特点等，以激发学生阅读作品的欲望。通过任务分配的指导阅读是指导学生养成主动阅读技能，如阅读重在理解作品大意、了解故事情节、推理判断事件，无须过于关注句型和语法；遇到读不懂的词汇应先猜测，或查阅作品后画词汇注释等。

另外，大学生也有可能和参与者进行共同阅读，包括教师在内，一起对同一部作品进行研读，同样需要完成各种发现的问题的记录，以及对词汇的检查等工作，注重的是文学作品的内容本身。进入互动与讨论过程，学生在课堂中进行阅读成果的整理展示，或是介绍大概的背景，或是提出阅读过程中发现的各种问题，教师在这个过程中除了充当组织者外，还要对学生发现的问题进行及时反馈，如针对某些固定的问题进行一定程度的引导讲解，词汇、句式等的扩展等。学生之间的互动可以分享彼此发现的优美句式或疑难问题，并尝试用查阅的资料进行分析。诚然，教师实施的监控有两个层次，一是通过对学生交流互动式体验阅读阶段的表现进行监督，方便教师对学生在文学作品的掌握程度上的评价；二是通过学生笔记进行对文学阅读的基本任务完成与否的监控。需要注意的是，控制阶段需要教师保持一定的阅读量与进度，而且要略领先于学生，以便进行实际指导。检测过程也需要教师预先设置，包括对学生所研读内容整个环节的体验检测，学生通过阅读体验对目标文学内容的掌握情况，以及体验阅读与不进行体验阅读的教学效果的对比分析等，教师需要预先设置体验阅读问卷，在学生完成后进行自评、互评与教师评价，便于发现存在的问题。

第三节　英语文学中的语言艺术探讨

一、英语文学中的形象性语言艺术

形象性语言在文学作品中是一个基础，是一个抽象的概念，但是其体现在各个具体的作品中，读者又能具体感受到语言的形象性。任何文学作品在进行人物形象刻画环节中，都是借助形象性来对社会或者人物内心的矛盾进行描写的。在莎士比亚的《哈姆雷特》中，作者对哈姆雷特这个具体形象有着这样的镌写，其是丹麦国王的儿子，身份非常高贵，性格非常善良，并且接受了很好的教育。哈姆雷特相信世界上的真善美，是美好的象征。但是他的父亲被陷害，他的叔父夺取了王位，母亲改嫁，这让哈雷特发生了很大的改变，走上了一条复仇的道路。哈姆雷特自身的性格也是导致悲剧产生的重要原因。哈姆雷特不是一个行动主义者，而是一个典型的意识主义者。莎士比亚通过哈姆雷特这个生动的人物，将一个高贵的王子展现在人们面前，带给人们美好的幻想，与后来的复仇者形成了鲜明的对比，读者仿佛亲身经历了哈姆雷特的人生变故。作为文学作品的基础，英语文学中语言的形象性具有明显的抽象性特征，正是因为如此，虽然英语文学始终强调语言的形象性，但读者无法真正感受到它的存在。在任何文学作品中，作者都会重点对一个或几个人物形象进行刻画，以此来达到反映自己内心情感或社会矛盾的目的。当然，导致哈姆雷特悲剧产生的原因主要在于他自身固有的性格特点，莎士比亚以“思想上的巨人，行动上的矮子”对他的性格进行了形象、生动的描写，在阅读过程中，一个优雅、高贵的王子形象便会呈现在读者眼前，这样写的好处是帮助读者对其所阅读的英语文学作品进行更加深入的理解。

二、英语文学中情感语言艺术

在文学作品的表现中，情感是内在表现，通过语言艺术可以将作品的情感走向展现出来，通过带有色彩的语言和句子，可以将作者的内心活动淋漓尽致地宣泄出来。在文字作品的创作中，通过语言可以细致地刻画人物的内心活动。在《哈姆雷特》中，主人公面对母亲的改嫁，叔父的篡位，其内心已经走向了崩溃的边缘，产生了浓烈的复仇情怀。哈姆雷特说，他的命运在呐喊，使他全身每一根细微的灵魂都在跳动。莎士比亚通过这个生动的语言，将主人公的仇恨淋漓尽致地书写出来，表达了哈姆雷特特急于复仇的想法。在英语文学中，语言性感性可以表现人物复杂的情结，使读者更好的理解主人公的思想，与主人公产生共鸣，拉近作者和读者之间的距离，使文章的主旨得到升华。沃尔夫冈·伊瑟尔认为：“作品的意义不确定性和意义空白促使读者去寻找作品的意义，从而赋予他参与作品意义构成的权利”。他呼唤读者把文学作品中的不确定点或空白与自己的经验及对世界的想象联系起来，这样，有限的文本便有了意义无限生成的可能性，这也是吸引和激发读者想象来完成文本、形成作品的一种动力因素。因此，接受美学理论，重视读者在欣赏中对作品意义和审美价值的创造性作用，从而实现从“作者中心”“作品中心”向“读者中心”的重大转移，开创了美学和文学理论研究的新格局。[1]

[1] 毛春华．试论接受美学观照下的《高级英语》教学模式[J]．佳木斯教育学院学报，2012,(8):242-243.

三、英语文学中语言的生动性

在文学作品中，通过生动形象的语言可以使读者产生不同的感觉。在英语文学中，语言非常生动和简洁，通过简单的语言可以表达复杂的内容，使读者具有身临其境之感。语言是一门交流的艺术，作者通过生动的语言刻画，可以将头脑中的人物形象活灵活现地展现在人们面前，使读者感受到人物和场面的真实性，引发读者的思考。《欧也妮·葛朗台》这部小说被称作“最出色的画幅之一”，法国作家巴尔扎克借助生动的语言，将葛朗台身上自私、贪婪的本性刻画得非常生动。在文章中，葛朗台在面对金钱的诱惑时，成为一具行尸走肉。“他知道如何把猎物抓住，同时张开钱袋的大嘴，吞进更多的金钱”。作者在这里采用了比喻的手法，非常生动形象地将葛朗台比喻成一条贪吃的蛇，将他吃到的东西快速消化。通过语言描写将文学作品中的场景、人物跃然于纸上，使读者在间读文学作品的过程中犹如身临其境，即为语言生动性的体现。用通俗的话来说，就是作者通过语言赋予原本虚幻、抽象的东西以生命，调动读者的感觉器官为读者和作品更深层次的交流提供途径。

英语文学作品中，《雾都孤儿》是能够体现语言生动性的代表作之一，擅长人物描写的狄更斯运用精简、朴实、生动的语言，成功地刻画出了《雾都孤儿》中的一系列人物形象，例如，根据不同人物具有的社会特性，选择不同的语言对其加以表现：流氓——黑道用语；奥利弗——天真话语；好心人——争议言语等。每个人物的语言都与其社会地位、年龄、职业具有直接联系，作者往往只需寥寥数笔就可以将每个人物的性格特点展示在读者眼前。除了上文所提及的人物描写，场景描绘同样是英语文学在语言生动性方面的优势。以《喧嚣与骚动》为例，作者将故事发生的场景设置在作为美国南方从 1800 年到第三次世界大战结束的这段时间的社会缩影而存在的小城中，并且通过生动的语言，对小城包括日常生活、地理风貌、人物习惯、社会风俗在内的方面进行了细致、深入的描述，也正因为如此，人们在阅读时不禁会产生以下问题：美国是否真的有这样一座小城存在？那些发生在小城里的故事，又是否是真实发生过的？这也从侧面说明了英语文学应用语言艺术在生动性方面的优势。

四、英语文学作品语言的含蓄性

含蓄指的是在文学作品的创作中，不能用特别直接的语言，要给人留有一定的悬念和想象的空间，我们在生活中可以了解含蓄性的表现。在英语文学中，作者运用有限的文字来表达无限的意蕴，使读者感受到无穷无尽的内涵，读者在读后可以静下心来，对文章进行回味，发现在语言的表象下还有更加深刻的内容可以挖掘，语言的含蓄性也是英语文学的魅力之一。在海明威的《老人与海》中，文章的语言非常简练和含蓄，作者在行文中大量运用了象征的手法，将一个老人在面对各类困难时顽强不屈的性格展现出来，使人们眼前浮现出一个硬汉的形象。作者采用了象征的手法，小说中的鲨鱼不仅是表象中的鱼，还鲨鱼象征着邪恶的力量，象征着毁灭和侵略，是人们走向成功的障碍。作者没有做太多的评价，使读者在阅读中可以自己去体会文章中的各个人物和物象，语言带有很强的含蓄性。文章中“他轻轻地握住男孩的一只脚，直到男孩醒来……”这段话并没有直接说明什么，而是作为一种象征性的描写手段，含蓄地表达了老人对男孩的温情，带给读者意犹未尽的感觉。

第四节　英语文学阅读课的实践与探索

一、英语文学阅读课程的教学策略

教学策略是指“如何向教学者呈现教学、如何让学习者参与教学的方法”。这一概念起源于美国著名教育心理学家罗伯特·加涅在《学习的条件》（*The Conditions of Learning*）（1970 年）一书中所描述的“教学事件”（instructional events）。加涅将教学定义为“嵌于有目的活动中的促进学习的一系列事件”。他结合学习的条件将整个教学过程归纳为如下九个教学事件（表 5–1）。

表5–1

内部过程	教学事件	行动例子
接收	1. 引起注意	使用突然的刺激变化
预期	2. 告知学习者目标	告诉学习者在学习之后能够做些什么
提取到工作记忆中	3. 刺激回忆先前的学习	要求回忆先前习得的知识或技能
选择性知觉	4. 呈现刺激	显示具有区别性特征的内容
语义编码	5. 提供“学习指导”	提出一个有意义的组织

续表

内部过程	教学事件	行动例子
反应	6. 引出行为	要求学生表现出行为
强化	7. 提供反馈	给予信息，反馈
提取和强化	8. 评价行为	要求学习者另外再表现出行为并给予强化
提取并概括化	9. 促进保持和迁移	提供变化了的练习及间时复习

不难看出，这“九大教学事件”是结合了信息加工理论、认知科学而提出的教学策略选择。从根本上说，ADDIE 模型和加涅的“九大教学事件”都属于教学策略的范畴。如果说，前者反映的是教学设计总体框架的话，那么后者则是对课堂教学策略的具体化，更适用于课堂教学。虽然加涅的“九大教学事件”并不一定发生在所有的课堂中，即不一定适用于所有的学科专业和具体的课堂，但它对课程教学的策略选择提供了一个非常系统和全面的参考框架。对于文学阅读教学来说，这“九大事件”基本上可以作为课程教学的具体步骤。教学策略的采用是为了实现教学目标，是对教学方法和教学资源有针对性地进行选择和组合的总体设计。而教学方法是在教学过程中具体运用的方式和手段。当代教育学家加里鲍里奇在《有效教学方法》（*Effective Teaching Methods*）一书中指出促成有效教学的有五种关键行为“清晰授课、多样化教学、任务导向、引导学生投入学习过程、确保学生成功率”。这里的“多样化教学”即指运用多元、有效的教学方法。而在具体教学方法上，文学教授们“公认的最佳教学方法是老师简练的讲授与课堂讨论相结合，力求师生之间和学生之间的积极互动和坦诚交流”。

但要使用这种“教师讲授课堂讨论”的方法有不少前提要求和条件。例如，学生必须在课前完成阅读任务，并对要讨论的问题有一定的思考和准备；学生必须上课善于思考、积极互动、主动向老师和同学提问；学生的英语水平必须达到一定程度，能够用英语流畅地自我表达并参与课堂讨论。除了教师个人英语水平和教学经验上的差别外，更多地涉及学生英语水平、学习风格（学习者偏爱在什么样的课堂或环境条件下学习）、学习习惯等因素，也是国内英语文学课堂和国外英语文学课堂之间最主要的区别。因此，我们有必要在采用“教师讲授 + 课堂讨论”的方法之外，再补充一些教学方法、组织一些教学活动。其实，有研究者将教学活动对学习者的刺激程度进行了调查，得到如下分级结果（表 5-2）。

表5-2

教学策略	刺激程度	简要评价
情景模拟	10	亲自操作且应付变化，参与度最高
学员练习	9	亲自操作，参与度最高
自我测评	8	激发好奇心，参与度极高
角色扮演	7	当众扮演角色，参与度极高
案例分析	6	短期内完成作业并形成结论，学员参与度高
小组讨论	5	人数较少，学员参与度高
大组讨论	4	学员较深度参与，但人数较多，易于责任分担
学员发言	3	发言学员受到关注，其余学员倾听、评价
讲授	2	利用宣讲方式，学员易开小差
阅读	1	相当于自学，全靠自觉性

如上表所示，阅读活动对学习者的刺激程度最低，对学习者自身的独立性和自律性要求很高。在文学阅读教学中，应在阅读活动之外组织多元化的活动来提高对学生的刺激程度，激发学生的学习动机，提高教学质量。事实上，在美国有些大学英语系就将开设的课程按教学类型分为七种：讲授课（Lecture）、讨论课（Discussion）、活动课（Activity）、实验课（Lab）、研讨课（Workshop）、专题研讨课（Seminar）、补充课（Supplement）。这种做法实际上是希望通过不同的教学方法，丰富课堂组织形式，提高学生课堂参与度，进而提高教学效果。

二、英语文学阅读教学有效教学模式的建构

教育的两大目的是“促进保持和迁移”。英语文学阅读教学应通过系统的文学阅读训练，重点培养学生利用学到的方法和思路解读和分析新的文学作品的能力。为了实现这一教学目标，需要建构一个有效的英语文学阅读教学模式。教学模式指的是“一种整体的教学方法或教学计划”。它“是一个清晰的理论框架，能指明学生应该学习什么，是具体的教学步骤、教学体系”。在《教学模式》（*Models of Teaching*）一书中，乔伊斯等人提出讲授模式、直接教学模式、概念教学模式、合作学习模式、基于问题解决学习模式、课堂讨论模式等二十种教学模式。这里我们结合文学阅读教学的特点，提出一种英语文学阅读教学的新模式——“CREAM”模式。

“C”（Comprehension）指学习者自己课前独立阅读，弄清所读文学作品的故事情节、人物关系、语言特点、写作风格等基本问题。“R”（Response）指学习者在阅读文学作品后，根据自己的相关专业知识和生活经验对所阅读的作品撰写读后感（initial response）。“E”（Enrichment）指课上在教师的指导下，学习者进一步深入地阅读作品，弄清作品的主题内涵、象征意蕴、隐含思想等，丰富对作品的理解。“A”（Activity）是指通过开展讨论、辩论、朗诵、表演、仿写、续写、重写、改写等口头或书面活动，要求学习者对原作进行深入研究。“M”（Multi-media）指的是在阅读和研讨作品后，通过观看基于原作改编的电影和相关视频资料等，聚焦作品中的某一个问题，继续思考和研究，领悟作品更高层面的内涵。在“CREAM”模式下，阅读始终是学习者学习的主要形式，集课前独立阅读、课上在教师指导下细读、基于阅读开展活动、课后观看改编电影及相关资源，层层推进，加深其对所阅读作品的理解和把握。值得提出的是，在这个模式中，我们始终贯彻以学习者为中心”“教学是一个系绽”“促进保持和迁移”的理念。按照学生发展目标选择阅读材料，教师和学生共同确定阅读文学文本，学生参与独立学习、小组讨论、观看相关影视资源、独立创作和撰写评论，强调过程管理，注重形成性评估，从而实现既定的教学目标。

美国著名文学评论家、“新人文主义”批评领袖，欧文·白壁德在其首部著作《文学与美国大学》(*Literature and the American college-Essays in Defense of the Humanities*）中，系统地梳理了“人主主义”这个尽人皆知却无法轻易给出清晰定义的概念，并把“人主主义”同“人道主义”进行了严格的区分。白壁德指出，古代的人文主义在整体上具有强烈的贵族气质，除了广博的知识外，真正的人文主义者在同情和选择之间保持着一种平衡。而文艺复兴后期强调纪律和选择的人文主义与早期的人文主义之间存在的差异，不应使我们无视二者目标的潜在统一。这两个时期的人都把古代的人文主义者看作自己的领路人，他们的目的也是一致的，都是要造就完美的人。不难看到，白壁德在一个世纪以前所作的精辟论述对我们今天思考人文与大学、人文素养与人才培养等问题仍有很强的启示意义。

而对学生人文素养的提升来说，文学阅读无疑具有无可替代的作用。通过阅读文学作品，学生可以在语言学习、知识结构、思维训练、性格养成、审美提高等方面获得提升。黄源深教授曾在《外语界》上撰文谈英语教学经验，明确指出好的英语是“读”出来的。文章批判了当前英语教学中重“打钩练习”（multiple choice）轻阅读的不良倾向，还讲述了许国璋先

生硬着头皮读 *Dalid Copper field* 学英语的故事，并在文章结尾呼吁道："让学生读得多些，更多些。"当今高校青年学生深受社会经济大潮的影响，一般倾向于选修具有实用价值和有助于就业的课程。而英美文学这种旨在强调精神和理想、加强艺术修养和审美能力，关注人生目标和终极的意义课程正在遭受冷落。肩负提高英语专业学生人文素养的文学课程现在该何去何从？是故步自封，还是主动改革？这就要求广大教师成为反思型的教师。在教学内容和方法上，尤其在教学理念上，应该根据今天学生的特点而做一些改革，例如教师完全可以借鉴俄国文论家巴赫金的小说"复调"和"对话"理论来开展我们的英美文学课程教学，不再搞"一言堂"，而是和学生展开平等对话。同时，吸收"读者反应和接受理论"中的主张，不再把现成的理解强加在他们头上，而是尊重学生的理解和解读，并以此不断增强他们参与和阅读的积极性和创造性。在互联网时代，学生可以获取的信息来源很多，老师不再是他们的唯一依靠。文学教师应让学生自己去经历文学阅读和理解中的暗礁和险滩，去体味文本阅读所带来的愉悦和快感。本文在建构文学阅读教学的有效教学模式方面进行了初步探索和尝试。试图将教学设计理论运用于文学阅读教学当中，不断更新教学理念，以教育学、心理学、认知科学等相关领域的理论为依据，科学设计教学过程，从而实现有效教学的目标。

三、英语文学阅读课程的教学方法

（一）选择合适的阅读教材

合适阅读教材的选择一般至少要考虑其语言难度、背景知识和阅读内容在学生中引起的兴趣程度。

1. 语言难度

国外许多教学家认为，相对容易一点的阅读材料比有一定难度的阅读材料更合适。譬如，康安宁曾对提高阅读理解力的诸要素作了综合性研究并指出：较容易的材料（阅读时平均理解率达 80%）能使学生取得较理想的进步。贝利内经过不少实验也得出相同的结论：选择较容易的阅读教材能提高阅读效率并使得学生对含有特定语言形式的语言材料有所了解。但是，材料必须尽可能地控制在克拉申所说的"i+1 水准"。要做"i+1 水准"定位可采用几种方法。一种是所谓的"诊断性测验"（diagnostic test）。这种测验可以在课程的任意阶段进行。具体做法是：让学生做与各种难度不同的与文章相关的习题（如多项选择题、是非判断题、双项选择题、启发问题等）。通常是以80%~85%的理解率作为阅读材料处于“i+1水准”的标记。当然，这不是绝对的。教师也可以根据问题的难易程度灵活定标。另一种诊断方法是补漏测验法（cloze），即从文章的第三行开始，将每行第四或第五个词语去掉，让学生通过阅读来填写出恰当的词语。为此，学生必须先看懂填空处周围的词语及句意的前后逻辑关系。此外，也可采用较随便的方式来调查学生的理解水准。譬如，可以和学生进行简短的谈话，就他们读到的内容提问甚至还可以让他们设计与课文相关的理解问题，自问自答、互问互答。迈克尔·韦斯特的“阅读—复述”是另一种用以了解课文难易的较为简单易行的方式。这种方法要求学生低头默读课文，然后抬头复述出课文中的语句。如果课文太难，学生会频频低头默读，而且一次只能说出零星的词语，意群（sense group）也不成其为意群。经摸底调查后，教师还可以采用克拉申称为“窄式阅读”（narrow reading）的方法来进一步保证学生在恰当的水准上进行阅读。所谓“窄式阅读”，是指阅读的内容集中于某个作者的作品或集中于某个论题（学科领域）。学生经过反复阅读，便会熟悉该作者的写作手法和修辞风格等，或能更清楚地了解某论题的要旨。这样，在接触到类似的材料时学生就更容易看懂。

2. 背景知识

阅读材料常常反映出一定的非语言要素（non-language factor），如历史、地理、文化、政治、典故、风土人情等背景知识。如果教师和学生对所使用的阅读材料中的非语言要素都知之甚少或者根本不知，就势必形成阅读上的障碍，降低阅读效率。例如，在某篇课文里，作者多次提及万圣节（Hallowmas），如果教师无法提供与之相关的背景知识，学生就很难获得预期的阅读效果。

3. 兴趣因素

兴趣因素也与选材密切相关。事实证明，如果学生对阅读材料感兴趣，则会更好地理解内容。美国教学家阿舍曾创造了独特的“阅读兴趣评估法”，即先让学生观看呈现不同内容的幻灯或录像，然后以表格的形式调查他们的阅读兴趣点，之后给每个学生分发六篇文章阅读，同时进行观察。观察结果表明：学生对他们最感兴趣的材料理解得最好。如果强制性地要求他们使用不感兴趣的读物，即使在教法上挖空心思，不断翻新，也会不同程度地挫伤学生的学习兴趣，甚至使他们产生抵触情绪，从而不能取得良好的阅读效果。调查结果还表明：学生只要感兴趣，即使阅读材料具有一定的难度（略超出 i+1），他们也会全力以赴，知难而进。而对不感兴趣的读物，即使语言浅显，富有情趣，他们也会漠然视之。由此看来，阅读课的教材设计结合一定的专业性是非常必要的。

（二）采用良好的阅读方式

采用良好的阅读方式首先要纠正和克服不良的阅读习惯。学生不良的阅读习惯主要表现在四个方面：一是一遇到生词便求助于辞典；二是重复阅读，即回视；三是视幅小；四是心译。这些不良习惯都会在不同程度上降低其阅读的速度和阅读的效率。首先，一遇到生词就查词典会使其养成学习的被动性。久而久之，就会形成没有工具书就无法阅读的行为定式。再说，词典里找到的汉语释义往往与原文不相符合，并且工具书不会也不可能容纳所有的语言现象。正如语言学家罗伯特·阿哈尔所说的："Words do not leanings.People have meanings for words.Any meaning people give to a word is automatically its real meaning under those circumstances." 其实，查词典只是最后的手段，在这之前，至少有以下几种猜测词义的方法可供尝试：

1. 根据上下文（context）来判断词义

例如，Do you always consult a dictionary when you come across a new word?（你是否一遇到生词就查阅辞典？）例句中"consult"可能是个生词，但它的意义却被下文中的两个词语所限定，一个是"a dictionary"，另一个是"come across a new word"。

2. 根据语气（tone）来判断词义

例如，It would be a fine thing indeed not knowing what time it was in the morning!（要是早晨连时间都不知道那才好呢！）这里"a fine thing"的意思与字面含义恰好相反，在修辞上称反语（irony）。语气能给我们以暗示。

3. 根据构词法（word-building）来判断词义

例如，His temper was unpredictable.（他的脾气难以捉摸。）这里"unpredictable"由四个词素（morphemes）构成，分别代表不同的意义。词根（root）"dict"含有"言语"或"语言"的意思，就像"dictation"（听写）、"dictum"（格言）和"dictionary"（词典）中的"dict-"样。"un"表示否定，"pre"表示"预先"，"able"则是形容词的符号，相当于汉语中的"……的"。

4. 拟声词（onomatopoeia）也能帮助我们判断词义

例如，A bomber was bombing a village.（一架轰炸机正在轰炸一个村庄。）

这里，“bomb”模拟了炸弹爆炸的声音。又如，The tire is flat，please pump it up.（轮胎扁了请用气泵打一下气。）这里，“pump”不仅模拟了打气时气体进入物体的气压声，也模拟了打气的节奏。还有些词语的发音，如“crack”（裂缝，噼啪声），“abrupt”（唐突的，突然的），“siz”（嘶嘶声），“murmur”（低声说）等都能起到暗示词义的效果。

5.情景（situation）也能帮助我们判断词义

例如，It's raining Our excursion has to be postponed.Damn it!（下雨了，我们的远足只好延期了。真倒霉！）这里，“Damn it”的含义可以从“下雨……延期”这个特定的情景和语境中推导出来。

6.本族语里的外来词（exotic expression， cognates）亦能帮助我们判断词义

例如，model（模特儿），humor（幽默），hysteria（歇斯底里），mosaic（马赛克），celluloid（赛璐珞）等。这些词在汉语中不仅保留了原来的意义，而且还保留了原来的发音。

7.派生词（derivations）也能指示词的含义

例如，It would have shocked Sam to learn that those shameless people who choose to live in unearned idleness have a good conscience too.（萨姆若得知那些愿意过不劳而获、游手好闲生活的无耻之辈竟然还问心无愧，会感到非常震惊的。）这里，“shameless”，“unearned”，“idleness”均属派生词，分别从“shame”，“earn”及“idle”派生而来。

8.根据原文的解释性成分（explanatory element）来辨析词义

例如，Etymology is the scientific study of the origin and history of words.（词源学是一门研究词的起源与历史的科学。），Meat-eating animals are normally called carnivores.（吃肉的动物通常称作“食肉动物”。）

其次，重复阅读（回视）会在一定程度上影响理解力。重复阅读的原因一般有：

①没读懂或者是读后一知半解；

②课文中生词较多，即使猜测词义也需要一定思考的时间，并且往往还会对自己所猜的词义犹疑不决，举棋不定；

③注意力不集中，无法统摄句、段、文的要旨或主题。

重复阅读不仅减慢了阅读的速度，而且往往会挫伤学生的阅读兴趣。所以，增强自信心非常重要。要有勇气敢于一口气跳障碍地看到底。

再次，所谓视幅小是指阅读不是以意群或句子成分为单位的，而是以单词或词组为单位。其表现形式是有声朗读（vocalization）或无声朗读（sub-vocalization）。这样做，不仅会将学生部分注意力分散于词形和词的发音上，而且增大了语言信息块的密度，从而引起不必要的耗损与摩擦，最终降低了阅读效率。因此，有必要在原有阅读水平的基础上逐步扩大视幅（widen eye span），即一眼所看的词语要尽量多，不要让视线逐词停留。鉴于句中各个词的作用并不是相等的，有的词只是一种结构助词，而有的词则是句意的核心构件，阅读视线应当只在若干主要词或关键词上稍作停留。

最后，心译是一种较普遍的阅读行为定式，其特征是“一边阅读，一边在心里翻译”。多数教学家对心译持否定态度，认为两种语言的交替运用会形成一定的干扰和障碍，一旦碰到语言上、文化上的差异阅读者就会不知所措。他们援引习得理论的主要代表人克拉申《自然教学法》（*The Natural Approach*）中的“沉默期”（silent period）原则，认为二语学习者必须有一个类似儿童习得母语的心理过程，即感性经验积累过程。这一过程强调在克服心译的努力中实现二语形式与意义的自然输入。的确，二语阅读的宗旨是培养二语语感和提高阅读熟练程度（reading proficiency level），要求学生能用二语思维、用二语解决问题。心译显然是不可取的。即使二语达到了一定的水平，甚至可以开始从事翻译工作，心译也不一定占据重要的位置。所以要努力纠正心译的习惯，尤其是在初学二语的阶段。有效方法是：在阅读时，有意识地暂时忘掉本族语言，以摆脱心译的折射过程。

（三）探索科学的教学方法

提高阅读教学的质量，教学方法至关重要。以下是根据自己的教学实践，探索总结出的几种行之有效的方法：

1.培养学生的“求异”思维和触类旁通的技能

现代教育要求教师既要重视知识的传授又要注意技能的培养。其中“求异”思维的培养占有相当重要的地位。在阅读教学中，教师可以采用以下方法。

①设计一些启发问题（open-ended question）。例如，读完一篇文章后，可以问学生：“Which of these passages do you like best?Why?”并要求学生的回答最好不尽相同，有所创见。

②让学生评论阅读材料。例如，读完 *TheU.N.: The World in One Building* 后，针对人们对联合国所持的批评和拥护这两种不同的态度，要求学生运用

自己现有的知识，谈谈自己独到的看法，对联合国的职能作综合评价。这样，在训练“求异”思维的同时，还可以提高学生的口语表达能力。又如在*Economics*这篇文章里，作者主要讲述了几种不同的经济体制问题，但有些观点不够正确或已经陈旧，如谈到价格体系的作用时，说在社会主义条件下，The control exercised by the state prevents any such fluctuation of prices. 教师可以让学生结合自己学过的政治经济学理论来谈谈自己的认识。这样做还可以让学生避免以书本为中心的弊病。

与此同时，培养学生触类旁通的技能亦不可忽略。教师应教会学生从教材中收集活的语言标本进行分类、剖析。例如下列三个句子：

There was a flood of color in her face.

Mr.Hummer was sitting at a small unsteady table and could hardly be seen for a forest of paint-brushes.

His bicycle must get him there through a boiling sea of other bicycles hurrying in all directions.

在以上三个句子里分别出现了flood，forest和sea。它们本来都是表示自然客体或现象的符号。然而，在上述语境中，情况就不同了，从修辞的角度看，它们属于暗喻（metaphor）或陈腐的暗喻（trite metaphor）；从形象思维的角度看，它们是词的转义。所以，教师一方面要教导学生不能把思想局限于词的原始释义上，另一方面要教会他们通过类比达到旁通。

2. 发掘学生潜在的创造性思维

创造性思维是多种思维形式的综合体现。它是聚集与扩散思维、直观与理性思维等交互作用的产物。英语阅读中创造性思维能力培养的方法之一是赏析带有个性化语言倾向的语句，因为这些语句是作者创造性思维的结晶。例如：

① The key word in Mr.Lee's speech is “soft” because the plan's success depends on the ability of the government to carry it off with a light touch.

② German bankruptcy laws，for example，can ban entrepreneurial businessmen from operating a company for decades if their gambles backfire，while in corporate America，you are nobody until you have been made bankrupt a couple of times.

③ In this way，risk aversion feeds on.

句①中的carry it off with a light touch意为“以圆通灵活的手法解决难题”。句②中的“gambles backfire”指“在投资上遭到挫折（即破产）”，其中gambles代指投资（因为投资就跟赌博一样有风险），“backfire”本义为

“产生事与愿违的结果”。句③中的“risk aversion feeds on itself”意为“不愿承担风险本身助长了不愿承担风险（即这种行为变得愈演愈烈）”。

方法之二是选择原文中的某些具有代表性的句子进行创造性的改写。例如原句：Today，many middle class Europeans can afford a trip to America.

改写为：Today，many middle class Europeans see a trip to America as within their financial reach.

原句：On the back of a robust recovery，Hong Kong economy has fared handsomely in recent years，according to the statistical figures released by the Government of the Special Administrative Region.

改写为：The statistical figures released by the Government of the Special Administrative Region indicate that powered by a robust recovery，Hong Kong economy has performed quite well in recent years.

方法之三是培养学生阅读的批评意识和审美能力。例如，课文 *Pirates and Gold* 叙述了一个发生在 1636 年的真实故事。但故事有处过于夸张而损害了其真实性，即主人公 Java 将海盗带到一座斜墙“死城”，而该城市他过去从未去过，只是小时候听父亲讲过，况且他毫无航海经验。这一点学生不易察觉。教师在学生阅读完这篇课文后可以提问：How could Java manage to steer the ship and lead it to the Silent City of Leaning Walls——a place he had only heard from his father and had never been to?

3. 按阅读理解层次引导学生阅读

Herbert 将阅读理解分成三个层次（three levels of comprehension）：文字理解（literal level）、含意理解（interpretive level）和应用理解（applied level）。一篇较难的文章在教师的引导下分三个层次来理解可能会变得容易些，同时也有助于学生较好地理解文章的主题。

（1）文字理解。文字理解这一层次要求学生理解文章的字面意思。设计的习题应与文章直接的、表面的信息相关，其目的是解决学生在语言方面遇到的难点并帮助他们理解文章的基本内容。

（2）含意理解。含意理解这一层次对学生提出了更高的要求，相关的习题也有一定的难度，其目的是帮助学生理解文章的内在含意及作者的意图，使他们能将文章的表面意思与深层意思有机地结合在一起。

（3）应用理解。应用理解这一层次是以前面两个层次的理解为基础的。习题应突出应用性即“学以致用”的原则。除了对相关文章进行系统梳理，作出评论或结论外，学生在教师的指导下将自己已有的知识体系（包括自己的各种经验、经历）与文章联系起来，相互印证，从而使其理解能力上升到一个新的高度。

4.加快教学节奏，增大信息容量

在电子信息时代，知识密度和深度在不断地增加，整个社会的生活节奏也在不断加快。教学也不例外。为了确保在有限的课堂时间内让学生掌握更多的知识点，学生的英语阅读活动一般安排在课外进行。教师必须在课堂上较为紧凑地安排多种形式的阅读技能训练。在有限的课时内，只有适当加快教学节奏，才能达到阅读教学的预期效果。从心理学的角度分析，节奏感强的教学活动往往能吸引学生的注意力，而松松垮垮的课堂教学难以激发学生的学习热情。实践证明，节奏快、结构合理、形式活泼、训练充分的课堂教学能使学生在紧张的气氛中感受到英语学习的乐趣。此外，加快教学节奏还能使学生获得大量的实践机会，课堂教学内容也就得到了充实，课堂教学的密度也就自然增大了。这样既有利于最大限度地训练学生的思维能力和解决问题的能力，又有利于教师把知识引向一定的深度。

（四）准确与速度——衡量英语阅读效果的基本尺度

谈到英语阅读，人们往往认为只要阅读的数量增加了，就能取得较好的阅读效果。实际上，这是一种片面的观点，因为数量本身不能反映出阅读效果。衡量英语阅读效果的基本尺度应该是准确与速度。准确与速度是英语阅读教学的基本要求，可人们往往把这两者对立起来。其实，这两者是相辅相成的统一体，不可偏废。许多学生在经过一番快速阅读之后，总以为自己懂了，一切都很顺利。而事实上，当给他们提一些新问题时，他们便恍然明白自己的“失误”。例如，在 *The Winter's Snow* 一课里，作者塑造了一位过于讲究所谓“绅士风度”的主人公托马斯·卡林顿。他为了满足自己的虚荣心，煞费苦心地准备了一双专门在伦敦大街上穿的鞋子（London shoes），并且不厌其烦地换上换下。然而，当你问学生：“Does the writer appreciate Thomas Carrington？”多数学生会回答道：“Yes，because he is a proper gentleman.”学生的疏忽是显而易见的。在这篇文章里，作者对托马斯·卡林顿的讽刺是很含蓄的，甚至可以说是含而不露。作者好像以一个旁观者的态度客观地描写了主人公那种“一尘不染”的洁癖。这种客观的描述一直持续到故事的结尾：火车开动了，伦敦鞋把自己的脏鞋扔给了一个他所熟悉的铁路工人弗雷德。可是他很快发现自己忘了带那双 London shoes。这个令人啼笑皆非的结局是作者精心设计的。又如，很快读完了 *A Useful Stick* 后，学生似乎都以为自己看懂了，但教师不妨从中抽出一个片段让他们细心体会并作出解释："In a few minutes, the usual stream of men and women was rushing through the gate.Among these people a young man with his hands in the pockets of a heavy coat walked with long steps.Mrs.Frobisher wished that she could walk like that. He did not seem to understand how lucky he was to possess a strong pair of legs. Probably, she thought, he had never had a pain in his leg in his whole life."学生大都认为这是一段心理刻画。

实际上，作者在此处运用了对照手法来加强即将展开的戏剧效果：那个年轻人（警方正在追捕的逃犯）walked with long steps，而 Ms.Frobisher 却是作者一开始所描写的：Her leg was troubling her badly。同时，作者以幽默的笔触埋下了一个伏笔：Probably, she thought, he had never had a pain in his leg in his whole life. 这一伏笔在后面的情节中得到了很好的照应：She pushed her stick toward him, By chance more than by arrangement, it went between the knees of those wonderful legs, and he fell heavily to the ground with a loud cry. 这样读来，就不会辜负作者的一番苦心了。另外，学生还可以从这个典型的例子中得到启迪：不能孤立地对待任何一个段落，要善于捕捉段落与段落之间的内在联系；思路要宽阔，理解要透彻。那么，在保证准确的同时如何提高阅读的速度呢？实践证明：准确可以促进速度，速度又可以反作用于准确。问题的关键在于必须找到个个良好的阅读方式和养成良好的阅读习惯。例如，采用意群阅读法能在加快意念流动的同时强化通篇的语言的完整性和逻辑性，能使准确与速度协调一致，达到完美的同步。当然，并不是先划好意群再去阅读。划分和阅读是同时进行的。这需要一个自我锻炼的过程。

第六章　英语教学与小说的融合

小说是作者对人生体验的文化表征，其作品本身隐含着对生活的思考、价值取向和特定的意识形态。读者在阅读小说的过程中，可以更加全面地了解西方文化，可以接触到支撑其表层文化的深层文化，即西方文化中根本性的思想观点、价值评判，西方人经常使用的视角，以及其对这些视角的批判。小说是对时代生活的审美表现，是人民大众创造性使用英语语言的产物。英语表意功能强，文体风格变化多，或高雅，或通俗，或含蓄。或明快，或婉约，或粗犷，其丰富的表现力和独特的魅力在英美作家的作品里得到了淋漓尽致的发挥。将英语教学与小说进行适当地融合，可以使学生在阅读优秀文学作品的同时，感受到英语词汇的丰富，有助于学生开阔眼界，了解外国文化，启迪学习者的智慧。

第一节　小说综述

一、小说的概念、特征与分类

（一）小说的概念

“小说”一词，最早见于《庄子·杂篇·外物第二十六》“饰小说以干县令，其于大达亦远矣。”[1]干，求也；县，悬也。其意为：修饰琐屑之话，以

[1]（清）郭庆藩撰，王孝鱼点校《庄子集释》，第 925 页，北京：中华书局，1985。本书下文引用庄文及释文，除非特别注明，均据此版本。

求得好名声是很困难的。唐人成玄英对《庄子》的梳解："干，求也。县，高也。夫修饰小行，矜持言说，以求高名令问者，必不能大通于至道。字作县者，古悬字多不著心。"❶鲁迅先生在《中国小说史略》中解释庄子的话"案其实际，乃谓琐屑之言，非道术所在"❷。鲁迅先生认为，庄子所说的"小说"跟后来通行的小说概念不同。庄子是在讲一个钓鱼故事时讲了这两句被后世小说研究者引而又引的话，联系前后文看："夫揭竿累，趋灌渎，守鲵鲋，其于得大鱼难矣；饰小说以干县令，其于大达亦远矣。"❸这段话的意思是：拿着短短的钓竿，奔走在小河浅沟之间，守候小鱼，想钓到大鱼就难了；修饰浅识小语想求得崇高的名誉，离明达大智同样很远。显然，庄子的"小说"二字，绝非现在文体意义的小说。后世借用庄子"微不足道"之意，框定这类文学作品，是为了跟那些治国平天下大道理的文字，也就是所谓"正统"文学如诗歌区别开来。学者经常拿庄子的"饰小说以干县令"作文体意义的"小说"来看，这真像青州俗话所说：哭了半天，还不知道谁死了。直到东汉，"小说"才作为文体种类被提出。桓谭在《新论》中说"若其小说家合从残小语，近取臂论，以作短书，治身理家，有可观之辞"。此处的"小说"才与后世文体意义的小说接近。

班固《汉书·艺文志》说：小说家者流，盖出于稗官。街谈巷语，道听途说者之所造也。子曰："虽小道，必有可观者焉，致远恐泥，是以君子弗为也。"然亦弗灭也。闾巷小知者之所及，亦使缀而不忘；如或一言可来，此亦刍荛狂夫之议也。❹从这些论述可以看出：第一，古人相当轻视小说，将一切无关紧要的、不庄重的、供人娱乐消遣的文学作品叫小说；第二，小说不等于故事。《汉书·艺文志》汲取刘向父子《七略》的成果，班固《诸子略》举出十家即儒家、道家、阴阳家、法家、名家、墨家、纵横家、杂家、农家、小说家，"可观者九家"，小说家列第十位。《汉书》收小说十五家、一千三百八十篇，多已失传。鲁迅《古小说钩沉》集《青史子》一则，鲁迅解释班固的话说：这些书，"大抵或托古人，或记古事，托人者似子而

❶《庄子集释》，第 927 页。

❷ 鲁迅：《中国小说史略》，见《鲁迅全集》，第 9 卷，第 5 页，北京：人民文学出版社，1991，本书下文该书原文，均据此版本。

❸《庄子集释》，第 925 页。

❹（汉）班撰，（唐）颜师古注：《汉书》，卷三，第 1745，北京：中华书局，1964，本书下文引用该书原文，均据此版本。

浅薄，记事者近史而悠谬”[1]。荒谬无稽，不能作为历史依据。《汉书·艺文志》所举小说，对后世小说构思产生一定影响，需要知道两件事：其一，“伊尹说”为《吕氏春秋》转录，大意是：有人在桑树间得一婴儿，献给君，君令庖人察其来历，得知婴儿之母怀孕后，梦到神告知本地将发水，赶快东走。此女东走，家乡为水淹没，自己变成一棵桑树，婴儿就生在桑树上。这个小说片段说明，中国小说产生伊始，就和神话有关系。其二“虞初周说”，虞初是汉武帝时的方士侍郎，号黄车使者，《史记》云：“虞初，洛阳人。”即张衡《西京赋》“小说九百，本自虞初”。虞初，后来常借指为小说家，如清初文言小说集名《虞初新志》。古人把性质不同的各类杂记都归于小说，使“小说”有“短书”“杂书”的特点。

桓谭称小说为短书。

王充称小说为短书小传。

刘知幾称小说为小说巵言、短部小书、短才小说。

从文字意义上看，“小”者，不重要也；“说”通“悦”。“小说”本身带有无关紧要、供人娱乐之意。

小说是以刻画人物为中心，通过完整的故事情节和具体的环境描写来反映社会生活的一种文学体裁。小说有三个基本要素：人物、故事情节、环境（自然环境和社会环境）。小说反映社会生活的主要手段是塑造人物形象。小说中的人物，称为典型人物。这个人物是作者根据现实生活创造出来的，他并不等同于现实生活中的真实人物，可以“杂取种种，合成一个”。通过这样典型的人物形象反映生活，就更集中、更有普遍的代表性。小说塑造人物的手段可以是概括介绍，也可以是具体描写；可以写人物的外貌，也可以刻画人物的心理活动；既可以写人物的行动、对话，也可以适当插入作者的议论；既可以正面起笔，也可以侧面烘托。小说主要是通过故事情节来展现人物性格特点，表现中心思想。小说的基本内容来源于生活，但它通过整理、提炼和安排，就比现实生活更高、更集中、更具有代表性。小说的环境描写和人物的塑造与中心思想有极其重要的关系。在环境描写中，社会环境是重点，它揭示了种种复杂的社会关系，如人物的身份、地位、成长的历史背景等，对揭示人物性格起主要作用。自然环境包括人物活动的地点、时间、季节、气候及景物等。自然环境描写对表达人物的心情、渲染气氛也有重要的作用。

[1] 鲁迅：《中国小说史略》，见《鲁迅全集》，第9卷，第7页。

（二）小说的特点

1. 词汇与句式特点

在小说中，作者主要通过词汇选用与句式安排来揭示小说的主题，达到一种艺术效果。小说语言中的词汇在叙述和引语中的特点有所不同。在叙述时，所使用的词汇一般比较正式、文雅，具有浓厚的书卷味。引语来自一般对话，但又与一般对话有不同之处，其具有一定的文学审美价值。小说的引语需要避免一般对话中开头错、说漏嘴问题，因思考与搜索要讲的话所引起的重复等所用的词汇与语法特点在句式方面，小说中所使用的句式不仅具有模式化的特点，如对称、排比等，同时存在与常用句式的“失协”。不同的句式可以营造不同的艺术效果，因此作者可以通过不同句式来实现其意图。

2. 叙述视角特点

通俗来讲，小说其实就是在讲故事。因此，小说的语言是叙述故事的语言。传统小说强调小说的内容，也就是注重所讲的是什么故事，主要研究故事的要素。而现代小说理论将关注点放在如何讲述故事上，主要研究小说的叙述规则、方法及话语结构、特点。小说叙述方法大多采用第一人称和第三人称的形式。通常，以第一人称叙述的故事，是叙述者了解的、经历的、推断出的或者通过与其他人物谈论而发现的东西。在第一人称叙述视角中，叙述者本人即是故事的参与者，既可以是故事中的次要或边缘角色，也可以是故事的中心人物。第三人称的叙述视角通常是作为旁观者或全知者进行叙述的。叙述者置身于故事之外，对故事中的角色直呼其名或者以“他”“她”“他们”来区分。在旁观叙述中，叙述者站在客观的立场讲述故事而不作任何评论。此外，第三人称叙述还包含一种“有限视角”叙述。在这种叙述模式下，叙述者以第三人称讲述故事，叙述保持在故事中某一人物（或某几个人物）感受、思考、记忆或感觉到的范围之内。这一叙述技法后来发展出现代主义小说的“意识流”技巧。有时，小说还使用第二人称叙述的视角。在这一叙述模式中，故事就是（或至少主要是）叙述者对其所称为“你”的受叙者所讲述的东西。这个“你”可能是某一特定的虚构人物，或是故事的读者，又或者是叙述者本人，或者并非清楚的某个人。故事则在叙述者告诉受叙者他 / 她在干什么、曾经干过什么、将要或被要求在将来做些什么中展开。

3. 修辞特点

与其他语篇相比，小说是文学语篇中使用修辞最多的文体。作者通过使用修辞格来更好地传神达意。在小说中，使用最多的修辞手法有比喻、拟人、夸张、讽刺等。例如，劳伦斯的小说《菊馨》中的一句话“The pitbank loomed up beyond the pond, flames like red sores licking its ashy sides, in the afternoon's stagnant light.”其中，flames like red sores licking 将火焰比喻为火红的疮疡，这使人们对火焰的色泽有了更加清晰的印象，同时体会到其传达出来的一种隐隐的痛感，达到一语双关的效果；lick 本意是指“舔”这一动作，这里作者将其用在了 flame 身上，把火焰写活了，修辞格的妙处就在于此。

4. 形象性与象征性

通常情况下，小说语言是通过意象、象征等手法形象地表达或表明情感和观点的，比较少使用抽象的议论或直述其事的手法。在小说中，作者经常会使用形象的表达来具体描述一些人物、事件或场景，以具象体现抽象，用有形表现无形，使读者有身临其境之感，产生一定的感悟。小说中经常用象征的手法。象征并不明确或绝对代表某一思想和观点，而是通过启发与暗示引发读者进行想象，以有限的语言表达丰富的言外之意、弦外之音。小说通过形象的表达与象征的手法，进行启迪暗示，表情达意，增添了小说语言的文学性，提升了小说的艺术性，是小说语言的显著特点。小说的这一特点是在和诗歌、戏剧、影视文学等相比较之中体现出来的。我们知道，诗歌的特点在于抒情。它要求有诗情、诗意，运用比较严格的韵律语言，要求高度凝练，这大大限制了它的描写功能，因此不可能对人物作精细的描写。戏剧、影视在表现人生上显得有声有色，但其表现的范围都不能不受时间、空间诸物质条件及视听效果的限制，而无影无声的思想、情感、大量平淡的日常生活及心理活动等，在戏剧、影视中也是难以展现的。小说则不然，它不受时间和空间的限制，为了表现人物的性格和命运的变化，作家既可以写人物的过去经历，也可以写人物的当前处境；既可以写特定场所中的人物行为，也可以写不同环境中的人物活动。短则几小时，长则几十年；静则居室冥想，动则驰骋千里。小说能够多角度、全方位地刻画人物。小说可以凭借各种艺术手法，从各个角度对人物进行肖像描写、心理描写、对话描写、行为描写和环境描写，既能展现人物音容笑貌、言谈举止和衣着服饰等外在形态，也能呈现人物心理和思想情感等内在活动，还能完整展现人物与环境的关系。从物质生活到精神领域，从个人性情到社会关系，作家都可以根据需要而加以具体细致的刻画。

5. 故事情节的完整性、复杂性

情节，是由一系列能展示人物之间、人物与环境之间关系的事件、细节所组成的。情节一般包括开端、发展、高潮和结局，有的还有尾声。作品一般依据人物的经历，按事情发展顺序展开情节，构成完整的故事。有的作品按时间顺序展开；有的作品按时间因果关系展开；有的作品打破了完整描述故事的单一方法，而通过不同角度，运用各种技巧叙述，体现情节的完整。小说在刻画人物时，离不开完整、复杂的故事情节。因为情节是展现人物性格的手段，情节愈完整、复杂，人物思想性格愈能多方位地、细致地得到展现。所以，与其他叙事文学体裁相比较，小说的情节更加完整生动，它往往头绪纷繁、线索众多、错综复杂、跌宕回旋。长篇小说更是如此。

环境是人物活动的根据，是事件发生的场所，因而文学作品的主要描写环境是文学作品中不可缺少的有机组成部分。因为文学作品主要描写的对象是人，人总是生活在一定的环境中，与周围环境产生紧密的联系，因而写人时必须写环境。但对比其他各类文学体裁，其环境描写的特点有很大不同。例如，叙事诗的环境描写，主要是为了达到借景抒情的效果，显得简洁而夸张；散文的景物描写也带有浓厚的感情韵味；剧本的环境描写则更简单了，因为在舞台演出时，有布景和道具，剧本作家只需概述一下环境的轮廓就可以了。小说环境描写的特点是广阔性和具体性。因为小说描写的人物事件，必定是在某一时代具体的背景下展开的。小说刻画人物时必定要展现人物所处的社会环境，只有这样才能写出小说中人物思想性格形成的原因，这是展示人物性格特征的必要手法。

6. 讽刺性与幽默性

侯维瑞指出：形象与象征启发读者向着字面意义所指的方向找更丰富、深入的内涵，层次则使读者从字面意义的反面去领会作者的意图讽刺指的是字面意思与隐含意思相互对立。善意的讽刺往往可以使语言诙谐、幽默。讽刺可以强化语篇的道德、伦理等教育意义。幽默则有利于提高语篇的趣味性。讽刺与幽默的功能并不相同，但是二者相结合则会获得意想不到的效果。要实现讽刺和幽默的效果，可采取多种手段，如语气、音调、语义、句法等。小说语言的讽刺和幽默的表现形式多种多样，它们是表现作品思想内容不可或缺的手段，更是构成小说语言风格的重要因素。

（三）小说的分类

小说的分类标准很多，也很复杂。根据题材涉及的时代可以分为历史小说、现代小说和当代小说；根据题材内容可以分为爱情小说、武侠小说、公案小说、侦探小说、科幻小说、纪实小说等；根据篇幅的长短可以分为长篇、中篇、短篇和微型小说，这是人们常用的划分标准。

1. 长篇小说

长篇小说，篇幅长，容量大，能够比较深刻地反映广阔复杂的社会生活。一般情况下，长篇小说总是会出现众多的人物形象，包含纷繁错综的情节。它通过对人物形象的塑造，或是反映某一历史时期的重大社会事件的发生、发展和结局，如《三国演义》；或是描写一个家庭，甚至几个家庭的兴衰际遇，如《红楼梦》。长篇小说的内容、特点，决定了它必须非常注重篇章结构，分成若干章节、若干卷或若干集。在组织情节上，不管是采取单线（即全书只有一个中心线索）、双线（即安排两条相互交叉的情节线索），还是多线（即在一条主线之外，还有两条以上的相互交织的副线）的结构方式，这种结构必须使作品中的人物、故事情节、环境的组合达到完整，和谐统一。

2. 中篇小说

中篇小说介于长篇小说和短篇小说之间，但它并非短篇的拉长，也不是长篇的缩短。中篇小说所描绘的社会生活，所处理的事件，所展示的人物社会关系，都比长篇要单纯，但比短篇要复杂、广泛。在中篇小说中，一般会出现比短篇小说更多的人物，但人物关系一般不像长篇那样复杂、丰富。它的情节比短篇有较多变化，不像短篇那样简单，但也不像长篇那样矛盾、复杂。一般来说，中篇小说的篇幅在三到十来万字。

3. 短篇小说

短篇小说的篇幅容量比较短小，一般在两万字以下，两千字以上。人物集中，故事单纯，结构紧凑。往往截取生活中富有典型性的某一方面或片段加以集中描绘，以揭示社会生活的意义。它往往通过一个主人公，按一条线索，只写几个小时或几天之内集中发生的事，但使读者读了以后能联想到更远更多的事，能够以小见大。

4. 微型小说

微型小说的篇幅更短，几百个字或一两千字。情节单一，人物很少。多取材于日常生活中的一件小事，寓有褒贬或哲理。

二、小说的起源

“小说”一词最早见于《庄子·杂篇·外物》：“饰小说以干县令，其于大达亦远矣。”以小说与“大达”对举，是指那些琐屑的言谈，无关政教的小道理，而非文学体裁。到了东汉班固据《七略》转《汉书·艺文志》言：“小说家者流，盖出于稗官，街谈巷语，道听途说者之所造也。”追溯中国小说的起源，首先应是神话传说。鲁迅《中国小说史略·神话与传说》说：中国小说，“探其根本，则亦犹他民族然，在于神话与传说”。尽管古代文献对神话的记载十分简略，但我们仍然可以从中看到故事情节和人物性格这两个重要因素。神话传说最初在口头流传，有的被采入正史，遂逐渐凝固，有的继续在口头流传并不断丰富发展，衍化出一些新的神话和英雄，增添了新的故事情节。这些继续活在人们口头上的传说一旦被记录下来，就成为具备浓厚小说意味的逸史。逸史可说是中国小说的直接源头，逸史中最接近小说或可视为早期小说的，莫过于《穆天子传》和《燕丹子》。胡应麟称《燕丹子》为“古今小说杂传之祖”(《四部正讹》)。而两汉时期，具有小说元素的作品数量则更多。到了魏晋时期，魏文帝曹丕的《列异传》、东晋史官干宝的《搜神记》所代表的志怪小说标志着中国古代小说的初步形成。它们在艺术水准上，比起此前的志怪小说已有了长足进步：故事情节更趋完整丰满，叙述描写渐趋细致，有的还用诗歌抒发情感，烘托气氛，丰富了作品的表现手段。

这一时期，比较著名的志怪小说还有《玄中记》《神仙传》《拾遗记》《齐谐记》《续齐谐记》等。而唐代小说，尤其是代表着唐代小说成就的唐代传奇，标志着中国古代小说的基本成熟。前期有王度的《古镜记》、张鷟的《游仙窟》，盛期有李公佐的《南柯太守传》、元稹的《莺莺传》、白行简的《李娃传》、李朝威的《柳毅传》，后期有传奇集李复言的《续玄怪录》、袁郊的《甘泽谣》等，叙事婉转，文辞华丽，进行有意识地想象虚构，文采与意境并重。及至明清时期，中国古代小说达到巅峰，影响至深至远的中国古典四大名著：曹雪芹的《红楼梦》、罗贯中的《三国演义》、施耐庵的《水浒传》和吴承恩的《西游记》皆出于此时期。另外，还出现了《金瓶梅》《儒林外史》、“三言”“二拍”、《官场现形记》等一大批脍炙人口的作品。这些作品以它们丰富生动的故事情节，绚烂多彩的人物形象，深厚的思想生活底蕴，摄人心魄的艺术魅力，在中国文学史上闪耀出奇光异彩，产生了巨大的影响。

三、小说的要素

现代意义上的小说通常具备这些要素：情节、人物、环境、主题、基调等。

（一）情节

英美高校通用的《诺顿文学导论》（*The Norton Introduction to Literature*）认为，“简单地说，情节是行为的一种组织安排方式，行为是一个或一系列想象的事件”。同时该书指出，情节“通常涉及冲突”，即“两种对立力量之间的斗争”。情节涉及五个部分：开端、发展、高潮、逆转、结束。虽然情节涉及从开端到结束的五个部分，但是它并“不仅仅是一种组织叙事文本或用于批评分析的公式”，而是要对读者的“情感和智性”反应造成一定的影响。可见，情节是一种叙述组织方式，是一种人类智力活动行为，而非一种故事发生的自然行为。情节具有动力创造系统的功能。

人类日常生活发生的行为是线性的，是按照自然流动的先后次序来进行的。这种以线性事件顺序发生的行为可统称为“故事”。而小说文本情节化后的行动可以不必遵守自然事件顺序。线性顺序被打乱之后，线性故事行为被重新加以组织和安排时，就有了情节。故事和情节存在一定的联系，但又有区别。故事通常表现为时间和因果的线性关系；情节则更强调言说的方式，也就是怎么说的问题，它是被创造出来的。情节不等于故事内容，它不依附于故事，而是完全独立于故事之外。情节不是原事态的经历，而是使经历融合到话语叙述形态之中；生活事件的经历本身不是情节，只有经过话语叙述方才可以算作情节。情节可以是小到单个句子的微观调整，也可以是大到谋篇布局的宏观组织。它的诗学旨趣是对读者的阅读效应产生影响。把握小说话语中，特别是句子话语方面的情节因素，对于小说的翻译尤为重要。相同的信息可以用不同的叙述方式来表达，每一种叙述方式所产生的阅读效应有很大差异，这主要是因为情节因素发生了作用。

（二）主题

主题是根据小说的一系列因素而总结出来的思想情感、道德价值判断、时代风貌等具有抽象化和普遍化特点的陈述。小说的主题是它的支配思想或中心观点，是小说或直或曲地对生活具有统一作用的概括。时代语境对小说主题产生了很大的影响。例如，在巴尔扎克、狄更斯、哈代、司汤达的作品中可以发掘出共同的创作主题——对金钱统治下的罪恶现实的无情批判；在艾略特、乔伊斯、卡夫卡的作品中可以体会到现代人生活的孤独、空虚、荒诞与异化处境。前者体现了 19 世纪小说主题的时代性，后者则反映了 20 世纪小说主题的时代变迁及作家个性化特征。除了时代语境之外，作家的个体因素也会影响其作品的主题表现。例如，狄更斯出身贫寒，童年贫苦，因此他的小说很多都以苦难童年为主题；哈代出生于乡野，对英国南部的乡村田野有特殊的情感，同时在达尔文思想的影响下，有着悲观的宿命论思想，因此哈代的小说常弥漫着悲剧色彩。需要提及的是，虽然主题是每一部小说的创作要素，但是并非所有小说的主题都是显而易见的。小说主题有显性与隐性之分，显性主题易于把握，如18世纪后期英国作家简·奥斯汀的作品多有非常明显的主题，她的小说几乎全部描写的是英国乡村中产阶级的日常生活，以中产阶级青年女子的爱情或婚姻纠葛为主题。作品中的正面人物尊重自己的人格，在理智与情感的作用下作出选择。她的作品具备鲜明的主题，通过描绘乡村世态人情，批判金钱势力，主张婚姻自主。有的小说的主题是隐性的，这类小说通常晦涩、模糊、模棱两可。

（三）人物

根据英国小说家福斯特的观点，小说中的人物，即“小说里的角色”[1]。就人物在小说中的功能而言，小说人物可以分为主人公、主要人物、次要人物、陪衬性人物等；就伦理价值判断而言，小说人物可以分为正面人物和反面人物。现代小说叙述学较少使用上述分类方法，多使用福斯特的“圆型人物”和“扁型人物”分类法。福斯特认为，“扁型人物”是“类型式人物”或“漫画式人物”，“是作者围绕着一个单独的概念或素质创造出来的”[2]。扁型人物的性格和心理发展较为单一，变化不大，而圆型人物在性格、言行动机、内心世界、精神境界、气质性情等很多方面都体现出复杂多变的特点，所以难以根据好与恶的标准做简单化的归类处理。小说人物是文本内人物，是通过语言塑造、描绘出来的。作者通过语言将小说人物身上的道德情感、喜怒哀乐、气质性情、言行举止等展现出来。小说翻译家将一种语言转化为另一种语言，实际上也是塑造人物的过程，是一项创造性的工作。

（四）环境

1. 小说文本内部环境

就小说文本内部而言，小说的环境指的是作品的时间与地点因素，也就

---

[1] 何其莘，仲伟合，许钧，高级文学翻译[M]. 北京：外语教学与研究出版社 2009:203.

[2] 同上。

是小说中的情节是何时在何地发生的。宇宙万物的运行离不开时间和空间因素。所以，可以将小说视为一个小宇宙，时间是经，空间是纬，经纬相连，这样小说的事件才可以穿梭其中。小说中的时间环境可以是过去的，如中国作家姚雪垠的历史小说《李自成》；可以是当代的，如菲茨杰拉德的长篇小说《了不起的盖茨比》的时间背景就是作家本人生活的时代；还可以是将来的，甚至可以虚构的神话时间背景，如英国作家托尔金的“魔幻小说三部曲”《指环王》（*The Lord of the Rings*）的时间环境就属于虚构的神话时间环境就地点环境而言，室内与户外、城市与乡村、本土与国外、海上与陆地等都可以成为小说的地点环境因素。在同一部小说中，地点环境因素也不是单一的，会随着情节的发展而变化。

2. 小说文本外部环境

小说文本外部环境，可以称为“潜文本环境”或“超文本环境”，指的是小说文本所指涉的时代文化语境。了解文本外的大环境对把握和理解小说十分重要。对任何一部文学作品的理解都不可避免地会涉及时代文化语境，如福克纳的短篇小说《献给艾米莉的玫瑰》（*A Rose for Emily*）叙述了一位美国南方白人妇女的悲剧。若读者不了解美国南方白人文化中的淑女神话，就难以全面了解艾米莉的人生悲剧。

（五）基调

小说的基调是小说人物、情节、环境、语言修辞、叙述策略等形成的情感综合效应。基调属于作品的情感层面，只有通读整部作品才能准确把握。人的情感多种多样，相应地，文学作品的基调有很多种，可以是明快的、欢愉的、浪漫的，可以是悲怆的、忧郁的、荒凉的，还可以是幽默的、劝讽的等。需要说明的是，一部作品通常只有一种主基调，围绕主基调可以有多种次基调。例如，夏洛特·勃朗蒂的小说《简·爱》的主基调是沉重却积极的，但有的章节也夹杂着或欢乐或忧伤的基调，如简和罗切斯特举行婚礼前的基调是欢乐明快的，但婚礼被意外取消后的基调是悲沉的。从小说的文内因素来看，其基调是可以通过细读文本而把握的；从小说的文外因素来看，其基调与时代语境、作家的人生经历、价值观念甚至身体因素等息息相关。

四、中国古代小说的奇特现象

中国古代小说存在很多奇特现象。

（一）越被轻视越发展

古代小说家会不会像读经那样为了写小说头悬梁、锥刺股？会不会像诗人那样样研究写诗研究写小说？会不会像贾岛吟诵几句诗、捻断几茎须？在蒲松龄《聊斋志异·自志》痛述创作之苦之前，较少有对类似小说家创作甘苦的记载。

小说虽然在中国古代一向被看成是微不足道的、供人娱乐的，被主流文化或经典文化打入另册，但它却如星火燎原，渐渐发展成为叙事文学最完美的形式且越来越占有主导位置，正如鲁迅先生所说，中国的社会都带上了《三国》气和《水浒》气。中国文艺传统是“文以载道”，不管是散文的马，诗歌的马，戏剧的马，小说的马，政治家都是想把它套在政治的车辕上。被看作是“小道”的小说，也越来越受到政治的重视。纪晓岚在《四库全书总目提要》中说：“诬漫失真，妖妄荧听者，固为不少，然寓劝诫，广见闻，资考证者，亦错出其中。”❶明确承认小说对社会的教化作用，这是官方对小说的持观点的明确表露。

（二）经常被官方查禁

小说是在官方轻视中发展起来的，却又因为官方的“重视”而或繁荣，或受压制。官方重视导致其繁荣的现象始于唐传奇，考生需要向知名文人呈送“行卷”，唐传奇成为其内容之一。官方重视导致衰微，则来自小说被查禁。古代小说家虽然一般不敢公开以社会批判的武器许之，但小说越来越受到武器的批判则是不争的事实。明末农民起义风起云涌，崇祯皇帝下令：凡坊间藏《水浒》并原版，勒令烧毁。《大清律例》明令禁断“诲淫诲盗”小说，除《水浒传》外，《子不语》《今古奇观》《说岳全传》《剪灯新话》，都曾跟《金瓶梅》《肉蒲团》一起，榜上有名。康熙二十六年一次查禁一百五十种小说，其中当然有秽淫者，但多半出于所谓“政治问题”。陀思妥耶夫斯基在将被枪

❶（清）水路等撰：《四库全书总目提要》，第27册，卷一四〇，小说家类一，第12页，上海：商务印书馆，1930。本书下文引用该书原文，均据此版本。

决的关键时刻被沙皇赦免，中国皇帝则毫不犹豫地砍下著名小说点评家金圣叹的脑袋。刑场上谈花生米的吃法，成为金圣叹的最后“作品”。

（三）开山之作即顶峰之作

中国古代小说还有个奇怪的现象耐人深思：古代小说的几大奇书如历史演义小说开山之祖《三国志通俗演义》、英雄传奇小说开山之祖《水浒传》、基本可算神魔小说开山之作的《西游记》，几乎开山之作就是顶峰之作。例外当然存在，人情小说的开山之作《金瓶梅》，影响了伟大的长篇小说《红楼梦》，从《金瓶梅》到《红楼梦》，人情小说艺术长足发展。《红楼梦》是千年一出的天才作家创作的惊世骇俗悲剧，《红楼梦》未完更是大悲剧。张爱玲说人生三恨，一恨鲥鱼有刺，二恨海棠无香，三恨《红楼梦》未完。鲥鱼有刺可以吃其他刺少的鱼，海棠无香可以闻其他有香味的花，只有《红楼梦》未完没法解决，因为，维纳斯的断臂是接不上的。《红楼梦》所有仿作，一概画虎不成反类犬。如果说高氏续书的掉包计纵然拙劣，却毕竟保持了悲剧结局，《红楼圆梦》《红楼后梦》等续作让林黛玉不仅家财万贯，而且与宝玉洞房花烛，就只能说让人恶心了。至于当代作家费几年乃至几十年之功续写的《红楼梦》，就离曹雪芹更远了，因为重要的，不是你叙哪个时代的事，而是你在哪个时代叙事。《红楼梦》是中国古代小说甚至于整个中国小说的绝响，无可置疑，但《红楼梦》在构思上也并非无懈可击。

五、西方小说的若干问题

研究中国古代小说构思，不能不涉及西方小说，以西方小说作为参照系。

（一）西方小说的黄金时代

西方理论家认为，18 世纪之前，有过虚构文学，如寓言、神话故事，但包括 16 世纪法国作家拉伯雷《巨人传》这类以散文虚构的故事在内，都不能算是今天定义的小说。有人将约翰·班扬的《天路历程》说成是最早的小说，多数人不同意，说《天路历程》虽然对人类有细致观察、生动描绘，但不过是寓言。不少评论家将丹尼尔·笛福的《鲁滨孙漂流记》说成是第一部英语小说，更有人说欧洲小说还要晚一点儿，最早的小说是塞尔·理查逊的书信体小说《帕美拉》。西方小说起步晚，却有后来居上之势。19 世纪是西方小说云蒸霞蔚、佳作纷呈的时期，长篇小说作家如俄罗斯的托尔斯泰、陀思妥耶夫斯基、屠格涅夫，法国的雨果、福楼拜、巴尔扎克，英国的狄更斯，短篇小说作家如法国的莫泊桑、俄罗斯的契诃夫、美国的纳撒尼尔·霍桑，都可谓小说巨匠级人物。此时的中国小说为平庸充斥，平庸的作家、平庸的思想、平庸的格调、平庸的写法，使小说陷入黑幕。中国小说发展障碍的产生其实早在乾隆盛世就露端倪，当工业革命策源地英国派人到中国来时，中国皇帝仍以为中国是世界中心，对英国以"童夷"相称，要使臣跪下来请安。马戈尔尼勋爵中国之行的历史记载，既能说明闭关锁国的封建帝国如何在世界资本主义革命中越来越落伍，也能说明中国小说为什么在封建社会末期越来越没有活力，越来越没有创造力。

（二）西方小说理论著作

小说是西方文学史上发展最晚的一种体裁，西方小说理论成型更晚，迄今不过半个多世纪，但是西方对于小说构思的研究已相当成熟丰富。有影响的专门著作有布封的《小说修辞学》、佛斯特的《小说面面观》、玛乔利·博尔顿的《英美小说剖析》、伊恩·瓦特的《小说的兴起》、梅特尔·阿米斯的《小说美学》米兰·昆德拉和戴维·洛奇的同名著作《小说的艺术》。跟这些专门的理论著作同样有价值的，是一批详谈如何构思、布局、创造人物有成就的小说家，如海明威、福克纳、艾特玛托夫、索尔仁尼琴、莫里亚克、莫洛亚、毛姆、萨特、西蒙·波伏瓦、劳伦斯、茨威格、马尔克斯、博尔赫斯、米兰·昆德拉等。还有理论家作家个案研究，包括作家传记，如奥勃洛米耶夫斯基的《巴尔扎克评传》，总结出小说构思理论的这些著作都蔚为大观。

（三）西方小说定义

关于小说，西方文学词典中有过这样的定义：塞缪尔·约翰逊于 1755 年出版的《词典》说小说是"一篇通常描写爱情的小故事"。这显然不准确，如《鲁滨孙漂流记》根本没有爱情。维多利亚女皇时代《牛津英语词典》说：小说是"一种虚构的散文体记叙文，具有相当长度，通过多少带点儿复杂性情节，描绘能代表现实生活的人物与事件。"《韦氏新大学词典》《卡斯尔英语词典》对小说也有类似的定义。《柯林斯词典》说小说是"一种叙述虚构人物的冒险奇遇或喜怒哀乐的虚构故事，借描写行为与思想来表现多种人生经验和人物。"《钱伯斯二十世纪词典》中说小说是"一种虚构的散文体记叙或故事，描述一幅现实生活的图画，尤其着重表现所写男女人物生活经历中的感情危机"。佛斯特用面面观分析小说，认为小说第一因素即基本面是故事。人物是第二因素，人一生最主要的事件是出生、饮食、睡眠、爱情、死亡。人物可以分成扁平和圆形两种。情节是小说的第三因素。显而易见，西方小说评论家对"小说"的定义与现实主义有密切联系，认为主流小说乃是一种扩大人们人生经验的现实主义虚构文学，而不是一种把人们带到一个更艳丽的世界去的幻想。例如，西方小说理论家为什么将笛福看作小说之祖？伊恩·P. 瓦特认为："笛福似乎是我们的作家中第一个使其全部事件的叙述具体化到如同发生在一个实际存在的真实环境中的作家"[1]。佛斯特说，小说依傍于两座峰峦起伏但并不高峻的山脉之间，一边是诗，一边是历史。但加拿大著名评论家诺思罗普·弗莱伊认为，"小说"和"浪漫传奇"永远处于一定程度的相互渗透、混杂的状态。其实，佛斯特和弗莱伊的观点，中国古代小说点评家已隐隐约约地提到过，比如金圣叹评《水浒传》、张竹坡评《金瓶梅》、但明伦评《聊斋志异》、脂砚斋评《石头记》。

（四）西方小说代表特点

西方小说理论在20世纪突飞猛进地发展，主要是对现代小说的剖析，而现代小说的突出特点是实验性和意识描绘。此起彼伏的文学流派，日新月异的创作思潮，如未来主义、现代派、后现代派、超现实主义、意识流、精神分析学、新小说、存在主义、魔幻现实主义。小说家仍然在探讨外在世界，但更深层次地探讨人的内在世界，则需追踪意识流和潜意识（潜意识和无意识被称为"第三现实世界"）。而这些流派、作品，都可以从19世纪西方小说大师的作品中找到源头。当然，这已经不是中国小说史，更不是中国古代小说构思专题研究应关注的问题了。但探讨中国古代小说构思不能不考虑时下最盛行的观点。因为，他们的一些所谓的新观点，实际上在几个世纪前，已经被中国几位最顶尖的小说点评家朦朦胧胧地提出了。目前，米兰·昆德拉和戴维·洛奇的小说观点有较大影响：米兰·昆德拉认为认识是小说的唯一道义。他在《小说的艺术》[2]中提出：小说抵御着"存在的遗

[1] 伊恩·P. 瓦特. 小说的兴起 [M]. 高原，董红钧译. 上海：三联书店，1992:21.

[2] 米兰·昆德拉. 米兰·昆德拉作品全新系列小说的艺术 [M]. 尉迟秀，译. 上海：上海译文出版社，2019:32.

忘”，小说将生活世界置于不灭的光照。小说存在的唯一理由是发现那些只能为小说发现的东西。米兰·昆德拉认为，海德格尔《存在与时间》分析的存在主题，是先前被所有的欧洲哲学所忽视的，却在欧洲小说再生的四个世纪中，在小说中得到了揭露、展示、澄明。小说以自己的存在方式，通过自身的逻辑，一个接一个地发现了存在的各个方面：经由塞万提斯和他的同代人，它（小说）深入了冒险的天性；经由理查森（英国小说家），它开始省查“内心事件”，以揭示情感的隐秘状态；经由巴尔扎克，它发现了人在历史中的根基；经由福楼拜，它研究了过去未曾探明的日常的未知领域；经由托尔斯泰，它全神贯注于人类行为和决定中的非理性的侵入。它探索时间：普鲁斯特处理了难以捉摸的过去，乔伊处理了难以捉摸的现在；通过托尔斯·曼，它又考察了控制我们当下行为的遥远过去的神话规则。如果换上中国古代小说书名，我们很容易将米兰·昆德拉的话移植过来来说中国古代小说的构思策略。中国古代小说以自己的存在方式，通过自身的逻辑和艺术描写，一个一个地发现了存在的各个方面：经由罗贯中，它深入历史和人性的深处；经由施耐庵，它呈现了英雄和市井；经由兰陵笑笑生，它揭示了男女情感的隐秘状态；经由蒲松龄，它全神贯注于人与大自然各种生灵的联系和转化；经由曹雪芹，它考察了神话和人生、诗与美、现实和理想、青春与死亡。戴维·洛奇接受了美学的观点并认为“小说是一种游戏，一种至少需要两个人玩的游戏：一位读者，一位作者。作者企图在文本本身之外控制和指导读者的反应，就像一个玩牌者不时从他的座位上站起来，绕过桌子去看对家的牌，指点他该出哪一张”[1]。戴维·洛奇和米兰·昆德拉两人不约而同地坚持小说的欧洲中心论。洛奇说：人物是主要问题，包括主要人物、次要人物、单调人物、多面人物。在刻画人物本性时，手段的丰富多彩和心理挖掘的深度这两方面，欧洲小说的伟大传统是无与伦比的。昆德拉说：小说是欧洲的创造。他们当然不知道，《鲁滨孙漂漯流记》问世的 1719 年，有“世界短篇小说之王”之称的蒲松龄已走完人生历程，而此前整整两个世纪，1522 年中国长篇小说开山之作《三国志通俗演义》已有了刊本。某些欧洲小说理论家一叶障目不见泰山。

[1] 戴维·洛奇著 . 小说的艺术 [M]. 上海：上海译文出版社 .2010:29.

第二节　小说文本赏析

一、小说的语言韵味

（一）冲突的戏剧性

从某种角度而言，没有戏剧性的冲突，就无法推动故事情节的展开和延伸、小说不仅要细致地刻画人物，展现社会风貌，而且需要以矛盾的冲突为依托，服务故事情节的展开和高潮地掀起。小说越是独具匠心，越是富有冲突的戏剧性，人物性格就越是生动逼真，主题就越发表现得尽善尽美。小说虽不像戏剧那般，要求高度集中的矛盾冲突，但小说复杂的故事情节却要求其富有复杂的戏剧性的冲突。只有这样，才能引人入胜。

例如，《红楼梦》第十七至十八回写大观园落成后，贾宝玉被贾政叫去随众清客一起“题对额”，出来后小厮们讨赏，将他所佩之物尽行解去，到了贾母那里。少时袭人倒了茶来，见身边佩物一件无存，因笑道：“带的东西又是那起没脸的东西们解了去了。”林黛玉听说，走来瞧瞧，果然一件无存，因向宝玉道：“我给的那个荷包也给他们了？你明儿再想我的东西，可不能够了！”说毕，赌气回房了，将前日宝玉所烦他作的那个香袋儿——才做了一半，一赌气拿过来就铰。宝玉见他生气，便知不安，忙赶过来，早剪破了。宝玉已见过这香袋，虽尚未完，却十分精巧，费了许多工夫。今见无故剪了，却也可气，忙把衣领解了，从里面红袄襟上将黛玉所给的那荷包解了下来，递与黛玉瞧道：“你瞧瞧，这是什么？我那一回把你的东西给人了？”林黛玉见他如此珍重，带在里面，可知是怕人拿去之意，因此又自悔莽撞，未见青红皂白，就剪了香袋。因此又愧又气，低头一言不发。宝玉道：“你也不用剪，我知道你是懒得给我东西。我连这荷包奉还，何如？”说着，掷向她怀中便走。黛玉见如此，越发气起来，声咽气堵，又汪汪地流下泪来，拿起荷包来又剪。宝玉见他如此，忙回身抢住，笑道：“好妹，饶了它罢！”黛玉将剪子一摔，拭泪说道：“你不用同我好一阵歹一阵的，要恼，就撂开手。这当了什么！”说着，赌气上床，面向里倒下拭泪。禁不住宝玉上来“妹妹”长“妹妹”短赔不是。

在这段不太长的文字里，冲突产生了，平息了；平息了，又产生。冲突的产生和平息都根源于人物的情感和性格，又表现着人物的情感和性格。在矛盾冲突中，人物的情感反应与冲突发展的趋势，人物的语言与心灵深处的真实情感既一致又不一致，既平衡又不平衡，二者的差距将人物情感深化了，将这情感的复杂微妙地表现出来了。

我国古代小说出于对故事的强烈兴趣，也为了更好地刻画人物，不只将人物放在常态的矛盾冲突之中，还往往将人物推向矛盾冲突和命运的极端状态，从而使其灵魂曝光。在矛盾冲突的极端情境中，人物的情感越复杂，情感层次越丰富，形象也就越生动，越真实。一些优秀的古代小说作家，都有意识地在矛盾冲突的极端状态，充分展示人物情感的复杂性和层次性。

（二）性格的行动性

通过人物的行为动作来表现人物的性格特点，这是小说塑造形象的一个重要途径。性格即是“行动的特性”，这是柯尔尼洛夫在《意志与性格的培养》中得出的重要结论。因而在小说艺术形象的塑造中，对人物行为动作的描写比起其他方面的描写就显得更重要。茅盾说：“人物的行动是表现人物性格的主要手段。”研究我国小说的发展脉络，无论是古代小说还是现代小说，无不重视人物的行动描写。尤其在那些塑造了一定艺术形象的作品中，我们可以看到十分精彩的人物行动描写。诸如《世说新语》中众多特写镜头的行为动作，《三国演义》中三顾茅庐、诸葛亮借东风、张飞鞭督邮的行为动作；《水浒传》中武松打虎，鲁智深大闹五台山、倒拔垂杨柳的行为动作；《红楼梦》中黛玉葬花、王熙凤大闹宁国府的行为动作等，都在刻画人物、塑造形象中起到了十分重要的作用。像上述精彩的行为动作细节描写，是人物行为动作中最有特点、最为精粹的细微部分，它们像璀璨的宝石闪耀在情节开展的过程中。

优秀古代小说在用人物的行为动作表现人物性格时，不仅善于选择构成情节框架的重大行为动作，而且还善于在情节发展之中选择一些典型的行为动作细节。如《三国演义》第二十一回，曹操煮酒论英雄，对刘备说：“今天下英雄，惟使君与操耳！”玄德闻言，吃了一惊，手中所执匙箸，不觉落于地下。时正值天雨将至，雷声大作。玄德乃从容俯首拾箸曰：“一震之威，乃至于此！”匙箸落地的细节，表现了寄人篱下、唯恐被害的刘备听到此话之后的惊惧心理；而俯首拾箸的细节，则又表现出他的随机应变，镇静自若，的确不愧为英雄。这里的行为动作细节描写，是十分典型有力的。

（三）场面描写的丰富性与趣味性

在小说情节的发展过程中，会出现一系列具体情况，即特定时空背景下的特定人物关系的画面，这就是场面。场面是情节线索中的大停顿，是构成情节的基本单位，随着人物性格和事件的发展，小说场面总是不断改变的。情节丰富，小说的场面相应地多变化，而情节极单纯的小说也许只有一两个场面描写。场面又有大小之别，大场面中往往可以包含一些小场面。《红楼梦》里秦可卿出殡是个大场面，而其中又含有北静王见宝玉、宝玉和秦钟看见庄女、秦钟智能照会、凤姐弄权铁槛寺等多个小场面。高明的小说家常常以这样富有思想性和生活情趣的小场面来充实、丰富波澜壮阔的大场面。也正因为这些精彩的场面描写，使得中国古典小说作品得以永垂文学画廊，永葆青春魅力。

（四）语言的个性化

中国古代小说在把握语言的个性化和叙事性方面取得了非凡的成就。早在魏晋南北朝时期，一些小说特别是《世说新语》就已注意通过人物个性化语言来表现人物性格了。唐代传奇、宋元话本中许多作品的人物语言，也是充分个性化的。个性化的人物语言表现人物独特的性格，这在明清优秀小说中成就尤为突出，正如鲁迅所言："《水浒传》《红楼梦》的有些地方，是能使读者由说话看出人来的。"《金瓶梅》更是以语言新奇、独特、脍炙人口著称，它的语言多采用市侩俗语，具有浓郁的生活气息和强烈的个性化色彩。

《三国演义》第十八回，叙述晁盖、吴用等七人劫生辰纲之后，投奔梁山泊之事，而头领王伦心胸狭窄，嫉贤妒能，表面恭维备至，内心实不肯相留。对此，已是梁山头领之一的林冲十分不满，吴用则已将二人的心事看在眼里，预谋"教他本寨自相火并"。次日，林冲道："小人旧在东京时，与朋友交，礼节不曾有误，虽然今日能够得见尊颜，不得遂平生之愿，特地径来赔话。"金圣叹批曰："林冲语。"也就是说，这是表现了林冲独特的精细性格和此时特定心理的个性化语言。林冲内心欢迎七位豪杰上山入伙，但他不是梁山的大头领，不能在筵席上公开表明自己的态度，这就可能给晁盖等人留下不热情的印象。吴用道："既然王头领有这般之心，我等休要待他发付，自投别处便是了。""我等休要待他发付"，只八个字把雪天三限直提出来。

二、中外小说鉴赏的差异

小说鉴赏的差异是指不同的鉴赏者在小说赏析活动中表现出不同的审美倾向、艺术趣味、价值观念及逻辑哲学等的现象。在我国，小说鉴赏的差异表现为时代的差异、民族的差异、阶级的差异和个人的差异。那么，中外小说鉴赏又存在着以下差异。

（一）人物心理刻画的差异

中国小说，或因脱胎于志怪传奇而更重情节和行动的描写，或因起源于说话艺术而不轻易展开人物复杂的内心活动，所以人物的直接心理刻画不甚发达。主要还是通过肖像描写、行动描写、景物和对话描写等方法间接刻画人物心理。只有少部分小说使用了内心独白、心理分析等直接刻画人物心理的方法。而外国小说除使用上述的间接方法外，典型心理分析的使用也是屡见不鲜的，例如，托尔斯泰就是公认的揭示人物"心灵辩证法"的大师。心理分析的长处是明了清晰，写得好便能"显示灵魂深处的根"，但也容易写得冗长，理性的分析难以达到形象描写的审美效果。所以有经验的小说家会将心理分析、内心独白与间接的活动过程描述结合起来。

（二）运用人称的差异

西方小说很早就使用第一人称叙述角度。这种结构很灵活、自由，既能胜任对客观外界的观察，又能胜任对内心世界的探索，作家可以任意回避他难以处理的场面，又可以集中表现他能发挥的长处。这种人称在中国早期传奇（文言小说）中也有使用的，但那时多半是用来描述亲身经历的，以加强叙述的可变性，并没有发现当时其在结构上的意义。中国古典小说大部分都使用全知的第三人称观点，使作者对小说的全部有了一个超越的俯视优势，这种技巧将所见物象平面化，缺少立体感，然而却有着高屋建瓴的磅礴气势。西方小说一般很少从俯视的角度出发，大多随人物的目光进行，作者、人物、读者处于同一地平线，呈现一种立体的走向趋势，有的小说也不一定使用第一人称，但往往会采用人物的特定角度来叙述。

（三）小说结尾的差异

谈到这个问题，文学鉴赏的差异性普遍地存在于艺术接受的整个过程中。由于赏析所处的时代、国家、民族、阶段的不同及生活经历、文化差异、思想观念等存在的强烈差异，便形成了人的审美倾向、价值体系的较大差异。在中外小说的发展、繁荣脉络中，也强烈地表现了这种差异。简而言之，国人认为小说通常应该是圆满的，圆满是美的极限，因而小说作品中特别是在结尾部分，我们能体味到国人的圆满哲学思辨，而外国的小说通常在结尾部分给人一种意想不到的新奇，一种不拘一格的发散，这也是中外小说之间的差异。

三、小说欣赏的方法

（一）梳理小说中的故事情节

小说中的人物形象是通过一定的故事情节表现出来的。为了刻画人物，塑造鲜明的艺术形象，就要把人物与人物、人物与环境之间错综复杂的具体事件组成一定的故事情节，并通过这些情节的发展揭示人物的性格，表达主题。因此，阅读和欣赏小说的关键是理清它的情节，可以从三个方面分析。第一，找出情节发展的线索。线索贯穿于小说情节发展的各个环节。根据反映社会生活及刻画人物思想性格的不同需要，有的小说情节比较单纯，只有一条线索。例如，莫泊桑的《项链》就是以“项链”为线索，从“借项链”到“丢项链”到“赔项链”逐步展开故事情节的。有的小说情节比较复杂，有两条或者两条以上的线索（有一条是主线）。鲁迅的《药》就有两条线索，一条是华老栓买“药”给儿子治病，一条是革命者夏瑜被杀害。前者是明线（主线），后者是暗线（副线），两条线索通过“药”——人血馒头紧密联系在一起。第二，了解情节发展的过程。情节发展过程一般可以分为开端、发展、高潮和结局四个阶段。矛盾的提出，是情节的开端；矛盾的展开，是情节的发展；矛盾达到尖锐的顶点，是情节的高潮；矛盾获得解决，是情节的结局。有的小说在开端之前还有“序幕”，用以交代社会背景，或者简要介绍作品中几个主要人物之间的关系。有的小说在情节结束之后还有“尾声”，对矛盾解决的结果作必要的补充或者交代，展望前景。第三，把握情节与人物的关系。小说以塑造人物形象为主，其故事情节是为表现人物性格服务的，因此，在赏析小说时，要重点注意人物在故事情节发展中的各种表现，注意情节变化与人物性格的关系。只有这样，才能深刻领会小说的主题。

（二）分析小说中的人物形象

小说将以文学语言塑造人物形象作为自己的任务，它通过鲜明独特的人物形象表达主题思想，去打动、感染读者。所以，赏析小说还要着眼于人物形象的分析，把握人物形象的性格特征，理解人物形象的社会意义，研究人物形象塑造的主要手法。第一，弄清人物形象塑造的基本方法。一篇优秀的小说总要调动一切艺术手段塑造出栩栩如生、鲜明个性的人物形象，因此，分析人物形象首先要弄清小说塑造人物形象的基本方法。小说在塑造人物形象时主要采取的方法有肖像描写、行动描写、语言描写、心理描写四种。但是不论采取哪种方法，根本目的还是为了刻画人物的性格，从而鲜明地揭示人物形象的社会意义，表现作品的主题思想。第二，把握人物形象的典型性。典型性指的是作者塑造的人物形象所达到的个性与共性统一的程度。小说中的典型人物，并非简单地再现现实生活中的人，而是在现实生活的基础上，通过集中和虚构而创造出具有高度概括性的艺术形象，是个性和共性的统一体。个性就是人物的独特属性，它体现在人物的语言、行动、心理、气质、生活习惯和作风等各个方面；共性就是人物的身上体现出来的一定阶级、阶层、集团的某些本质特征。个性和共性的关系是辩证统一的，共性寓于个性之中，个性体现着共性。第三，分析人物形象所反映的社会本质和它具备的时代精神。小说中的人物生活在特定的时代，因此，他的言行举止、思想活动，无不带有时代的印记，要从人物形象的身上，剖析当时的社会本质及时代精神。

（三）剖析小说中环境描写的作用

小说既是时间的艺术，又是空间的艺术。所谓空间，主要是指环境，环境是形成人物性格，驱使其行动的特定场所。离开了环境，人物就没有活动的时空，寻找不到人物思想性格形成的根源，解释不清人物行动的原因。而离开了特定的人物，环境也就是失去了表达的主体。所以，小说中的环境描写，无论是自然环境还是社会环境，都是为了真实地表现人物的思想性格，反映事件的本来面貌而设置的。赏析小说就要弄清小说中环境与人物性格之间的这种关系，通过环境分析人物思想性格形成的根源和依据，从而更好地把握住小说的主题思想。在分析环境时，首先要理解典型的社会环境对人物性格形成的作用。社会环境即人物活动、事件发生发展的社会背景、时代特征、社会风貌等。典型的社会环境是指反映了一定时代特征的社会环境，它对人物思想性格的形成具有决定性的作用，如鲁迅的《祝福》中的社会环境，就指在半封建半殖民地的旧中国，造成祥林嫂受尽政权、族权、夫权、神权的等多重压迫而惨死的典型的社会环境。其次，要了解自然环境描写对表现人物性格的作用。自然环境是指时间、地点、时令、气候、地理风貌等。小说中自然环境的描写是作品的有机组成部分，对衬托人物的身份地位、刻画人物的性格、表达人物的心情、渲染气氛等都有很大的作用。总之，优秀的小说，每篇都是一个精美的世界。小说的欣赏过程，就是在这个世界中读者的心灵和作家的心灵进行交流的过程，通过对一些名篇的赏析，我们可以从中获得阅历、知识、才华，可以使自己的思想得到熏陶和升华。

第三节　英语小说教学

一、小说翻译的基本原则

（一）风格再现原则

Webster's Encyclopedic Unabridged Dictionary of the English Language（1996）将风格解释为：“具有某一团体、时期、个人或性格特征的，在写作或讲话中为达到清晰、有效及悦耳目的的，通过选择和安排适当的词语来表达思想的方式。”可见，风格既是作品所特有的一种艺术格调，又是通过内容与形式结合而呈现出来的一种思想倾向。小说的风格通常与小说的功能、写作意图息息相关。每部小说都有自己的风格，每位小说家也有各自的风格。或活泼，或严肃，或幽默，或辛辣，无论哪种风格，都需要通过措辞、情节安排表现出来。在小说翻译过程中，译者应遵循风格再现原则。也就是说，译者除了要在语言层面考虑忠实度问题之外，还应在风格上做到与原文对等，从而在最大限度上还原原文。美国翻译理论家奈达认为，真正需要提供的是这样一种译文：它可以使译文读者领略到读原著所能领略到的东西。虽然译者在风格对译文方面不能做到完全统一，但是译者应尽可能地避免自

身风格的影响，从而保留作者期望达到的艺术功能与特殊效果。要再现原作的风格，译者首先应了解创作者的个人信息、创作意图、小说的创作背景等，并在此基础上认真通读小说，掌握小说的大概内容，把握小说的语言风格，然后动笔翻译。翻译时，译者必须字斟句酌，保证译语准确、恰当，从而尽可能地还原原文的风格与艺术效果。例如：

Let me just stand here a little and look my fill.Dear me! It's a palace-it's just a palace! And in it everything a body could desire, including cosy coal fire and supper standing ready.Henry it doesn't merely make me realize how rich you are; it makes me realize to the bone, to the marrow, how poor I am-how poor I am, and how miserable, how defeated, routed, annihilated! (Mark Twain: *The Million Pound Note*)

让我在这儿站一会儿吧，我要看个够。好家伙！这简直是个皇宫——地道的皇宫！这里面一个人所能希望得到的，真是应有尽有，包括惬意的炉火，还有现成的晚饭。亨利，这不仅叫我明白你有多么气，还叫我深入骨髓地看到我自己穷到了什么地步——我多么穷，多么倒霉，多么泄气，我已走投无路，真是一败涂地！

本例原文体现了马克·吐温作品诙谐幽默的语言特点。译者在翻译时，采用了相同口语化的语言，传递出原文的轻松诙谐，忠实地再现了原文的风格。

…that the Reverend Mr Crisp.fell in love with MissSharp, being shot dead by a glance of her eyes which was fired all the way across Chiswick Church from the schoolpew to the reading-desk. (William Makepeace Thackeray: *Vanity Fair*)

……（夏波小姐）的眼光穿过契息克教堂，从学校的包座直射到牧师的讲台上，一下子就把（克里斯波牧师）射得灵魂出窍……

《名利场》主要揭露和讽刺了英国上流社会的虚伪、堕落。只有在了解该创作意图的基础上，译者才能更好地再现原文的讽刺意味。本例中，译者将“… being shot dead by a glance of her eyes which was fired all the way”句中的关键短语“being shot dead”译为“射得灵魂出窍”，将“was fired”译为“穿过……射到……”，从而使译文忠实地展现了原文生动、犀利的文风。

（二）注重塑造人物原则

在小说中，作者对人物刻画尤为重视，所以小说中有了各种特点鲜明的人物形象，如浓施粉黛的大家闺秀、秀色可餐的小家碧玉、英勇伟岸的时代豪杰、平庸无奇的市井小人等。在塑造类型各异的人物时，作者会采用风格各异的语言，展现小说人物的精神状态，揭示其内心世界。小说翻译要求译者注重对人物的塑造。翻译实际上是两种语言之间的形象转换。英汉两种语言属于不同的语言体系，中西文化也存在较大差异，中西方人的思维方式不尽相同，要以一种完全不同的语言再现用另一种语言创造的艺术并不是一件易事。奈达提出了“动态对等”翻译原则，使源语与译语之间实现最贴切、最自然的对等。该原则的核心是从译语中找出恰当的表达手段，采用最自然的方式来传递出原作的对等信息。

翻译等值概念可以使小说人物塑造的翻译走出两个极端——直译与意译，从而获得更新、更全面的等值翻译。在翻译时，译者应对原作中的人物予以关注，用心选词，选取合适的表达方式，使读者通过译文也能对人物形成深刻、鲜明的印象，获得与阅读原文相同的阅读效果。例如：

I didn't give a damn how I looked.Nobody was around any way.Everybody was in the sack.If I am on a train at night, I can usually even read one of those dumb stories in a magazine with out puking.You know.One of those stories with a lot of phony lean-jawed guys named Linda or Marcia that are always lighting all the goddamn David's pipes for them.

我他妈的才不在乎什么好看不好看哩。可是路上没有一个人。全部都上床啦。我要在晚上坐火车，通常还能看完杂志里某个无聊的故事而不至于作呕。你知道的那故事。有一大堆叫大卫的瘦下巴的假惺惺的家伙，还有一大堆叫琳达或玛莎的假惺惺的姑娘，老是给大卫们点混账的烟斗。

上述原文是主人公霍尔登的第一人称内心独白，通过阅读可以看出他是一个自嘲自讽、满口脏话的中学生，一个不满现实的小痞子。作者使用了很多粗俗语，如 damn，goddamn，phony，guy 等，意在塑造他的桀骜不驯的形象。译者融入叙述主体的语境中，保留了俗语的情趣，再现了 Holden 的真实心理。

Seated with Stuart and Brent Tarleton in the cool shade of the porch of Tara, her father's plantation, that bright April after noon of 1861, she made a pretty picture.Her new green flowered muslin dress spread its twelve yards of billowing material over her hoops and exactly matched the flat-heeled green morocco slippers her father had recently brought her from Atlanta.The dress set off to perfection the seventeen-inch waist, the smallest in three counties, and the tightly fitting basque showed breasts well matured for her sixteen years.But for all the modesty of her spreading skirts, the demureness of hair netted smoothly into a chignon and the quietness of small white hands folded in her lap her true self was poorly concealed.The green eyes in the careful sweet face were turbulent, willful, lusty with life, distinctly at variance with her decorous demeanor.Her manners had been im posed upon her by her mother's gentle admonitions and the ster ner discipline of her mammy; her eyes were her own. (Margaret Mitchell : *Gone with the Wind*)

1861年4月里的一天下午，阳光明媚。斯卡利特小姐在她爸爸那个叫作塔拉的庄园里，由塔尔顿家两兄弟，斯图尔特和布伦特陪着，坐在走廊的阴影处，显得颇为妩媚动人。她穿着一身簇新的绿色花布衣服，裙摆展开呈波浪形，脚上配着一双绿色平跟山羊皮鞋，那是她爸爸新近从亚特兰大给她买来的。这身衣服把她只有十七英寸的腰肢——邻近三个县里首屈一指的纤腰衬托得格外窈窕。一件巴斯克紧身上衣贴着一对隆起的乳房，使得这年方十六的妙龄少女，看起来相当丰满成熟。可是不管她那展开的长裙显得多么端庄，她那梳得平整的发髻多么严肃，她那交叠着放在膝盖上的雪白小手多么文静，却还是掩饰不了她的本性。在她可爱而正经的面容上，那一双绿色的眼睛显得风骚、任性、充满活力，和她那淑静的举止丝毫不能相称。她的仪态是她母亲通过谆谆教诲和严厉管束强加于她的，那双眼睛才真正属于她自己。

上述原文选自美国小说家玛格丽特·米歇尔的《飘》，主要对小说的女主人公斯嘉丽·奥哈拉进行了描绘。尽管斯嘉丽·奥哈拉看起来成熟端庄、严肃文静，但从其绿色的眼睛中可知其真实的性格：turbulent, willful, lusty with life。在充分理解原文之后，译者将斯嘉丽·奥哈拉的性格特点准确地再现出来：风骚、任性、充满活力。

Tom raved like a madman beat his breast, tore his hair stamped on the ground, and vowed the utmost vengeance on all who had been concerned.He then pulled off his coat, and but toned it round her, put his hat upon her head, wiped the blood from her face as well as he could with his handkerchief, and called out to the servant to ride as fast as possible for a side-sad dle, or a pillion, that he might carry her safe home. (Henry Fielding : *Tom Jones*)

汤姆像个疯子一样，咆哮叫骂，捶胸薅发，顿足震地，起誓呼天，要对所有一切参与其事的人，都极尽报仇雪恨之能事。于是他把自己的外套，从身上剥下来，围在娟丽身上，把纽扣给她系好；把自己的帽子，戴在她头上；用手绢尽其所能，把她脸上的血给她擦掉；大声吩咐仆人，叫他尽力快快地骑马，取一个偏鞍或后鞍来，以便把她平平安安地送回家去。

上述原文描述了汤姆英雄救美的场面。译者在翻译时，使用了一系列动词，这也是译文的传神之处，表现出汤姆是一个行侠仗义却有些不谙世事的单纯青年的形象。

（三）还原语境原则

语境，即语言环境，也就是用语言进行交际的具体场合。小说的语境均是用特定语言创设的语境。在小说翻译中，译者还应注意语境的维护，尽可能地还原原文的语境。译者了解作为符号的语言与具体语境之间的关系对于信息的正确传递十分重要。若译者不考虑语境作用，译文将难以忠实于原文的风格，也不能准确传递出原文的信息，由于英汉两种语言存在很多差异，因此要获得完全相同的表达效果几乎是不可能的。在对小说进行翻译时，译者应充分利用自己掌握的语言知识，注重语境对文章表达的影响和作用，最大限度地还原原作的信息。小说通常是在语境中生成意义的，这种语境可能涉及诸多方面，如政治、经济、文化等，这些方面可以帮助作品建立起框架，进而体现作者的创作意图与思想。可见，小说翻译实际上是不同文化语境之间的碰撞与交流。所以，在翻译小说时，译者要在转换语言的同时对原文的文化语境进行具体、深入的分析，然后使用恰当的词语和表达方式，达到还原原文语境的效果。例如：

It was Miss Murdstone who has arrived, and a gloomy loo king lady she was : dark, like her brother, whom she greatly sembled in face and voice ; and with very heavy eyebrows, nearly meeting over her large nose, as if, being disabled by the wrongs of her sex from wearing whiskers, she had carried them to that ac count.She brought with her two uncompromising hard black boxes, with her initials on the lids in hard brass nails.When she paid the coachman she took her money out of a hard steel purse and she kept the purse in a very jail of a bag which hung upon her arm by heavy chains, and shut up like a bite.I had never, at that time, seen such a metallic lady altogether as Miss Murdstone was.（Charles Dickens : *David Copperfield*）

来的不是别人，正是玫得孙小姐。只见这个妇人，满脸肃杀发肤深色，和她兄弟一样，而且声音，也都和她兄弟非常像。两道眉毛非常的浓，在大鼻子上面几乎都连到一块儿了，好像因为她是女性，受了冤屈，天生地不能长胡子，所以才把胡子这笔账到眉毛上了。她带来了两个棱角分明、非常坚硬的大黑箱子，用非常坚硬的铜钉，把她那姓名的字头，在箱子的盖儿上钉出来。开发车钱的时候，她的钱是从一个非常坚硬的钢制钱包里拿出来的，而她的这个钱包，又是装在一个和监狱似的手提包里，用一条粗链子挂在胳膊上的，关上的时候像狠狠地咬了一口一样。我长到那个时候，还从来没见过别的妇人，有像玫得孙小姐那样完全如钢似铁的。

原文选自狄更斯的《大卫·科波菲尔》。这段文字描写了玫得孙的姐姐兼管家刚到科波菲尔家时的场景。不难发现，作者对这一人物是持厌恶态度的。了解了作者的态度后，译者在遣词造句时应体现出原作者的观点，再现原文的情景，如将"gloomy looking"译为"满脸肃杀"，将"uncompromising"译为"棱角分明"等。

I dared commit no fault and I was termed naughty and tire some，sullen and sneaking，from morning to noon，and from noon to night.（Charlotte Bront：Jane Eyre）

我不敢有丝毫闪失，人家还是骂我淘气鬼、讨厌鬼，骂我阴丝丝、贼溜溜，从早上骂到下午，从下午骂到晚上。

本例原文选自《简·爱》，主要描写了简·爱遭到虐待后的愤怒。原文语气激昂，连贯流畅。根据这一语境和原文风格，在翻译时，译者将原文中的"naughty""tiresome""sullen""sneaking"分别译为"淘气鬼""讨厌鬼""阴丝丝""贼溜溜"，既传达了女主人公内心的愤怒，也再现了原文流畅的文风，还原了原文的语境。

二、欣赏英语小说文章的方法与技巧

（一）英语小说技巧概述

法国作家里夫曾说："小说是现实生活和风俗世态的一幅图画，是产生小说的那个时代的一幅图画。"[1]在大学英语课本中选用小说作为学生学习的对象，首先，学生可以了解另一种语言里人们的人文观念、风土人情及社会形态等。这与当前强调在外语教学中培养学生的跨文化意识的政策不谋而合。其次，大学生可以通过欣赏小说文本来提高自己的欣赏水平。目前国内大学里极少开设中文科目作为基础科目，导致大部分学生的阅读行为成为一

[1] 韦勒克．沃伦文学理论[M]上海：生活·读书·新知三联书店，1984.

种无目的的、缺少阅读技巧引导的行为。外语阅读能力强的学生一般来说母语阅读能力也很强。如果英语教师能够很好地利用大学英语课本中小说类的文章指导学生如何进行文学欣赏，那么会对学生在区分良莠读物，提升自身文化修养方面起到抛砖引玉的作用。

欣赏小说和诗歌时，“审美构素可以包含这样一些方面：语言形式构素、主题人物构素、情境构素、结构构素”。

也就是说，文学欣赏的内容应包括以下方面：文本的修辞技巧、人物性格特征、叙事展开的整体环境及文本的结构安排等。金元浦认为阅读应分为初级阅读阶段（审美感受范围内的直接理解阶段）和二级阅读阶段（反思性阐释阶段）。这一理论可应用于指导大学生英语小说类文章的学习与欣赏。作为大学英语教师，我们应首先确保学生能够理解另一种语言小说的文本内容，第二阶段才是对文本进行欣赏。看完小说的最后一行后，读者并不能就此结束，他应该走得更远，不仅对已经读过的东西作出总结，而且要采取新的步骤，说出新的话语。[1]

袁宪军、钱坤强认为阅读英语小说时，应从情节、叙事角度、人物、背景、风格、主题和象征七个方面来解读文本。由于情节的赏析需要大量的文学方面的专业知识，对非外语和非文学专业的学生来说，显得较难；再者，由于课堂时间的限制，学生无法花很多时间放在情节的欣赏上。叙事角度可分为第一人称和第三人称，教师可以在第一次小说课上介绍给学生。所以本文作者根据英语教学实际的安排，拟从风格、主题、人物、情境这四个方面对其进行探讨。

（二）作者风格的欣赏

“风格”这个词有好几层意思。它可以指某一个时代里最明显的语言特点，也可指某类著作里的语言特点，或是一个作家的语言习惯。不同作家的写作风格各不相同，如鲁迅的辛辣、马克·吐温的幽默、海明威的简练等。还可以指某部作品的语言特色。判断一篇作品的风格，需要读者认真研读，根据作者的选材、用词、构思进行判断。而语言现象对风格的影响最大，从词汇、句法、修辞和篇章结构等方面可以作出判断。英语教师在引导学生完成一篇小说的反思性阶段时应要求其进行文本分析，要找出具体的语言现象和特点来证实作者的文本风格。以上海外语教育出版社《大学英语》精读第

[1] 金元浦 . 文学解释学 [M]. 长春：东北师范大学出版社 ,1997.

四册第一单元 *Big Bucks the Easy Way* 为例："我"有两个上大学的儿子，他们为了挣点零花钱，在业余时间为报业公司投递广告，并以为能够轻松赚到大钱，结果却发现事与愿违，赚钱不是件容易的事。文章所说的是日常生活琐事，所用的语言平易近人，轻松活泼。但读者会发现占优势的语言设计是作者有意在文中使用"大词"。我们以其中一部分为例。

Another thing she continued. Your college sons must learn that one does not get the best out of employees by threatening them with bodily harm.

Obtaining an audience with son No.1.I snarled I'll kill you if you threaten one of those kids again! Idiot! You should be offering a bonus of a dollar every our to the worker who fills the most bags.

尽管描述的是小孩子们嫌给的钱太少，不乐意为"我"的两个儿子帮忙，结果遭到他们的恐吓这样一件小事，叙述者却说了一句在非常正式的场合下才使用的话语（这样的表达在文中有多处），让读者觉得这样一件小事被以如此一本正经地表达出来，显得非常有趣、生动。同样叙述者本人称呼大儿子为"第一要人"（No.1），并用了"获得接见"（obtaining an audience）这一政治术语来表达他的儿子来接他的电话，可以看出作者的幽默风格：平常小事用"大词"来表示。另外，在文末，作者提到他的两个不懂事的儿子商量靠卖书来赚零花钱以避免伸手要钱的" indignity"，令人忍俊不禁，进一步凸显了作者的幽默。

英语教师在组织课堂教学时，除了帮助学生理解课文的语言疑难点之外，应摒弃传统教学中对作者的风格一带而过的做法，要突出作者的写作风格，全面正确地加以分析，引导学生深入理解作者的语言写作特点，同时也应该注意语言本身的效应，注意它是如何来表现文中的人物和叙述者本人的，要领会语言所带来的反思性阐释含义。

（三）作品主题的分析

在文学作品里，主题是指一部作品要传达的根本思想。在有的文学作品中，主题非常明显，或出现在文本之中，或体现在文章标题里。但在有的文学作品中，其主题的获得需要读者在阅读文本后加以深层次的思考才能获知。无论是长篇小说，还是那些"篇幅短、人物少、情节单一，要以有限的形象画面传达深长的思想意味，揭示生活的本质意义"的短篇小说，一般都有多个主题。在英语教学过程中，应当引导学生总结所学小说文本的主题。

以《大学英语》精读第一册第三单元 *the Present* 为例，小说主要讲述了一位老太太希望在她过 80 岁生日时，她唯一的女儿能来看望她，或者邮寄给她一份可爱的礼物，但最后她的女儿只给她寄来一张支票，这让老人非常失望，她最后撕毁了那张支票。笔者曾通过以下比较引导学生得出主题含义：首先比较老人对两个女儿的看法及其对生日礼物的渴望和收到支票的失望，我们可以看出老人对亲人之爱的渴望；其次，比较邻居朋友们对老人生日的态度和她女儿的态度，我们可以看出她女儿的无情，以及她的做法对老人心灵的伤害。学生根据以上比较可以得出这篇小说的主题：关注老人对亲情之爱的渴望。如果做进一步推论，小说在文末着重刻画了老人收到礼物时的那种失望之情，甚至做出撕毁支票的举动，所以有学生认为作者想要表达的主题是：Money can buy a lot of things but can't buy love. 教师的作用是教给学生欣赏的方法，这比告诉他们结论更为重要。不同读者的阅读经验、人生经历及欣赏水平会有不同，因此会对主题有着不同的看法，英语教师应鼓励学生自己去思考、发掘，得出结论。

（四）人物形象与性格特征分析

小说人物形态大致可以分为三种：扁形人物、尖形人物、圆形人物。简单地说，扁形人物是现实人的艺术抽象，如东郭先生等。他们都限定在单一的思想观念或性格特征的范围之内。尖形人物有突出的特征，如吝啬鬼葛朗台、智慧的化身诸葛亮等。但他们也有常人的心态。圆形人物没有超常的性格特征，酷似生活中的常人、真人。另外，一部好的现实主义作品往往是离不开用人物的行动和真实的细节来刻画性格的。真实的细节是艺术形象（人物、事件、环境）的细胞，它们都是表现典型性格、为典型化服务的不可或缺的艺术手段。

在《大学英语》精读课本中，我们可以发现大部分小说中的人物属于圆形人物，作者通过大量的心理、行动等细节描写，向读者展现一个或数个人物的鲜明特征。在此以第四册第七单元 *The Luncheon* 为例：小说讲述了一位年轻的文学工作者不顾囊中羞涩，在大饭店宴请一位一个劲儿恭维他的中年妇女，这位中年妇女利用他好面子这一点，大吃大喝了一顿。这位年轻人则花光了自己未来一个月的生活费。这篇小说采用了第一人称叙事角度。读者会注意到这两位主人公都没有姓名，但是读者可以发现姓名在这里已经失去了意义。这样的故事可以发生在任何一位爱好面子、不知拒绝的年轻男子和饱经世故、善于社交的中年女子之间。小说的人物形象具有代表性，取得了普遍意义。这也是这篇小说著名的原因之一。在分析这位中年妇人的形象时，学生们都想到了“greed and greediness”。小说用了大量的笔墨来表现中年妇女这一性格特征，她一连吃了鱼子酱、鲑鱼、芦笋、鲜桃、喝了法国葡萄酒，而且这些都是饭店里最昂贵的菜肴。由此可见她的贪婪。毛姆正是运用了人物的行动和真实的细节营造作品强烈的真实感，使读者感到人物的经历是真实的，所作的行动是真实自然的，因而被深深地吸引住。人物的形象之所以具有活生生的艺术生命力而成为不朽的典型，是与其描写的具体生动和刻画的细致逼真分不开的。此套教材中小说文章里的人物形象都比较鲜明，大部分贴近生活原型，因此英语教师可用较少的时间带学生分析清楚。

（五）小说文本的情景欣赏

文学作品中的情景是指故事主人公活动的时间、空间等客观世界和精神世界的信息。故事发生的背景不仅为读者介绍了小说人物的活动空间，也会对读者心理产生一定的影响。故事发生的背景如果是一处风景秀丽、环境幽雅、艳阳高照的情景下和安排在荒郊野外、月黑风高的情景下，会给读者带来不同的期望心理。前者会带来美好的期望，而后者会让读者感到不安。高尔基说：“短篇小说，一切必须写得像浮现在读者面前一般”，要如画家那样“生动地浮雕似的描写人物和事物，要画得像现在就要从画里跳出来一般”。小说的直接目标就是刻画人物、展示环境、表述事件的发展过程，描述种种具体的、丰富多彩的生活图景。因此，在指导学生欣赏小说时，英语教师应注意引导学生注意作者的情节安排，以及它们对小说文本所带来的预示性的深层含义。以《大学英语》精读课本第二册第四单元 *My First Job* 为例，小说描写了一位少年满怀憧憬去谋一份教师的工作，结果却使他非常失望。小说中有这样的描写：

It proved an awkward journey : a train to Croydon station——a ten-minute bus ride and then a walk of at least a quarter of a mile.As a result I arrived on a hot June morning too depressed to feel nervous.

The school was a red brick house with big windows.The front garden was a gravel square ; four evergreen shrubs stood at each other, where they survive the dust and fumes from a busy road.

这里讲述了主人公经过转车再走路才找到学校，天气炎热，学校条件简陋。接下来的事情发生在这一背景情况下。虽然作者在文中未直接表明“我”的失望之情，但读者却在字里行间处处感受到故事主人公的这种感觉：路途极其遥远，交通非常不便，炎热的天气令人感觉不舒服。在对学校的这段白描中，读者可以看出红砖大窗户的学校非常简陋，数棵绿色植物在灰尘和烟雾中挣扎着存活，学校离繁忙的街路不远，可想而知其环境的吵闹、脏。这种以字代画的白描手法在文中处处可见。后面对校长的描写：个儿矮小，身材肥胖，满脸皱纹，头发几乎全无。这并非一个少年心中的仪表堂堂的校长模样。从作者的白描中读者可以看出故事主人公失望的感觉。尽管背景在小说文本中所占的地位不如风格、人物等那么重要，但它会影响到作者对事件的安排，也会对读者产生作用。而“乡土氛围中的女人们——艾丽丝·门罗的《女孩和女人们的生活》和玛格丽特·劳伦斯的《石头天使》中女性生态意识之比较”，通过描述门罗三个作品中女性人物在不同阶段对人生的感悟与理解，展现了女性心理状态及其领悟瞬间，从而让有相似经历的读者尤其是女性读者与作者和作品产生共鸣，同时也感受文字的艺术魅力。[1]

英语教师应引导学生注意这一要素。另外，有些小说有其独特的人文背景，或反映了某个特殊历史时期的人情风俗，英语教师可因材施教，或分析，或比较，也可与同时代中国的文学作品进行类比，进一步深化学生对小说文本中的情景这一要素的理解。

三、小说翻译实践与评析

在上述内容的基础上，本节提供一些经典小说翻译实践，并予以简要评析，以供参考。

原文一：

David Copperfield

Charles Dickens

It made me miserable to hear it and I looked at Mrs.With the utmost sympathy.

“With the exception of the heel of a Dutch cheese which is not adapted to the wants of a young family,” –said Mrs.Micawber, “there is really not a scrap of anything in the larder, I was accustomed to speak of the larder when I lived with

[1] 基金项目：辽东学院青年项目（编号：2016QN039）；项目名称：艾丽丝·门罗和莫言乡土情怀对比研究；作者简介：毛春华，赵红新，女，辽东学院，讲师，从事英美文学研究。

papa and ma ma, and I use the word almost unconsciously.What I mean to express is, that there is nothing to eat in the house."

" Dear me!" I said, in great concern.

I had two or three shillings of my week's money in my pocket from which I presume that it must have been on a Wednesday night when we held this conversation and I hastily produced them, and with heartfelt emotion begged Mrs Micawber to accept of them as a loan.But that lady, kissing me, and making me put them back in my pocket, replied that she couldn't think of it.

"No, my dear Master Copperfield," said she, "far be it from my thoughts! But you have a discretion beyond your years, and can render me another kind of service, if you will; and a service will thankfully accept of."

"I begged Mrs Micawber to name it."

"I have parted with the plate myself," said Mrs.Micawber, "Six tea, two salt, and a pair of sugars, I have at different times borrowed money on, in secret, with my own hands.But the twins are a great tie; and to me, with my recollections, of papa and mama, these transactions are very painful.There are still a few trifles that we could part with Mr Micawber s feelings would never allow him to dispose of them; and Clickett this was the girl from the workhouse." being of a vulgar mind, would take painful liberties if so much confidence was reposed in her Master Copperfield, if I might ask you–"

I understood Mrs. Micawber now, and begged her to make use of me to any extent.I began to dispose of the more portable articles of property that very evening; and went out on a similar expedition almost every morning, before I went to Murdstone and Grinby's.

译文:

大卫·科波菲尔

查尔斯·狄更斯

我听了这个话，心里非常难过，带着极度同情的心情瞧着米考伯太太哭得发红的眼睛。

“食物间里，除了一块荷兰干酪的皮儿以外,”米考伯太太说，“再就一点不错，不论什么，一丁点儿渣子都没有了，干略皮儿，又不是好给孩子们吃的东西。我跟着我爸爸和妈妈一块儿过的时候，用惯了‘食物间’这种字眼儿了，所以这阵不知不觉地又用起这种字眼儿来了。其实我的意思只是要说。我们家一丁点儿吃的东西都没有了。”

“哎呀！这可怎么好呢？”我非常关切地说。

我口袋里的这一个礼拜的工资，还剩下两个或三个先令，因此我认为，这番话一定是在星期三晚上说的。我急忙把那两三个先令掏了出来，真心实意地请米考伯太太收下，当作我借给她的。但是那位太太，一面亲了我一下，一面叫我把钱收回去，说，那样的事是她连想都不能想的。

“我亲爱的科波菲尔少爷，可千万别那样，”她说，“我绝不能用你的钱！不过你这个人，年纪虽然很小，心眼儿可很机灵，你要是肯的话，你可以在另一方面帮我点儿忙，这个忙是我知情知义、情愿接受的。”

我跟着就求她把我能帮的忙说出来。

“我们那几件银器，我都亲自出脱了，”米考伯太太说，“有六把茶匙，两把盐匙和一对糖匙，都由我亲手偷偷地拿出去押了钱了。不过这一对双生儿真是我的累赘。我一想到和爸爸妈妈一块儿过日子的情况，现在叫我亲手把东西都出脱了，心里又非常难过。我们还剩了几件小小的东西，可以出脱。米考伯先生那个人的脾气，是永远也不肯亲自去出脱这些东西的。克里克特，这是从贫民院来的那个女仆，那个人心地粗俗的人，要是我们把这种背人的事儿都交给她办，她就要和我们随便起来，弄得我们都不好受了。所以，科波菲尔少爷，如果我可以问你——”

我现在理解了米考伯太太，我恳求她可以任意使唤我。那天晚上我替她处理了财产里一些较为轻便的小物件。在我去默德斯通和格林比家之前，我几乎每天早晨都替他们同样地跑一趟。

评析：

上述节选自英国作家查尔斯·狄更斯的代表作《大卫·科波菲尔》（*David Copperfield*）。小说中的米考伯太太是一位普通的家庭妇女，虽不擅家计，却吃苦耐劳，对丈夫不离不弃。在米考伯先生背运之时，她仍然坚定地跟随丈夫，生活艰辛，却体现出了生命的经久不息。在对原作进行翻译时，译者多处使用了汉语中的儿化音，如将“the heel of a Dutch cheese”译为“干酪皮儿”，将 the word 译为“字眼儿”。同时，译者采用了一些口语化的词语，如将“a scrap of anything”译为“一丁点儿渣子”，将“parted”译为“出脱”等。这些特色语言的传译使得译文更具表现力，色彩更加丰富，给读者呈现出作为家庭主妇的米考伯太太的形象，使读者获得了与原作读者相同的感受。

原文二：

And his shadow on the border of the pond, was watching for a few moments, then he stooped and groped on the groud.Then again there was a burst of sound, and a burst of brilliant light, the moon had exploded on the water, and was flying asunder in flakes of white and dangerous fire rapidly, like white birds, the fires all broken rose across the pond, fleeing in clamorous confusion, battling with the flock of dark waves that were forcing their wain.The furthest waves of light, fleeing out, seemed to be clamp ring against the shore for escape : the waves of darkness came in heavily, running under towards the centre.But at the centre, the heart of all was still a vivid, incandescent quivering of a white moon not quite destroyed, a white body of fire writhing and striving and not even now broken open, not yet violated.It seemed to be drawing itself together with strange, violent pangs, in blind effort.It was getting stronger ; it was reasserting itself, the inviolable moon And the rays were hastening in thin lines of light, to return to the strengthened moon, which shook upon the water in triumphant resumption.

Birkin stood and watched, motionless, till the pond was almost calm, the moon was almost serene.Then,satisfied of so much, he looked for more stones. She felt his invisible tenacity And in a moment again, the broken lights scattered in explosion over her face, dazzling her ; and then, almost immediately came the second shot.The moon leapt up white and burst through the air darts of bright light shot asunder, darkness swept over the centre.There was no moon, only a battlefield of broken lights and shadows, running close together.Shadow, is dark and heavy, struck again and again across the place where the heart of the moon had been, obliterating it altogether.The white fragments pulsed up and down, and could not find where to go apart and brilliant on the water like the petals of a rose that a wind has blown far and wide.

Yet again, they were flickering their way to the centre, finding the path blindly, enviously.And again, all was still, as Birkin and Ursula watched.The waters were loud on the shore.He saw the moon regathering itself insidiously, saw the heart of the rose intertwining vigorously and blindly, calling back the scattered fragments, winning home the fragments, in a pulse anti in effort of return.

译文：

看到伯金站在池塘边伫望了许久，又弯下身子在地上搜寻着。随后又是一声爆响，明亮的月光在水面上爆开了，击裂成一束一点的危险的白光，四散开来。白光如同振翅疾飞的一群白鸟，碎裂、飞升，跃过池塘，在喧闹混乱中四散而去，同涌上前来的大块大块暗夜的浪潮争斗着。跑得最远的光浪像是急着逃走的溃兵而闹闹哄哄地冲击着堤岸，暗夜的潮头沉甸甸地向下压过来，从下面朝池塘中心压去。而在中心处，在一切的中心处，那轮闪亮的明月却仍活生生地颤动着，它并没被彻底毁坏，还是一个白光的躯体，在扭动着，争斗着，甚至根本不曾裂开，没有受到玷污。它像是在出奇的剧痛中不顾一切地要努力把自己再聚到一起来。它愈来愈强健了，在表明自己是不容侵略的月亮。一缕缕纤细的光丝又在急匆匆地收聚起来，回到恢复了力量的月亮身上。明月在水面上摇荡着，又洋洋自得地恢复原样了。

伯金毫无声息地立在那儿望着，直到池水又平静下来，月亮又变得那样宁静安详。他感到十分满意，又在找石头。厄秀拉看出了他内在的不易觉察的执拗来。稍过片刻，击碎的光点在爆裂中飞到他的脸上，使他不知所措。随即接踵而来的是第二次打击。皎洁的月亮蹿了起来，弹向空中，亮晶晶的光芒箭也似的震荡开来，黑暗掠过了池塘中心，月亮没有了，只留下一片破碎光里的战场，它们涌来荡去地缠结在了一起：漆黑凝重的阴影一次又一次扑打着冲过池塘中心，把原先月亮所在的地方涂抹得漆黑一片。白色的光片起伏跃动着，不知何去何从，在水面上光闪闪地分散开来，活像白瑰花瓣在一阵风中被吹得四处飘零。

然而它们却又一次朝中心聚集起来，妒火中烧地胡乱找寻着路径。一切复又平静下来，伯金和厄秀拉都在注视着。水拍堤岸发出喧闹的声响。伯金眼见明月又狡诈地重聚成一团，白玫瑰的中心又生机勃勃、漫无目的地缠成了一堆，召回了四散的碎片，在回返的冲动和努力中使碎片归了位。

评析：

上例原作中厄秀拉的名字蕴涵有特殊的意义。在古代，“Ursula”是一个基督国王的女儿、一位基督教会的圣徒，其喻义可追溯到斯瓦比亚的月亮女神和古埃及的自然女神伊西斯的传说中。显而易见，在劳伦斯的意图中，Ursula 就是月亮的化身，一个完全独立、有个性、有信仰的个体，一个可能反抗男性权威的女性。从译文来看，译者对“Ursula”所负载的西方传统文化意义是了然于心的，因此他很贴切地将厄秀拉的角色暗示与月亮、自然意象紧密相融，通过对场景寓意的精确理解与翻译，烘托出伯金的心理情状——一种男人对女人权威根深蒂固的憎恨与恐惧之情。环境描写不仅仅是作为陪衬，而是与作者要表达的情感、思想、主题丝丝入扣，有助于译者对原作隐含的文化意义的确切把握，读者能从景物的气氛渲染里更深刻地领悟文本。

第七章　英语教学与诗歌的融合

诗歌蕴含着丰富的社会生活信息，无论是诗歌的语言艺术特点，还是文化内涵都体现了其多元性与复杂性，将英语教学与诗歌进行有效的融合是一种非常好的教学方法，其中有着丰富的教学资源潜力可以挖掘。现阶段，英语诗歌在我国的英语教学活动中还未得到充分的利用与有效的开发，如能结合学生现有的实际学习情况将教学活动与诗歌进行有效的融合，就可以促进学生英语学习能力与英语文化素养的全面提升，使他们在参与学习活动的同时体会诗歌的艺术特点，为学生创造更多的语言实践契机。诗歌是语言艺术的精华，它不仅语言凝练、韵律感强、意境优美，而且渗透了大量的英语语言文化内容和人文底蕴，是不可缺少的教学资源。教师在开展教学活动的过程中选用合适、地道的英语诗歌进行教学，对于提升学生的英语综合素养有着积极的促进作用。英语诗歌教学对于培养新时代的英语复合型人才有着积极的、不可或缺的重要作用。然而由于各种因素，使得这一方面的教学无法满足实际需要而取得较好效果，在解读其现状的同时，当务之急是理清英诗教学的本质和特点，构设有益可行的教学思路，增强教学效果。

第一节　诗歌综述

一、诗歌的基本特征

在人类漫长的文学创作和接受史中，诗歌一般被认为是最早的文学形式。作为欧美文学发端的二希文学源头（古希腊文学和古希伯来文学）中较早的文学经典，《荷马史诗》《工作与时日》均是以诗歌的面目盛行于世的，其中或是叙事，或是抒情，但都在形式上追求语言的音的和谐。在中国也是如此，中国最早的诗歌总集《诗经》大约成书于西周初年至春秋中叶（前1046—前620），但实际上这一轻便自由并且可与多种艺术形式相结合的文学样式自身的起源可以追溯到更早的时期。在原始氏族的集体生活中，在占卜问神、祭祀祈福时就需要在仪式中默念一些文字，这可以说是广义上诗歌较早的存在形式。中国早期的诗歌最初是用以吟唱的，相传孔夫子在开坛讲学时所使用的《乐》（六艺之一）就是针对《诗经》所写的曲谱，后来，《乐》的失传使得《诗经》的音乐表现成为一种推断（如因为要辅以舞蹈，就被猜测可能配乐舒缓），儒家“六艺”也就成了后来的“五经”。到了唐天宝时期，胡人宴乐的传入使得诗歌创作再次与音乐紧密结合，形成了“词”这一特殊的诗歌形式。到了宋代，随着勾栏瓦舍的兴起，“词”的创作蔚为大观。以上可以说是诗歌的艺术发生基础。

诗歌相较于其他文学体裁而言，具备以下几个基本特征。第一，诗歌具有高度集中的艺术概括力，这反映在创作上即是对真实生活高度集中地表现和语言的高度凝练。在对生活的真实概括上，余光中先生的《乡愁》，以邮票、船票、坟冢串联起一个海外游子的一生，寥寥数笔凝练人一生境遇。又如汉乐府，“十五从军行，八十始得归”。贺知章《回乡偶书》：“少小离家老大回，乡音无改鬓毛衰。”都是简约的诗句记录漫长的人生经历，而在语言的凝练性上，20世纪七八十年代的朦胧诗，如顾城的《一代人》，只用两句话就勾勒出经历过“文化大革命”的一代人的精神实质，又如北岛的《生活》只用了一个字——网，将诗歌语言的凝练性发挥到极致。第二，诗歌有着浓重的抒情气息。不同于散文的名士清谈、小说塑造形象、戏剧表现冲突，诗歌更有助于通过凝练精粹的语言表现作者的主观情感，普希金的《致大海》、拜伦的《雅典的少女》，以及郭沫若在1921年收录于诗集《女神》中的作品，都可以说是抒情诗中的代表作。第三，诗歌有着丰富而又大胆的艺术想象。西方现代派诗歌往往以古代神话和宗教传说作为自己创作题材的来源，如英国诗人托马斯·艾略特的长诗《荒原》就涉及佛陀净火和北欧神话，法国诗人波德莱尔的诗集《恶之花》则将艺术想象抽象成丑附事物，从恶中去发掘美。郭沫若《凤凰涅槃》《天狗》也可说是这类诗歌的中国化体现。第四，诗歌重视语言的音乐性。正如前文所言，诗歌在产生伊始就是和乐而歌的，所以在表现形式上，诗歌在平仄、韵脚、音尺、音步上都有自身的要求，而当诗歌脱离曲调成为独立艺术形式之后，历史当中的知名诗歌作品也往往被重新与音乐组合而谐曲吟唱，如王维的《城曲》就被唐代教坊乐工改写成《阳关三叠》，而拜伦的知名情诗《雅典的少女》则被多次谱曲在欧洲多国传唱不衰。

二、诗歌的类型

诗歌的类型划分因标准不同而形式各异，基于不同的表达方式，可以将诗歌划分为叙事诗和抒情诗，前者诸如古希腊的《荷马史诗》、北欧的《贝奥武甫》、拜伦的《恰尔德·哈罗尔德游记》，乃至中国藏族的《格萨尔王传》，重在以韵文的形式讲述故事；后者像雪莱的《西风颂》、徐志摩的《再别康桥》、普希金的《致大海》、舒婷的《致橡树》等，重在以音乐般的文字表述、传递感情。基于不同的创作主体，可以将诗歌划分为民间诗（民歌）和文人诗，以中国诗歌为例，《诗经》中的“国风”，就是对中原“雅正之地”以外的民风民谣的记录，《伐檀》《硕鼠》几篇是劳动人民心声的真实体现，这些诗篇的创作者本身并不以文学创作为自身的主要诉求，而是在劳动间歇以诗歌排遣心绪、聊以自娱，而文人诗则是在士大夫阶层出现后，知识分子用以言志、感时的专门形式，中国较早的文人诗可以追溯到南朝昭明太子萧统的《昭明文选》中选录的“古诗十九首”，这些诗篇虽然有文无题，但在创作水准上却均已超越了民间创作的范畴。最后，基于不同的创作体制，诗歌可以划分为古诗（包含古体诗、近体诗），以及白话新诗。

白话新诗是相对于古诗而言的一种诗歌体制，在探讨现代白话新诗之前，明确古诗的体制格律也是赏析现代诗的理论前提。一般而言，学界将五四新文化运动之前的中国诗歌创制笼统地称为“古诗”。广义上的古诗，包含了所有韵文创作，亦包含词与散曲；狭义上的古诗，则是只包含“五四”之前的诗歌创作。古诗按照体制的不同，仍可分为古体诗与近体诗。两者的区分可以从两个维度上展开，从历史维度上看，古体诗是指唐之前的诗歌创作及其形式规范，其“古”在于“先唐”，近体诗也称今体诗，则是指在唐朝兴起的格律规范，其“今”着眼有唐以来，然而，不可以说唐以后的诗歌就全是近体诗，实际上，唐朝人古体诗创作也是蔚为大观的。

古体与近体的主要区别其实是在形式维度，近体诗可分为律诗和绝句，律诗分为首、颔、颈、尾四联八句，其中颔联和颈联要求对仗严格，如王勃的《送杜少府之任蜀州》：“城阙辅三秦，风烟望五津。与君离别意，同是宦游人。海内存知己，天涯若比邻。无为在歧路，儿女共沾巾。”而绝句也可以称截句、断句，仿佛是一首律诗从当中被截断了，故而只有双联四句，如杜甫的《绝句》："两个黄鹂鸣翠柳，一行白鹭上青天。窗含西岭千秋雪，门泊东吴万里船。"近体诗实际上在格律上形成定制，即文有定句（四联八句，或者双联四句），诗有定格（全诗押韵，并且律诗颔联、颈联要严格对仗，绝句至少有一联对仗），且无杂言（每一诗句的字数是固定的，唐朝一般七言或五言），正是在这一意义上，近体诗也可称格律诗。相较之下，古体诗在格律上要自由的多，首先是文无定句，如张若虚的《春江花月夜》有三十六句，白居易《长根歌》则有一百二十句，进而，唐人常常写古体诗来叙事；其次是诗无定格，亦即对于对仗押韵要求不高；最后是兼有杂言，亦即会打破五言、七言的言数限制，如李白的《梦游天姥吟留别》："安能摧眉折腰事权贵，使我不得开心颜"杜甫《茅屋为秋风所破歌》："安得广厦千万间，大庇天下寒士俱欢颜。"

第二节　诗歌文本赏析

一、诗的内外形式

（一）诗的外形式

诗歌的外形式，是指它呈现于我们面前的可直接感知的语言组合形式。如果从这一个层面对于诗歌的文本特质作一个最简单的概括，可以说，诗歌其实就是一种能够给读者某种特殊的视觉感受和听觉感受的文本样式。所谓能给读者提供特殊的视觉感受、听觉感受，主要是指诗歌在句式上和音韵上的特点，视觉上分行排列，句式整齐，听觉上则合辙押韵，抑扬顿挫，节奏分明，合于音律。这是仅凭我们的感觉就可以直接把握的特点，也是从外形式上将诗歌文本与其他文本样式区别开来的一个最显著的外在特征。

（二）诗的内形式

诗的内形式，是指与诗的外形式相融合的，使诗情、诗意、诗味得以感性显现的表情形态。具体说来，即诗的意象、意境、象征、隐喻等。因为仅仅具有诗的外形式其实还不能算是诗，决定诗之所以为诗的内在特质，是诗情、诗意、诗味。换句话说，诗之所以为诗，是因为诗歌借助语言抒发的是诗人真挚浓烈的情感，传达的是诗人对自然、人生的深切体会和对人生真谛、美的真谛的诗意发现。正是这些内在特质，决定了诗所具有的品格，即能够唤起我们相应的情感体验，使我们在诗情、诗意、诗味的品味中得到人生的感悟和启迪，并由此获得更加深刻的审美愉悦。假如缺少这种品格，即使文本语言分行排列、句式整齐且合辙押韵，它也只能被称为韵文而不是诗。

诗的内在特质既决定了其外形式的形态，也决定了其内形式的形态。就其外形式而言，诗的句式整齐、合于音律的语言组合形式，本身就是传达诗情的需要。而就其内形式而言，诗须以意象、意境、象征、隐喻等作为自己的表情形态，这更是由诗的内在特质所决定的。诗要传达的诗情、诗意、诗味，来自诗人对生活、对人生的独特体验，是诗人对于人生真谛的发现。因此，这些内容也往往是独特的、微妙的，可意会而不可言传的。正是这种对于不可表达的表达，要求诗有自己独特的表情形态，这也就相应地形成了由意象、意境、象征、隐喻等构成的诗的内形式。在诗歌文本中，诗人当然可以直抒胸臆，直接表达自己的情感和心志。但一般来说，诗要唤起读者相应的情感体验，也需要将抽象的情感具象化。诗人或托物言志，或借景抒情，使内心情感与足以唤起诗人这份情感的外物交汇融合，最终将幽玄缥缈的诗情，心物交融、情景相生的意象和意境，熔铸为具有强烈暗示性、隐喻性的形象，使诗情得以感性显现。

诗人要通过诗内形式的熔铸来完成情感传达，也相应地形成了诗歌语言内在的独特性。诗歌语言的独特性，从外部看，主要体现为它给读者特殊的视觉感受和听觉感受，体现为它的精美巧丽。正如我们从诗的外形式观察到的，诗歌语言是一种精心加工过的语言，不仅集中体现了文学语言的整齐美、抑扬美、回环美，而且比其他文本样式的语言更加文雅精巧。从内部看，诗歌语言的独特性则主要体现为它对语言常规的偏离。诗歌语言自然也要遵循一般规则否则，它将不能被读者接受。但在遵循一般规则的同时，它更显示出一种突破日常语言习惯的倾向，如诗歌要求高度凝练，就必然会出现其在语言表达上的跳跃和省略；如因为音韵上和格律上的要求而在句法上打破常规，出现语序的颠倒、语词的错位；等等。

二、诗歌赏析

从上面对于诗的外形式和内形式的观察，我们大体可以知道一些解读诗歌文本的基本规律。概括起来说，对于诗歌文本的解读，自然应该是从它的外形式入手，进而进入对其内形式的把握，最终达于对其所传达的诗情、诗味的领悟和玩味。要说明的是，对于诗情、诗味的领悟虽然是我们解读诗歌文本的最终目标，但在具体解读过程中，对诗的外形式上体现出来的诗歌文本的独特性和审美性也并不能忽略。从诗的外形式获得对于诗语的美的感受，也是必然我们从读诗中获得审美享受的一个重要层面。从这一角度看，读诗一定是“读”也即“吟诵”。吟诵不仅是我们真切感受诗歌语言的美所不可缺少的环节，而且也是我们进入审美思维过程因而顺利进入诗歌审美情景之中不可缺少的环节。

我是一条小河

冯至

我是一条小河
我无心从你的身边流过，
你无心把你彩霞般的影儿
投入了河水的柔波。
我流过一座森林
柔波便荡荡地
把那些碧绿的叶影儿
裁剪成你的衣裳。
我流过一座花丛
柔波便粼粼地
把那些彩色的花影儿
编织成你的花冠。
最后我终于
流入无情的大海
海上的风又厉，浪又狂，
吹折了花冠，击碎了衣裳！
我也随着海潮漂漾，
漂漾到无边的地方；
你那彩霞般的影儿

也和幻散了的影儿一样

1925 年

赏析：

冯至，1905 年生。主要作品有诗集《昨日之歌》《北游及其他》《十四行集》等。

冯至是沉钟社的诗人，早期诗作以格调幽婉、韵味浓烈著称。写于1925 年的《我是一条小河》，便是这样一首抒情诗。全诗采用以人拟物的手法，把“我”比作柔波微漾的“小河”，然后以“我”流过森林、流过花丛和流入大海的途程为抒情线索，委婉地表达出对恋人一往情深的忆念和不可改易的情意，于哀愁中见执着。

“我是一条小河，我无心从你的身边流过，你无心把你彩霞般的影儿，投入了河水的柔波”，诗借“小河”“影儿”之间自然的联系，写出两心的相印相随，构思十分新颖，营造出优美的意境，还带有一点儿情节性。诗人遣词用字很有功力，两个“无心”的副词把“小河”和“影儿”之间自然、和谐的感情表现得神味悠悠；“荡荡地”“粼粼地”与后面无情的厉风、狂浪构成强烈对比，极富感情色彩。诗人能使情感与意象交替，又颇富哲理，无心与有情，偶然与必然的遇合，自然有致，而诗中蕴涵着的忧郁与难言也就潜隐地浸入人心了。

第三节　英语诗歌教学

一、诗歌翻译的基本原则

在诗歌语言特点的影响下，诗歌的翻译对译者提出了一定的要求。译者需要遵循科学的原则并采用更加审慎的态度进行诗歌翻译。本节就对诗歌翻译的基本原则进行总结。

（一）音韵美原则

由于诗歌具有音韵和谐、节奏明快的特点，因此在翻译过程中首先需要体现诗歌的音韵美。这就是说，译者需要在汉语语言规则的指导下，尽最大努力体现原诗的节奏与韵律，使汉语读者也能感受到原诗的音韵美。现代汉语的基本节奏单位是“顿”或“拍”或“音组”。这样，要使诗行节奏获得与原诗尽可能相似的效果，主要用汉语的顿（拍、音组）来代替英诗的音步，从而达到译文与原诗在音步数量上最大限度的对等。格律体译诗要求保持或大体保持原诗的韵式用顿（拍、音组）代替音步以保持原诗的韵式。翻译实践中存在着比较复杂的情况，因而对节奏或韵式的某些变通、破格或灵活处理都是可以容许的。例如：

Shall I compare thee to a summers day
But thy eternal summer shall not fade
Nor lose possession of that fair thou ow'st
Nor shall death brag thou wonder'st in his shade
When in eternal lines to time thou grow'st
So long as men call breath, or eyes can see,
So long lives this, and this gives life to thee.

你永恒的夏季永不凋零，
而且常把你的美艳保存；
死神难夸你踏它的幽影，
全因永恒的诗和你同春。
天地间能有人鉴赏文采，
这诗就流传就教你永在。

上例为莎士比亚的 Sonnet 18，这是一首十四行诗，因此每行都为五音步，同时每个音步包含两个音节。原诗的韵律是 efef，gg。原诗最后两行是对偶句，起到了总结全诗的作用。分析出诗作的特点，译者就可以采用五音步进行表达。译者采用和原诗相同的押韵形式，从而在最大限度上遵循了音韵美原则。

（二）意象美原则

意象是表达诗歌主题与感情的重要承载物，因此进行诗歌的翻译时，需要译者认真揣摩原诗意象，遵循意象美原则。由于英汉两种语言形式在语言使用习惯方面存在很大差异，加上思维、文化等的影响，因此诗歌中意象的使用也不尽相同。此时，译者若想完全还原英语诗歌意象是不太可能的，这就需要其对译文进行灵活调整与修正。例如：

You do not do, you do not do

Any more, black shoe
In which I have lived like a foot
For thirty years, poor and white
Barely daring to breathe or Achoo
(Sylvia Plath: *Daddy*)
你再也不要，再也不要这么做
黑色的鞋子
我像只脚，关在里面
苍白、可怜、受三十年苦
不敢打喷嚏，气不敢出。

在上面的诗作中，诗人将自己的父亲比作“黑色的鞋子”，将自己比作关在鞋子里面的一只“苍白”的脚。虽然这种意象在正常的思维形式下很难被人接受，但这也正是这首诗的独到之处。因此，译者在翻译时保留了原诗的意象，因此会带给读者一定的玩味空间。

二、诗歌翻译实践与评析

在众多文学体裁中，诗歌的翻译是最困难的，有“诗不可译”之说，因此对译者的要求也最高。诗歌翻译的困难性指的是诗歌的音韵和美感很难被传译出来，并不是说诗歌不能翻译。为了提升诗歌翻译的质量，更好地翻译出原诗的内涵与意境，在翻译之前，译者应该注意以下几个方面的内容。

（一）了解诗的内涵

了解诗歌内涵是进行诗歌翻译的首要步骤。译者需要抓住诗歌的主题，了解诗中所包含的意象及其背后的含义。可以说，对诗歌内涵的了解是忠实、准确传达原作意蕴的前提。

（二）要具有丰富的想象力

诗歌通常是诗人发挥想象力、使用形象性的语言创作而成的。因此，要想译出原诗的意象，译者也应具有丰富的想象力，从而可以进入诗人的想象情境，领会其中的意境。

（三）理解原诗包含的感情

诗歌的语言往往具有强烈的感情色彩，诗人借助生动的语言将心中的情感抒发出来。因此，译者只有怀着与诗人相同的感情，使用动情的语言，才可能忠实地传递原作的感情。

在把握上述几个要求的基础上，译者应采取一些恰当的翻译方法，提高翻译的效果。

在翻译诗歌时，阐释性翻译是一种常用的翻译方法。阐释性翻译除了要保持原诗的形式之外，还强调对原诗意境美与音韵美的保留。在意境美方面，要求译诗与原诗一样可以打动读者。意境美的传达通常涉及以下几点：

第一，再现原诗的物境，即诗作中出现的人、物、景、事。

第二，保持与原诗相同的情境，即诗人所传递的情感。

第三，体现原诗的意境，即原诗歌诗人的思想、意志、情趣。

第四，确保译入语读者获得与原文读者相同的象境，即读者根据诗作的“实境”在头脑中产生的想象与联想之“虚境”。[1]

在音韵美方面，要求译作忠实地传递原作的音韵、节奏及格律等所体现的美感，确保译文富有节奏感、押韵、动听。在采用阐释性翻译方法时，译者要注重其所面临的语言与文化方面的问题，译者应尽可能地在新的语言中重新创造与原作基本对等的作品。例如：

Ode to The West Wind

Percy B.Shelley

O wild West Wind，thou breath of Autumn's being
Thou，from whose unseen presence the leaves dead
Are driven，like ghosts from an enchanter fleeing
Yellow，and black，and pale，and hectic red
Pestilence-stricken multitudes thou
Who chariotest to their dark wintry，bed
The winged seeds，where they lie cold and low
Each like a corpse within its grave，until
Thine azure sister of the Spring shall blow
Her clarion o'er the dreaming earth，and fill
（Driving sweet buds like flocks to feed in air）

[1] 张保红．文学翻译［M］．北京：外语教学与研究出版社，2010:94.

With living hues and odors plain and hill:
Wild Spirit, which art moving everywhere
Destroyer and preserver; hear, oh, hear!

西风颂

可，狂野的西风，你把秋气猛吹，
不露脸便将落叶一扫而空，
犹如法师赶走了群鬼，
赶走那黄绿红黑紫的一群
那些染上了瘟疫的魔怪
可，你让种子长翅腾空，
又落在冰冷的土壤里深埋，
像尸体躺在坟墓，但一朝
你那青色的东风妹妹回来，
为沉睡的大地吹响银号，
驱使羊群般的蓓蕾把大气猛喝，
就吹出遍野活色，处处香飘。
狂野的精灵！你吹遍了大地山河，
破坏者，保护者，听吧——听我的歌！

在本例中，译者对原诗的翻译采用了阐释性翻译法，从形式、意境、音韵方面与原文效果几乎相同。

第八章　英语教学与戏剧的融合

戏剧是借助文学、音乐、舞蹈、美术等艺术手段塑造舞台形象，揭示社会矛盾，反映社会生活的一种综合性的舞台艺术。文学史上讨论戏剧，一般仅指戏剧文学，即剧本——戏剧的文本形式，但作为综合性的艺术形式，戏剧的多种表现手段之间是有机统一的。中国古典戏剧与古希腊戏剧、印度梵语戏剧通常并称为世界三大古老戏剧。中国戏剧历史源远流长，它是伴随着中华民族的发展而发展的。戏剧就是人生，在戏剧的舞台上，我们欣赏着不同的角色、品味着不同的人生。欣赏戏剧就是欣赏人生，感悟戏剧也就是感悟人生，我们应该把戏剧的舞台当作是人生的舞台，在追溯戏剧的渊源、探求戏剧魅力的过程中去理解人生、感受人生。将戏剧融入英语课堂之中。一方面可以使学生在相互合作的同时培养良好的合作精神，另一方面还可以提升他们的英语交际能力及综合运用水平。

第一节　戏剧综述

一、戏剧的形成与发展

中国戏剧艺术的渊源可以追溯到上古时代的祭祀仪式，这些祭祀仪式里广泛运用的拟态装扮的歌舞表演，便是戏剧的原始形态。人类进入阶级社会以后，原始社会中的祭祀仪式逐渐发展成为一种统治阶级大型的国家祭祀活动，统治者们在郊外或庙堂之上祭祀祖先和神明，这种祭祀活动与原始的祭祀活动相比，不但要歌唱颂词，而且要配合舞蹈。它同样包含着象征和拟态的表演成分，体现了戏剧萌芽时期的状态。春秋战国时期，祀神、娱神的歌舞逐渐演变成娱人的歌舞，这时在宫廷中出现了十分活跃的专门供人娱乐的优戏活动，出现了专职艺人——优人，优人也称倡优或俳优，可谓是中国最早的艺人。西汉建立后，百戏开始盛行，在我国的戏剧歌舞中，它是最初被称之为“戏”的，百戏也称“角抵戏”，主要以竞技为主，吸收了许多杂技在内，大多来自西域和民间，系以两人角力角技兼演故事。南北朝时期，出现了“拨头”“代面”“踏摇娘”“参军”等具有一定故事内容和战斗意义的表演艺术形式。从原始社会开始至唐朝初期，中国的戏剧长期处于初级形态，满足于片段与零散的模拟表演带给人们的快感和欢乐，表演的形式一般比较短小，内容大多是世俗活动中的一个场面或一个短小故事的重现，穿插以歌舞调笑，以娱乐为宗旨，通常不能调动人们深层次的情感，虽然它为我国戏剧的形成准备了良好的条件，却始终没有发展成为真正的戏剧。

中唐以后，我国的戏剧艺术开始形成。唐代在我国历史上是十分繁盛的时期，当时各种艺术都获得了高度的发展，它们从各个方面推动了戏曲的诞生。参军戏以至歌舞戏到了唐代逐渐有了艺术融合的趋势，开始不同程度地吸收小说、诗歌、舞蹈、讲唱、咏语、表演、音乐、武艺、杂技、美术等种种艺术因素，开始用综合技艺来表现人物和故事情节，这种多种艺术综合为一体的形式为“戏”与“曲”的结合开了先河。

宋金时代，中国古典戏剧在唐代的基础上更是获得了长足的进步，宋代杂剧、金代院本和讲唱形式的诸宫调无论从乐曲、结构到内容都为元杂剧的繁荣打下了坚实的基础。宋代的杂剧和另一种盛行于宋元的南戏的演出体制和音乐体制都不同于汉唐时期的初级戏剧，它们能够比较纯熟地运用诗、歌、舞的综合舞台形式来展现完整的故事情节和比较复杂的场景，使中国戏剧表演从滑稽荒唐的简单小戏进入到结构完整以歌唱为主的正剧大戏的转变过程。元代，杂剧在原有基础上大大发展，成为一种新型的戏剧，它将宋杂剧、金院本和宋金诸宫调等融合在一起，形成了一种完整的戏剧形式，同时它在唐宋以来话本、词曲、讲唱文学的基础上形成了成熟的文学剧本，具备了戏剧的基本特点，标志着我国戏剧进入成熟阶段，同时使元代成为中国戏剧发展史上的高峰时期。

元杂剧的繁荣还表现在出现了大批的作家和作品上，当时有姓名可考的杂剧作家有八十余人，见于书面记载的作品有五百余种，这些作品全面而深刻地反映了元代社会生活的面貌，在当时产生了广泛的影响，其中有许多优秀作品，已成为我国珍贵的文化遗产。产生于南宋的南戏在元初时由于北方杂剧南下而一度趋于衰落，但到元末时，南戏吸收了杂剧的一些优点，又重新兴盛起来，这一时期最著名的南戏作品是高明所创作的《琵琶记》,《琵琶记》在文学史上有较大的影响，它不仅振兴了南戏，而且还促进了南戏的进一步发展。另外,《荆钗记》《白兔记》《拜月亭》和《杀狗记》是元末明初风行舞台的四部南戏，同时因为他们是在南戏向传奇过渡时期产生的作品，因此也被称为“四大传奇”。在中国戏曲文学史上，传奇创作是继杂剧创作之后的又一座高峰，涌现出了千余名作家、数千部剧本，其数量之多、范围之广、成就之大都是空前绝后的。明代中叶到明末清初是传奇发展的黄金时期，在这一时期，传奇创作出现了三个高潮。第一个高潮是在嘉靖年间，以《宝剑记》《鸣凤记》《浣纱记》这样具有现实主义内容的传奇作品为标志；第二个高潮是万历年间，以汤显祖“临川四梦”(《牡丹亭》《紫钗记》《南柯记》《邯郸记》)为标志；第三个高潮是明末清初，以李玉为首的苏州派作家的出现为标志。

清代戏剧是在明代戏剧的基础上发展起来的，也取得了很高的成就。清初剧坛，承晚明戏剧高度繁荣之余波，戏曲创作的高潮进一步向纵深发展。以吴伟业等为代表的文人化剧作家，往往是借剧中的故事和人物，抒发个人怀才不遇的苦闷，寄寓国破家亡的哀思，他们以文字为剧，以才学为剧，案头化倾向严重。以李玉为代表的苏州派剧作家，关注社会政治，紧贴现实生活，注重舞台的表演性和戏剧性，开创了戏曲创作的新局面。戏剧艺术家李渔重视戏剧的本体价值和娱乐作用，专演才子佳人的故事，对我国喜剧艺术的建构作出了重要贡献。康熙年间，洪昇的《长生殿》和孔尚任的《桃花扇》是两部传奇杰作，它们“借离合之情，写兴亡之感”，在思想上和艺术上都代表了清代戏剧的最高成就，洪昇和孔尚任也被称为清代剧坛上的“南洪北孔”。清代中期，是戏剧创作从元明以来的兴盛繁荣走向衰落的重要转折阶段。就戏剧发展的总体趋势而言，杂剧、传奇已经走完了它们的历史行程，取而代之的是植根于民间的地方戏曲。多部地方戏的蓬勃发展和京剧的兴起，标志着中国戏曲艺术进入了一个新的历史阶段。

二、戏剧情节构架

戏剧则是假想的空间。它将并不存在的东西展现出来给人看，仿佛真的存在一般。柏拉图将这种表现形式与记叙文中的表现形式区分开来，这是演员对一连串虚构情节的模仿，他们的行为反映出他们在面对这一事件的反应。情节是戏剧的核心，词源学（形容词戏剧源自希腊动词 dran，意思是做，行动）使人想到戏剧是模仿做着某事的人的表演形式。亚里士多德谈到悲剧时，写道这是对一种具有高级的完整特征的情节的模仿，而模仿是由活动的人完成的，而不是依靠记述。因此，戏剧创作试图让人觉得一个个情节真实地在人们眼前发生，或者就像布莱希特所说，它自认是一个制造虚构的人工系统，戏剧不会讲出来，而是展现出来。它是一个活动的小说。

我们可以将戏剧文本所体现的组织结构分为三个等级：戏剧故事结构、故事情节结构及剧情结构。戏剧故事反映了构成整个故事的事件的总和；故事情节指人们在舞台上所看到的一出戏所反映的故事情节；剧情则是描绘这些将事件串联起来的特有的线索。

（一）戏剧故事

Fabula 一词源自拉丁语，这一词总的来说指的是构成作品叙述成分的一连串事件（《罗贝尔词典》）。在希腊戏剧中，戏剧故事总是坚持取材于早于戏剧作品并为观众所熟知的神话故事。亚里士多德将其称为完美的集合，它是剧作家获取灵感的素材。古典时期，作者们仍然使用这个词表示戏剧主题的神话故事源泉。自 18 世纪起，戏剧故事就带有一种不同的词义。它作为一出戏剧所讲述故事的特殊结构而出现，它反映了作者阐述主题所运用的个人方法，“带有诗人某种意图的整个虚构组成了戏剧故事”。莱辛写道：这个词指的是一出戏剧中表现的一系列的事件。戏剧故事不再为了成为一种叙述结构，而要将来自集体的记忆转为有形之物。作者的虚构体现在叙述的安排中。在布莱希特看来，这一看法又有了新的含义。戏剧故事创作，就是将一出戏剧所讲述故事的看法及对相关历史（从马克思主义视角来看）的看法呈现出来：戏剧故事是戏剧演出的核心。人物间所发生的各种事情中，它难道不能将所有可供讨论、批评、转换的东西释放出来吗？戏剧的伟大成就就是戏剧故事，它是所有表演方法的总和，包含了所有信息，并会引发公众乐趣。

戏剧故事不局限于构成故事框架的历时顺序，而成了一种被分割的结构，可提供一个复杂的能指整体，还没有注意到“所讲故事的矛盾性”（布莱希特），戏剧故事明确指出了妨碍故事情节连续性的矛盾。例如，在《有勇气的母亲》中，母亲这一人物就陷入了矛盾之中，她一方面试图与战争作交易，另一方面又不愿让自己的孩子参与其中。所有参加演出的人合作设计了这一戏剧故事，将情节的矛盾和它的前景彻底展现出来。

戏剧的任务是阐明戏剧故事，并将其意义以一种适当的间隔效果手法传递出去。依靠整个戏剧演员、美工、化妆师、服装师和编舞者阐明创作并展示出来。所有人都把自己的艺术投入到这项共同事业中来，而并不因此而丧失了自身独立性。

戏剧故事的概念，无论它是反映文本的所指，还是已涉及了文本的所指，总之就是一切所谈作品的叙述面。对于想知道文本说了什么的读者，以及必须确定演什么的导演来说，对戏剧故事的把握成为戏剧分析的必要起点。这项戏剧故事的定位工作要求有严格的研究方法。通过一连串情节来展现文本讲述的内容，即重新组织所展示的事件，而不能强调某一观点；应该避免一切带有偏见的阅读，以及如在斯卡纳瑞尔或唐·璜的观点间进行选择来找出莫里哀的《唐·璜》的故事，为这些事件建立一份严格的编年表（时间表）是确定戏剧故事的有效办法，只要区分开真正组成情节的部分与反映情感与人物语言的部分即可。有时仍然需要戏剧故事的存在，但是现在某些作家不再把文本建立在叙述层面上。贝克特的《终局》中的人物因假设自己能够“指代某物”傻笑。自此，戏剧故事的观点被冲淡了。米亚娜《财产清单》中的三个女人围绕某些日常家庭物品的自言自语组织起来，通过把不相干的因素交织在一起组成一出表现孤独的戏剧。自此，很难在一部减少戏剧故事的戏剧中寻找到它了。

（二）故事情节

相关人物按照因果逻辑关系从初始状态到最后状态的变化构成了故事情节。

在情节的编剧理论中，长期决定戏剧性的因素，戏剧冲突源自几种力量的对立。它使两个或几个面对同一状况的人物陷入对立中。为了使构成悲剧的各种力量联合，并使它们在故事情节中的作用形象化，某些理论家热衷于确立某种模式，它可将除特殊性之外的一般构成因素从情节中提取出来。寻找一个足够抽象的工具以应用于最多样化的编剧理论。他在他的《故事的形态学》中提出了一种模式，确立了人物的基本作用，尤波斯菲尔德通过研究苏里欧的《20 万种戏剧情景》及格雷马斯《结构语义学》开始，制定了一种可以确定整个戏剧故事情节符号关系学结构的研究方法：施动者模式。

施动者模式为情节的深层结构研究提供了一种快捷的研究方法。它热衷于在叙述的形象中确定施动者各自的作用，即人物的抽象形象。同时它还把出现的各种力量体系以瞬间摄影方法展现出来，它描绘了某一特定时刻的结构框架。施动者并不需要与一出戏剧中的人物混为一谈。它们还可以指引起抽象的东西：想法或价值（爱，城市）、物体（一顶意大利草帽）或一组集体人物（古典悲剧中的合唱团）。它们通常成组相互作用：整个戏剧情景展现了一个活跃的主体（由一个人物或一组人物扮演），它想作用于另一客体（另一人物或是表现主体喜爱、憎恨、野心等的一个抽象物），图表的箭头建立在主体与客体（喜爱、憎恨、权力欲望）间的故事情节方式上。我们必须为这第一组定向，因为它的轴线决定了情节的轨道与动力。二者的关系通常构成了戏剧最明显的赌注，当情节围绕爱情展开时，这一关系是可逆转的，虽然传统上通常让女性作为客体，男性作为主体。

罗德里格爱舍米尔，舍米尔也爱着罗德里格，施动者模式将舍米尔作为主体的模式可能很合理，像社会约束法则限制着女性成为主体的可能性一样合乎情理。

主体经常是戏剧中的借用英雄名称的主人公。但有些著名的戏剧也是例外，在《布利塔尼古斯》中，真正的主体是尼禄；在《塞维勒的理发师》中，从施动者的角度来看，伯爵阿尔马维瓦比出现在作品的题目中相对而言比费加加罗更像主体。

辅助者与反对者构成了第二组对立。辅助者的作用是将所有有助于主体实现其愿望的资源集中起来，而反对者的作用则是阻碍其得以实现，如人物、物质或内心障碍。喜剧中的仆人（斯卡宾、弗隆丁），就是传统意义上帮助年轻人成就爱情的辅助体，而一些老头儿或嫉妒的丈夫则通常是古典戏剧中的反施动者，可以在他们之间进行对调，辅助者成为反对者或相反。高纳李尔和里根是李尔王的两个长女，在其父亲分割王国领地时起了辅助体的作用，而她们接下来的丑恶罪行却又将其变成了最恶毒的反对者。同样不容易辨认的还有斯卡纳瑞尔何时作为唐·璜的辅助体——同谋及又在何时充当了“伟大的主人、恶人”的反对者。

由发出者和接收者构成的第三组对立最为模糊，因为他们极少由人物扮演。如果接收者经常与故事情节的主体（当其为自己的打算行动）相一致的话，那么，发出者在大多数时候则以一个抽象形式出现。意识形态上的考虑与多种动机混杂在一起，引导着故事情节意义中矛盾的产生。在《熙德》中，罗德里格就背负道德上的压力（为父报仇）、社会责任（不能背叛他的家族）内心的需要（服从他的“荣耀”）。这三重发出者决定了人物的英雄顾虑。在《罗朗萨丘》中，决定了罗伦佐的行动，以及坚定他“为人类工作”的理想抱负，随着一些更为模糊的冲动产生动摇：罗伦佐所表现的意愿，对弗洛伦斯的依恋的冲动，他已将其看作自己（或是他的母亲），为了“弗洛伦斯的自由”的这一类似于性的欲望，借助杀死暴君（克莱芒七世和亚历山大·德·梅迪西斯）这一系列借代的行动来展现，并最终混同于自己成为暴君的愿望——他爱亚历山大这个并非十足的骗子，以及死亡的冲动。

（三）剧情

我们经常用这个词指推动情节发展的成员及事件的布置。作为一出戏剧的表面结构，剧情提为戏剧供了动力线索，确定一出戏剧的剧情，就是确定推动戏剧冲突的动力。

1.序幕

在一部剧情依照因果关系进行的戏剧中，会有某一时刻作者呈现出用于理解情景的必不可少的因素。序幕构成了作为戏剧故事基础的戏剧法则。它为那些不知道将要看到什么的观众明确了冲突的背景：回忆过去、主人公出场、当时情况。情节越是复杂，序幕就越应详细。序幕详尽地介绍了全部有用的信息，但不能扩展到戏剧前几场之外的信息序幕，当介绍主体、主要环境、地点，甚至是情节发生的时间和所有主要人物的名字、性格及影响。

为了不令公众厌烦，按照古典时期理论家的观点，一个好的序幕应当同时做到“完整、简短、清晰、有趣、逼真”。（17 世纪无名氏，《悲剧特征》）

有时一段很长的叙述，以真实的方式，以一种“故事”的形式出现，它为过去发生的事件提供了参照，却有可能延误真正戏剧故事的到来。当这些信息在戏剧故事中传递出来时，序幕就成了动态的。它可能是一个大幕拉开之前就存在的冲突，这一冲突将主人公们对立起来。《身不由己的医生》开始于斯卡纳瑞尔与玛蒂娜之间的一场争吵，最终以打了几棍子结束。夫妇二人的抱怨向观众介绍了最初的情况。他们共同的过去则是通过逐渐获得意义的一系列讽喻突然出现的。序幕是可以立即使观众陷入戏剧情景中的，《伪君子》，采用歌德风格模式，在第一场中，通过奥尔贡家不同成员对贝尔奈尔夫人，这位生气的祖母的追求，将抱怨展现出来。第二场，随着被独一无二的塔图夫的所作所为弄得糊里糊涂的奥尔贡的归来，家庭冲突发生的背景就揭示得一清二楚了。整体情况不仅展现了出来，同时对每个主人公的情况也作了详细介绍，而且关于塔图夫的相互矛盾观点的累积也激起了观众对后面剧情的期待，而观众这一期待将会在后两幕中得到满足，不依靠真实性，序幕同样可以靠一个能立即显示其戏剧性的方法来完成：歌剧序幕借自古代戏剧，开头的一段独白通常会陈述故事的起源，我们可以看到莎士比亚的《罗密欧与朱丽叶》、克洛岱尔的《克里斯托弗·哥伦布》或布莱希特直接介绍了故事情节背景，为观众理解提供了必要参考。

2. 戏剧纽结

整个戏剧情景建立在戏剧中人物间关系的本质之上。它通常采用冲突的形式出现，而这一冲突又以戏剧中几种对抗力量的碰撞作为特征。这些妨碍人物意愿的障碍相互衔接，不带任何任意性，构成了人们所谓的戏剧纽结。

一部悲剧的纽结包括主要人物的意图，以及所有贯穿于其中的自身或外界的障碍。这一纽结一般会延续至第四幕最后一场，有时还会持续到第五幕最后一场。

这些障碍可以有很多种，如果主人公的意愿遭到其他人物意愿的阻碍，那么这些障碍就是外在的。家长反对孩子们的爱情就是我们可以在大多数喜剧中看到的外在障碍。当人物的痛苦由自身情感引起的时候，障碍就是内在的。支配着菲德尔的爱就是使她走向灭亡的内在障碍。这两种障碍同样可以结合在一起，在《熙德》中，伯爵的死是被罗德里格与舍米尔内在化了的外在障碍。它们还可以是纯粹假想的，建立在某个误认（高乃依的《皇家广场》中，克雷昂德尔自认为抚养了安热莉克，其实搞错了，而抚养了菲利斯），或某个误会（马里沃的《爱情和巧合的游戏》中，多朗特向希雅大献殷勤，认为她是一个贴身侍女），或某个错误（莎士比亚的《错误的喜剧》中，两个孪生兄弟并不知道对方的存在，这增添了一些引人怀疑的情景）。

3. 情节突变

亚里士多德认为，情景的变化从一开始就是结局的导火线："情节突变是情节的反向逆转。"它为重新推进情节提供了许多可能性，以至于从巴洛克时期起，情节突变不再是唯一的，而是发展到了顶峰，以至于这个词总是以复数的形式出现，指一系列预料之外事件的出现。当一个新的事件在戏剧故事一个停顿后突然发生时，有时是戏剧性的变化，当一个意外事件突然改变了情节时，情节突变制造了戏剧的紧张气氛。情节突变越多，情节就越复杂。误会层出不穷（在《罗密欧与朱丽叶》中，罗密欧以为朱丽叶死了，并在她旁边自杀，而朱丽叶只是陷入昏迷状态而已）、假消息（《菲德尔》中黛西的死讯）、乔装改扮，如此多的方法可以使剧情重新活跃起来。喜剧、通俗剧及浪漫剧很多的情节突变的运用都是建立在通过对丢失和被偷走的孩子的相认，一些蛛丝马迹——信件（《吕卡斯·波尔吉雅》）、圆形链坠（《爱情的胜利》）、手镯（《斯卡宾的诡计》）、伤痕（《费加罗的婚礼》）——来确定身份。尤纳斯库通过《秀头歌女》中马丁夫妇荒唐可笑的相认一场的演出，从这条戏剧规则中发现了乐趣。

4. 结局

造成情节纽结的障碍的消失引起了冲突的解决。冲突的这一解决伴随着从痛苦向幸福或从幸福到痛苦的转变过程，当这些矛盾被消除以及不同的情节线索最终结束的时候，作为戏剧最后部分的结局就可以出现了。古典戏剧认为，一个成功的结局，应当同时满足必要、完整及迅速三个条件。必要，指的是结局要合乎情景逻辑，尤其是戏剧的结尾。意外不允许出现。拉辛说："戏剧的结局，应当出自戏剧的本质。"外部干涉因此被排除了，古代戏剧很少使用意外出现的救星，即使某些悲剧或喜剧的结尾与之有些相似。当不知道如何结尾的时候，莫里哀也会借用这种方式。在《答尔丢夫》中，下级警官的到来，对头王子欺诈性的代表，就是一个精彩的介入，它的人工特征有时会暗示这些假的信徒给社会造成的危险。完整结局不应遗留任何剧中提出的问题。它不允许任何人物的命运存在不确定性，这也形成了最后一场集结了最多的人物这一传统。因此，在《布利塔尼古斯》中，最后一幕第四场中年轻王子的死去并没有使整出戏剧结束。仍需要有四场戏要阐述其他人物的命运。拉辛也证实说：悲剧是对一出完整故事的模仿，其中许多人物相互竞争，这一剧情只有当人们知道剧中人物的最终结局后才会结束。（拉辛，《布利塔尼古斯》序）

最后，为了保持观众的兴趣，结尾应当尽可能地晚出现，但它也要快点出现，因为像高乃依所说："观众已迫不及待要看结尾了。"后一要求很难与前一条相符合。这些有关结尾的要求形成了一条收尾的戏剧理论，它意味着一部完整的戏剧，应一切都被规定好了。但是有些作品也会留下些不确定性，这为观众留下了一个自由的想象空间。关于《熙德》的结尾，欧比涅克在他的《戏剧实践》中说戏剧并没有结束，虽然高乃依给予对澄清罗德里格和舍米尔夫妇突发事件的关照；在《西娜》中，虽然整出戏剧以一个看似幸福的结尾结束，但李维宣称罗马和平世纪到来的预言并没有指出这幸福的幻觉会持续多长时间。模糊依然存在。

我们这一时代开放的剧作艺术拒绝这种关于结局必须给予冲突一个确定答案的观念。布莱希特希望能在戏剧演出过程中让观众提供问题的解决办法。在《赛特书安的好心肠》的最后，他如此呼喊："去啊，亲爱的观众，找到一个解决办法，应该这样做，要这样做！"米歇尔·维纳威在他的戏剧《电视传播》中没有给出他的侦探类型的难题的解决办法。至于尤奈斯库则讽刺地论述了戏剧结尾的必要性：是死亡结束了一生，一出戏剧和一部作品，除此之外，没有结局。找到一个结尾就是简化了戏剧艺术，我明白为什么莫里哀总是不知如何结尾。如果必须要个结局，那是因为观众们要去睡觉了。

因此，他的戏剧总是以一种循环式的结构呈现，最初的情景经过一种既滑稽又焦虑的再生过程重现。在《秃头歌女》的结尾，舞台提示明确指出：当大幕缓缓拉上的时候，随着马丁夫妇准确地说出史密斯夫妇在第一场中的尾白，戏剧又重新开始了。

一名新生在《课》的结尾突然出现，加入老师的四十个牺牲品中；在贝克特的作品中，也有同样的不可能的结尾；在《等待戈多》的结尾，最后的尾白又采用了第一幕结束时的尾白，现代戏剧通过各种方法，保持开放。

第二节　戏剧文本赏析

一、戏剧文学的欣赏方法

（一）把握戏剧冲突

主要从认识冲突的基本特征、掌握冲突的基本内容、抓住冲突的表现形态、把握冲突的不同类型、分析冲突的内在结构、了解冲突的发生背景、探求冲突的思想倾向等方面入手。

1.认识冲突的基本特征

一是尖锐激烈。在戏剧中，戏剧冲突一般都扣人心弦，波澜起伏，使观众一直处于紧张和期待之中。二是高度集中。戏剧要在既定的时间和空间里表现社会矛盾，必须巧妙地把事件和人物集中组织在一起，使戏剧冲突鲜明突出。三是曲折多变。戏剧冲突往往是曲折复杂、变化多姿的。

2.掌握冲突的基本内容

一出戏剧往往涉及许多冲突，各种冲突之间往往互相牵连形成极为复杂的冲突网。作为观众，一是要尽快弄清楚各种人物的关系及各种冲突的缘起；二是要理清主次，抓住本质，后者尤其重要，因为抓住本质冲突是探求作品主题的关键。

3. 抓住冲突的表现形态

戏剧冲突主要表现为具有不同性格的人物在追求各自目标的过程中所发生的矛盾，主要有三种表现形态：一是人与人的冲突，即表现为人与人之间意志和性格的冲突，这是戏剧冲突的本质。意志冲突是指人物间对立的目的和动机出现，交织成错综复杂的戏剧冲突；性格冲突是指人物间由对待事物的态度、追求的理想、采取手段的不同引起的冲突。人物性格越典型就越容易引起冲突。意志冲突和性格冲突往往是紧密地结合在一起的，在戏剧中，不可分割。二是人物的内心冲突。这种内心冲突往往使人物陷于不易摆脱的境地。中国古代戏曲常常以抒发内心冲突的片段作为一出戏的重点。三是人物与环境的冲突。这种环境既指自然环境，也指社会环境。

4. 把握冲突的不同类型

戏剧冲突因剧作情节结构的不同，往往呈现出不同类型。

单一型：这类戏剧冲突的对立面自始至终基本不变，一贯到底，在一次次交锋中，冲突越来越激烈，最后爆发；主次型：全剧有一个主要冲突，但这一冲突并非每场都出现，有时出现的是次要冲突；多样型：一些剧作由于没有贯穿到底的完整而集中的戏剧情节，各场多由一系列人物的生活片段组成，它在众多人物的生活场景中展现一个个分散的冲突，这些冲突统一于共同的主题之下。

5. 分析冲突的内在结构

戏剧冲突是通过加工后的矛盾冲突，了解剧作家组织冲突的方式，也是把握冲突的一个重要方法。有些戏剧是依据人物间的敌对关系来组织冲突的，有些戏剧是依据人物的亲缘关系来组织冲突的，有些戏剧是依据人物自身的心理矛盾来组织冲突的，有些戏剧是利用场内场外的关系来组织冲突的。总之组织戏剧冲突的方法是多种多样的，了解内部结构可以使鉴赏者更好地领悟艺术家的创作旨趣，并提高自己的鉴赏能力。

6. 了解冲突发生的背景

所有冲突都是在一定的背景中发生发展的，都是和社会生活紧密联系的，我们只有把冲突放在社会与历史这些辽阔背景中才能准确地把握冲突。

7. 探求冲突的思想倾向

戏剧冲突中往往寄寓着戏剧家强烈的情感倾向，或者说戏剧的本质冲突往往与剧作的思想主题相一致，把握戏剧冲突总是以探求作者的创作意图和作品的深刻内涵为旨归的，反过来，只有有意识地探求戏剧的思想倾向，才能使戏剧艺术的审美认知功能得到充分发挥。

（二）分析人物形象

1.分析人物及人物间的关系

戏剧由于受时空限制，在人物数量的设置上一般都是少而精的，因此我们在欣赏戏剧时要注意理清有限的几个人物之间的关系。戏剧里的主要人物往往是戏剧冲突双方的主要当事人，因此这些主要当事人之间的关系都是对立的关系，有的虽对立却只是内部矛盾，但是这种矛盾也可能成为不可调和的、尖锐的冲突。在中国古典戏剧中，矛盾双方当事人都有某种对立关系的例子是不胜枚举的。除对立关系外，还有中间关系，这些中间关系就是一些次要人物，这些中间关系人物也是必不可少的，有时甚至还是非常重要的。例如，我国传统戏曲中“丫环”的形象，就是很典型的这种人物，凡戏中有小姐的就必定有丫环。这不是形式，也并非多余。在戏曲中，人物再节省，一个贴身丫环还是不可少的，如果崔莺莺身边没有红娘，她和张生独来独往，这是不可想象且不能成立的。戏中的次要人物使戏剧具有浓厚的生活气息，使人们感到戏剧像生活一样丰富多彩。中间关系人物对调节戏剧冲突也起着重要作用。如果只有矛盾双方当事人，双方剑拔弩张，矛盾冲突一触即发，这样就不可能有起伏，也说不上有什么节奏，甚至可以说没有什么戏可看。

2.分析人物性格之间的对比与陪衬

在现实生活中，任何事物都在与其他事物的比较中显示出各自的特色。在戏剧里往往有这样的情况，主要人物一个正直，一个阴险；一个高尚，一个卑劣；一个勇敢，一个怯懦；一个慷慨，一个吝啬；一个聪明，一个愚笨；一个严肃，一个放荡。这样的安排和处理，都是为了使双方的性格在对比中表现得更为鲜明突出。陪衬是性格一致而又有差别的，同中有异的，以显示出一种层次来表现性格特点的手法。对比是差异明显对立，陪衬烘托则是协调、缓和差别，陪衬也可以称为帮衬。

3.分析人物的行为动作

戏剧作为行动的艺术，从它诞生之初，就是以动作的模仿来再现生活的一出戏是一个庞大的动作体系。通过动作、行动来塑造人物形象是戏剧作品中塑造人物的重要艺术手段。一个人一个微小的动作，往往能生动地表现人物的某些性格特点。人的动作主要是指人体外部的动作，也可称为形体动作，是指看得见的身体各部分的动作，如头部、颈部、腰部、背部、四肢等的动作，人的面部表情也可以算作形体动作，人的内心活动也总是要通过表情和形体动作来表现的，所以这些形体动作和人的性格密切相关，它能表现出人物的个性。

4.分析人物的语言

戏剧文学中除少量舞台指示外，几乎全部是人物的对话，也就是人物的语言。每个人都有自己的个性，每个人的语言也都在表现这个人的性格，因而戏剧作品中的语言特别要求个性化，通过个性化的语言来塑造人物性格是极为重要的艺术手段。

（三）品味戏剧语言

戏剧语言是构建剧本的基础，主要包括舞台说明和人物语言。舞台说明是一种叙述性质的语言，主要用来说明人物的动作、心理、剧情发展的布景、环境、人物之间的关系等，能直接透露出人物的性格和戏剧的情节。尽管舞台说明是戏剧文学中不可或缺的组成部分，但与人物语言相比，它起着辅助说明的作用，我们只作一般性的了解即可。人物语言也称台词，包括对话、独白、旁白等，这是人物心理活动与行为动作的外观，由此展开戏剧冲突、塑造人物形象、揭示戏剧主题。欣赏戏剧作品时，深入品味作品中人物的语言是至关重要的。不同人物的语言，反映了人物不同的心理，表达了人物不同的思想感情，这些都需要我们在反复阅读的基础上仔细揣摩和品味。

1.品味戏剧语言口语化和个性化的特征

戏剧作品语言的口语化首先是人物语言的口语化。中国古典戏曲中的语言有很多属于艺术化了的大白话。戏曲中的说白（也称宾白、道白、对白）比较通俗，唱词比较高雅，但和一般写文章又不相同，既高雅又口语化。例如，《西厢记》中，张生初遇莺莺，一见钟情，夜里在床上思念莺莺而睡不着觉，他在此时有这样的话："睡不着如翻掌，少可有一万声长吁短叹，五千遍捣枕捶床。"最后他说："自己只看了莺莺一眼，记不真她那娇模样，怎么办？"他唱："我只索手抵着牙儿慢慢地想。"这"如翻掌""捣枕捶扶"和"手抵着牙儿慢慢地想"等，既高雅又通俗，非常生动形象，十分传神。个性化语言是指人物的语言符合并能表现人物的身份、性格的台词。个性化的语言能准确表达人物的思想感情，是刻画人物达到合理性、真实性的重要手段，优秀戏剧的人物语言往往三言两语就能把人物个性展示出来。

2. 品味戏剧文学语言的行动性特点

戏剧既然是通过人物的语言和行动在舞台上表演一个故事，那么作为剧本，它的语言就必须富有动作性和行动性，能为人物提供动作和行动契机。语言的行动性是一个比较宽的概念，它既包括一些能直接附带着行动的语言，也包括能集中地表现人物内心复杂细致的思想感情活动的台词。戏剧中人物的独白也是很富有行动性的，它是表现人物内心活动的台词，所以又可以称为内心独白。独白是指无旁人在场或者有旁人而并不能听见的情况下人物讲述的台词。莎士比亚是位写独白的能手，他的剧作中有许多深奥、优美、极富哲理性和行动性，使人久久不能忘怀的精彩独白。

3. 品味戏剧文学语言的诗意

戏剧作为一种行动的艺术，看起来它和抒情性很强的诗似乎不会有什么特殊联系，但实际情况不是这样的，戏剧和诗有着极为密切的关系。中国戏曲中的唱词实际上就是极好的抒情诗和叙事诗。例如，《西厢记》中，崔老夫人逼迫张生进京赶考，莺莺长亭送别时有这样一段唱词："碧云天，黄花地，西风紧，北雁南飞。晓来谁染霜林醉？总是离人泪……"这就是情景交融，把离别时的感情表现得如此深沉。

第三节　英语戏剧教学

一、戏剧翻译的基本原则

戏剧翻译的复杂性要求在进行翻译过程中遵循科学的原则。本节就对戏剧翻译的基本原则进行总结。

（一）理解性原则

理解性翻译是戏剧翻译的首要原则。因为在表演的需求下，戏剧语言的可理解性与其他文学作品的语言相比有着明显的差异。[1]戏剧作品在表演过程中，人物的台词很多都是一闪而过的，观众几乎没有时间进行台词的理解

[1] 刘千凤．关联理论视角下的戏剧翻译原则 [J]. 河南科技学院学报，2014(1): 52.

与消化。因此，这就要求戏剧语言必须具备高度的可理解性，从而不影响观众观看戏剧的效果。在这个原则的影响下，戏剧在翻译过程中应该尽量减少模糊词汇的使用，也应该避免生疏词汇或表达的出现。

（二）口语化原则

口语化原则指的是在戏剧翻译过程中语言应该尽量采用口语对原作进行转化。一部优秀的戏剧作品和演员的语言与表演息息相关，对戏剧译文的判断需要看译文的语言是否口语化，是否适合演员的表演。从这个原则出发，在翻译过程中应该尽量避免使用较难的词汇与句子。例如：

Hamlet

（Act Ⅲ Excerpt）

William Shakespeare *Hamlet*

To be，or not to be–that is the question.
Whether'tis nobler in the mind to suffer
The slings and arrows of outrageous fortune，
Or to take arms against a sea of troubles
And by opposing end them.To die，to sleep，
No more，and by a sleep to say we end
The heartache and the thousand natural shocks
That flesh is heir to.'Tis a consummation
Devoutly to be wish'd.To die，to sleep.
To sleep–perchance to dream.Ay，there s the rub!
For in that sleep of death what dreams may come
When we have shuffled off this mortal coil
Must give us pause.There's the respect
That makes calamity of so long life.
For who would bear the whips and scorns of time，
Th' oppressor's wrong，the proud man's contumely
The pangs of despised love，the laws delay，
The insolence of office，and the spurns
That patient merit of th'unworthy takes，
When he himself might his quietus make

With a bare bodkin? Who would fardels bear,
To grunt and sweat under a weary life,
But that the dread of something after death,
The undiscover'd country, from whose bourn
No traveller returns, puzzles the will,
And makes us rather bear those ills we have
Than fly to others that we know not of ?
Thus conscience does make cowards of us all
And thus the native hue of resolution
Is sicklied o'er with the pale cast of thought,
And enterprises of great pith and moment
With this regard their currents turn awry,
And lose the name of action.

哈姆雷特

（第三幕选段）

威廉·莎士比亚

生存好事死亡，这是个问题。
要做到高贵，究竟该忍气吞声
来忍受狂暴的命运之暴虐呢，
还是该挺身反抗无边的苦恼，
通过斗争把它们扫清。死了，睡着了
什么都完了；而如果沉眠就等于了结了
心痛及千百种身体要担受的
皮痛肉痛，那该是天大的好事
正求之不得啊！死，就是沉眠；
沉睡也许要做梦，这就麻烦了！
我们一旦摆脱了尘世的牵缠
在死的沉睡里还会做些什么梦，
一想到就不能不踌躇。这一点儿顾虑
正好使灾难变成了无休止的折磨。
谁甘心忍受人世的鞭挞和嘲弄，
忍受压迫者的虐待、傲慢者的凌辱，
忍受失恋的痛苦、法庭的拖延、

官吏的横暴、做埋头苦干的大才
受作威作福的小人的鄙视，
如果他只消自己来捽一下尖刀
就可以得到解脱啊。谁甘心挑担子，
拖着疲累的生命，呻吟，流汗，
要不是怕从没有死去的人回来
那个从未发现的国土，怕到了那边
还不知会怎样，因此意志动摇了
因此就宁愿忍受眼前的炙殃，
而不愿投身另一些未知的苦难
这样，顾虑使我们都变成了懦夫，
也就这样子，决断决行的光彩
被审慎的思维盖上了一层灰色
本可以轰轰烈烈的有所作为，
由于这一点想不通，就会逆流而退，
失去了行动的意义。

《哈姆雷特》是莎士比亚的一部悲剧作品。上述内容取自第三幕第一场，是哈姆雷特最为经典的独白之一。父亲突然去世，叔父克劳迪斯与母亲结婚篡夺王位，父亲亡灵告知哈姆雷特谁是他的杀父仇人，并叮嘱他为父报仇雪恨，这一切都使哈姆雷特震惊万分，而且极其苦闷。苦于无法替父报仇，哈姆雷特想到了自杀，想以此来结束所有的苦恼。但一想到人死之后就再也无法感知世界，因此又开始犹豫不定。这段独白反映了哈姆雷特内心的痛苦，也反映了他优柔寡断的性格。这段独白也有着明显的审美特点，在节奏、意象、修辞等方面都体现出独特的美感。对于原文的翻译，译者进行了灵活的处理，译文不仅忠实于原文的形式和内容，而且再现了原文的审美艺术。首先，原文是五音步抑扬格，行与行之间不押韵。译者紧承原文的形式，亦步亦趋，如实地再现了原文的内容与形式。其次，原文语言自然流畅，而且结构鲜明，便于演员上口，为了准确传译出这种语言效果，译者根据具体情况也选用了一系列口语化的表达，从而确保译文的通俗性和节奏性，如将“To be, or not to be”译为“生存还是死亡”，将“Devoutly to be wish'd”译为“正求之不得啊”这样生活化的语言不仅便于观众理解，而且也能将哈姆雷特的内心感受充分彰显出来。综上所述，译者在翻译过程中遵循了口语化原则，从而提升了观众对戏剧的理解。

（三）接受性原则

戏剧的翻译是为了使译入语国家的观众能够了解戏剧情节，享受到一定的观剧快感。但是，由于观众个人的差异性及译入语文化的影响，提升戏剧翻译的可接受性并非易事。接受性主要受语言和文化的影响。从语言的角度出发，戏剧语言是影响戏剧进程的重要因素。演员的语气、语调、动作、眼神都会影响观众的审美情趣。如果此时戏剧译文充斥着陈词滥调，观众则很难有意愿去欣赏戏剧内容。从文化的角度出发，戏剧译文需要考虑文化因素的制约。译者要选用灵活的翻译策略提升译文在译入语读者中的接受程度，使读者更好地理解戏剧。

二、戏剧翻译实践与评析

戏剧兼具阅读性和可表现性，因此戏剧翻译不但要通顺达意、便于阅读，还要易于表演，而且戏剧本身所承载的文化内涵及其灵活的表达方式也给了译者很大的发挥空间。可见，戏剧翻译具有很大的难度，需要译者在充分了解戏剧本质及特征的基础上灵活采用翻译方法，创造性地进行翻译。

（一）戏剧直译化翻译实践与评析

直译法是一种最为简单有效的翻译方法，这种方法适用于源语与目的语在语义、结构、功能等方面存在重合的情况。在不会引起误解的情况下，就可以按照原文的字面含义和语序进行翻译，以体现原文的特点，传达原文的含义。例如：

Though yet of Hamlet our dear brothers death
The memory be green，and that it us befitted
To bear our hearts in grief，and our whole kingdom
To be contracted in one brow of woe
Yet so far hath discretion fought with nature
That we with wisest sorrow think on him…
至亲的先兄哈姆雷特驾崩未久，
记忆犹新，大家固然是应当
哀成于心，应该让全国上下
愁眉不展，共结成一片哀容，

然而理智和感情交战的结果，

我们就一边用适当的哀思悼念他……

以上是《哈姆雷特》中的第一幕第二场，描述的是哈姆雷特的叔父克罗迪斯在登基大典上的演说词。在翻译这段演说词时，应尽量保持原文的句法和语序，因为文字的顺序对于反映剧中人物的形象和性格起着关键作用。剧中克劳迪斯在演说词的遣词造句上下了很大的功夫，以掩饰自己真正想要传达的意思。

（二）戏剧归化性翻译实践与评析

归化法是指采用符合目的语文化传统和语言习惯的概念进行翻译，以实现功能对等或动态对等。这种方法十分适用于对戏剧进行口语化特征的翻译。上文提到，戏剧具有口语化特征，但口语化与诗意并不矛盾，有些原剧本中具有诗意性的语言对于本族人而言读来仍朗朗上口，具有口语化特征。在翻译时，需要尽量采用译入语读者喜闻乐见的语言，使台词符合译入语文化的口语规范，少一些书卷气，多一些通俗性。例如：

What, shall this speech be spoke for our excuse? Or shall we on without a apology?

怎么！我们就用这一番话作为我们的进身之阶呢，还是就这么昂然直入，不说一句道歉的话？

就用方才那段话作借口进门呢，还是一句话不说就进去呢？

一般戏剧对话中较少使用文绉绉的语言，而在上述翻译中，朱生豪的译文中出现了“进身之阶”“昂然直入”这样的四字结构，显得书卷气很重，而且也给读者的理解带来困难。相比之下，曹禺的译文则平实朴素，而且也很好地表达的原文意思，且不失诗的韵律感和结构感。

（三）戏剧拆译化翻译实践与评析

所谓拆译法，就是拆长化短，就是为了使译文符合汉语的表达习惯，也是为了更加清晰地表达原文含义，而在翻译过程中调整原文结构，将某个成分单独分离出来，译成一个独立成分。在翻译戏剧中的个性化语言时常会采用这种方法。上述提到戏剧语言有着鲜明的个性，而且体现着人物的性格和内心活动，因此在翻译时也要将这种个性化体现出来，以传神地再现原文，同时使译文符合译入语的表达习惯。例如：

Sampson：Gregory，o my word，well not carry coals.

Gregory：No，for then we should be colliers.

Sampson：I mean，and we be in choler，we'll draw.

Gregory：Ay，while you live，draw your neck out o'the collar.

桑普森：葛雷古利，咱们可真的不能让人家当作苦力一样欺负。

葛雷古利：对了，咱们不是可以随便给人欺负的。

桑普森：我说，咱们要是发起脾气来，就会拔刀子动武。

葛雷古利：对了，你可不要把脖子缩进领口里去。

洒嵩：喂，力高，我就这一句话，不栽这个跟斗！

力高：自然，我们又不是倒霉蛋，受这种气？

洒嵩：对，不受气，惹起我们的火，我们就打。

力高:（开玩笑）嗯，要打喔，你有一口气就把你的脖子伸出来哎！别缩着。

以上是《罗密欧与朱丽叶》第一幕第一场中的片段，是凯布家的两个家仆的对话。莎士比亚用诙谑俚俗的语言将洒嵩和力高这两个人物的形象生动地表现了出来，他们的那种油腔滑调以及粗俗的对话既让读者了解到凯布和猛泰两个家族之间的冲突，也让读者感受到他们各自鲜明的个性。比较上述两个译文可以看出，曹禺的翻译语言地道，行文流畅，没有丝毫斧凿痕迹，将两个仆人的性格及身份准确地体现了出来。曹禺把握住了原文的神韵，而且在翻译方法上也做了灵活的处理。生动地表现了人物的性格。相比之下，朱生豪虽然忠实原文，但过于平淡，并没有通过生活化的翻译语言来展现人物的鲜明个性。例如，第一句“Gregory，o' my word，well not carr coals.”朱生豪翻译成了长句“葛雷古利，咱们可真的不能让人家当作苦力一样欺负。”这样的翻译虽然简练，却平淡如水。而曹禺拆长化短的译文“喂，力高，我就这一句话，不栽这个跟斗！”更加铿锵有力，而且突出地表现了小人物的鲜明个性。

参考文献

[1] 毛春华 .《黄色糊墙纸》中“疯女人”的失语与顿悟 [J]. 沈阳工程学院学报（社会科学版）, 2012, 8（03）: 363–365.

[2] 杨开昌 . 英语课外语言学习环境建设研究 [A]. 北京中教智创信息技术研究院 . 新课改背景下课堂教学方法与手段的有效性研究科研成果集（第五卷）[C]. 北京中教智创信息技术研究院 , 2017: 5.

[3] 毛春华 . 解读艾丽丝·门罗的《女孩和女人们的生活》中边缘女性的抗争 [J]. 魅力中国 , 2017,（z1）: 276.DOI: 10.3969/j.issn.1673-0992.2017.z1.557.

[4] 李向东 . 浅谈网络时代下英语语言学习环境的创设 [J]. 学周刊 , 2015（09）: 88–89.

[5] 王玲玲 . 试析互联网时代下英语文化的渗入 [J]. 大观（论坛）, 2018（08）: 120–121.

[6] 毛春华 . 试论接受美学观照下的《高级英语》教学模式 [J]. 佳木斯教育学院学报 , 2012,（8）: 242–243.

[7] 吴春兰 . 任务型语言教学法在职校英语教学中的应用 [J]. 青海教育 , 2019（Z1）: 59+62.

[8] 汤丽 . 论任务型教学法在英语描写类文体写作教学中的应用 [J]. 英语广场 , 2018（10）: 125–126.

[9] 张翠平 , 王垠 , 尹清山 , 等 . 应用语言学理论基础下的大学英语教学改革思考 [J]. 海外英语 , 2019（23）: 132–133.

[10] 何莲珍 . 从引介到创新：中国应用语言学研究四十年 [J]. 外语教学与研究，2018, 50（06）: 823–829+959.

[11] 陶媛 . 英语教学实践中对应用语言学理论的运用——评《应用语言学理论在英语教学实践中的应用研究》[J]. 领导科学，2019（09）: 129.

[12] 姜楠楠 . 应用语言学的大学英语教学模式改革研究 [J]. 山东农业工程学院学报，2019, 36（02）: 155–156.

[13] 顾琳 . 试述英语教学中应用语言学的有效应用 [J]. 佳木斯职业学院学报，2018（01）: 332+334.

[14] 杨雪 . 浅谈英语教学中应用语言学的有效应用 [J]. 教育现代化，2018, 5（11）: 185–186.

[15] 陈莉 . 拓展性教学在英语课堂中的应用研究 [J]. 成才之路，2020（02）: 84–85.

[16] 李瑞玉 . 情境教学法在大学英语教学中的应用探究 [J]. 长春大学学报，2019, 29（12）: 118–120.

[17] 华琴 . 浅析实用英语课程教学改革与实践 [J]. 陕西国防工业职业技术学院学报，2019, 29（04）: 5–7.

[18] 洪丽娜 . 基于核心素养的网络环境下英语教师的角色转变 [J]. 智库时代，2019（51）: 267–268.

[19] 万燕，黄旭 . 移动网络环境下高校英语教师教学能力提升研究 [J]. 黑河学院学报，2017, 8（10）: 72–73.

[20] 虎昕 . 分层教学在大学英语实践教学中的应用策略探析 [J]. 科教文汇（中旬刊），2019（12）: 177–178.

[21] 夏丽芳 . 分级教学模式下新型大学英语课程体系的构建举措 [J]. 课程教育研究，2019（51）: 101–102.

[22] 田伟，王天策 . 大学英语课堂协商式教学策略研究 [J]. 国际公关，2019（12）: 121.

[23] 苏红艳 . 信息化环境下英语课堂观察与教学反思 [J]. 课程教育研究，2020（03）: 140–141.

[24] 范楠楠 . 大学英语课堂教学中学生的文化自信培养探究 [J]. 文化创新比较研究，2019, 3（35）: 98–99.

[25] 张乃玲 . 任务型团队合作应用于大学英语阅读课堂的校本研究 [J]. 开封教育学

院学报, 2019, 39（12）: 80–81.

[26] 赵瑶 .CBI 与任务型教学法在大学英语教学中的综合应用 [J]. 海外英语, 2019（24）: 184–185.

[27] 王晓阳, 王紫怡 . 论本科教育的目标与通识教育的价值 [J]. 大学教育科学, 2017（02）: 4–9.

[28] 夏亚娟 . 任务型教学策略在大学英语中的应用探究 [J]. 英语广场, 2019（12）: 122–123.

[29] 刘婷婷 . 模糊性文学语言在大学英语教学中的语用功能分析 [J]. 疯狂英语（理论版）, 2018（01）: 24–25.

[30] 陈嘉如 . 英语文学体验阅读 READ 教学模式的构建 [J]. 佳木斯职业学院学报, 2016（12）: 377.

[31] 毛春华 . 大学生英语课堂发言的焦虑及应对措施 [J]. 青年文学家, 2014,（2）: 192–193.

[32] 陈雪松 . 英语文学翻译教学的实践分析 [J]. 课程教育研究, 2018（25）: 125.

[33] 陈星君 . 体裁教学法对英美文学教学的启发与应用——以英语诗歌教学为例 [J]. 长春大学学报, 2018, 28（04）: 121–124.

[34] 梁斌 . 大学英语文化教学中英语诗歌的运用及意义 [J]. 福建广播电视大学学报, 2017（05）: 36–40.

[35] 孙晓莉 . 英语诗歌教学的文本解读与拓展 [J]. 宁波教育学院学报, 2017, 19(02): 123–126+129.

[36] 毛春华 .《可食的女人》中玛丽安的女性意识的觉醒历程 [J]. 中国科技信息, 2010(10): 186+181.

[37] 毛春华 . 不一样的色彩——评爱丽丝 · 沃克及其《紫颜色》[J]. 中国科技信息, 2011(20): 183+186.

[38] 毛春华 .《拉里的家宴》中"迷宫"的主题分析 [J]. 长春教育学院学报, 2014, 30(03): 51–52.

[39] 毛春华, 于晓霞 .《中国佬》中的边缘英雄形象解读 [J]. 辽宁师专学报 (社会科学版), 2015(02): 19–20+70.

[40] 毛春华, 毛丽丽 . 解读《女性的职业》和《办公室》中女性写作困境的互文性 [J]. 赤子 (上中旬), 2017(06): 74.

[41] 毛春华 . 浅析网络环境下的读与写教学整合模式 [J]. 佳木斯教育学院学报，2013(12): 364+366.

[42] 毛春华 . 网络自主学习模式下英语听力教师的角色探索 [J]. 品牌（下半月），2015(02): 218.

[43] 毛春华 . 项目教学模式在高级英语实践教学的应用 [J]. 读天下，2016（11）: 317.

[44] 毛春华，赵红新 . 解读艾丽丝・门罗作品中她们的"顿悟"[J]. 青年文学家，2017（08）: 80–81.

[45] 毛春华 . 评《白象似的群山》中的空白及读者参与 [J]. 青年文学家，2015（12）: 50–51.